Formação de professores, questões sociocientíficas e avaliação em larga escala

Educação para a Ciência

Formação de professores, questões sociocientíficas e avaliação em larga escala

Aproximando a pós-graduação da escola

Organizadores

Lizete Maria Orquiza de Carvalho
Washington Luiz Pacheco de Carvalho
Jair Lopes Junior

escrituras
São Paulo, 2016

Escrituras Editora e Distribuidora de Livros Ltda.
Rua Maestro Callia, 123
Vila Mariana – São Paulo, SP – 04012-100
Tel.: (11) 5904-4499 – Fax: (11) 5904-4495
escrituras@escrituras.com.br
www.escrituras.com.br

Diretor editorial: Raimundo Gadelha
Coordenação editorial: Mariana Cardoso
Assistente editorial: Karen Suguira
Revisão: Fernanda S. Ohosaku
Capa, projeto gráfico e diagramação: Studio Horus
Impressão: Mundial Gráfica

Dados Internacionais de Catalogação na Publicação (CIP)
(Câmara Brasileira do Livro, SP, Brasil)

Formação de professores, questões sociocientíficas e avaliação em larga escala / organizadores Lizete Maria Orquiza de Carvalho, Washington Luiz Pacheco de Carvalho, Jair Lopes Junior. – São Paulo: Escrituras Editora, 2016. – (Educação para a Ciência)

Vários autores.
ISBN 978-85-7531-685-6

1. Avaliação 2. Ciências – Estudo e ensino 3. Educação 4. Pós-graduação 5. Professores – Formação I. Carvalho, Lizete Maria Orquiza de. II. Carvalho, Washington Luiz Pacheco de. III. Lopes Junior, Jair. IV. Série.

16-09213 CDD-378.155

Índices para catálogo sistemático:
1. Formação de professores: Pós-graduação: Ciências: Educação 378.155

Impresso no Brasil
Printed in Brazil

Sumário

SEÇÃO 3 - AVALIAÇÃO EM LARGA ESCALA COMO EIXO DE PESQUISA REALIZADA PELA ESCOLA E PELA PÓS-GRADUAÇÃO

Apresentação

Dedicamo-nos, neste livro, à busca de autocompreensão do grupo de pesquisa em Educação Continuada de Professores e Avaliação Formativa, ligado ao Programa de Pós-graduação em Educação para a Ciência da Universidade Estadual Paulista (Unesp). Para tanto, (re)visitamos vários trabalhos desenvolvidos nos quinze anos de nossa história. Ressaltamos que a palavra *autocompreensão* aqui é atribuída a um coletivo, ou seja, refere-se à dedicação dos participantes à tarefa de proceder uma ampla discussão com o objetivo de chegar a uma compreensão conjunta sobre os fazeres e saberes do grupo. Assumindo como necessária a tensão entre particularidade e universalidade, concebemos que essa "compreensão de si" de um grupo não se fecha nele mesmo, no que se coloca então a necessidade da expressão escrita, de modo que possamos abrir o diálogo para incluir pesquisadores, professores das escolas e demais interessados na área de educação científica.

O livro é o segundo de uma tríade na qual o primeiro reúne relatos de pesquisa apresentados como mera expressão do esforço individual dos autores, referindo-se aos mestrados e doutorados realizados na década de 2000, e o terceiro volta-se para a autocompreensão por parte de cada um dos chamados pequenos grupos de pesquisa (PGP), cuja associação ao grupo elucidaremos a seguir.

O Grupo de Pesquisa realiza quatro tipos de atividades: apresentação e discussão dos trabalhos de mestrado e doutorado em diferentes fases de seu desenvolvimento; estudo conjunto de textos da literatura; produção conjunta de publicações; e desenvolvimento de um projeto comum em uma rede de escolas do ensino básico. Neste último âmbito, ele é reconhecido como grande grupo de pesquisa (GGP), na medida em que congrega vários PGP, os quais se reúnem em bases regulares em escolas públicas de ensino básico e interagem com o GGP para narrar, problematizar e planejar futuras ações.

Desde 2002, viemos elaborando tanto prática quanto teoricamente estes dois conceitos, PGP e GGP, que se organizam em torno de três balizadores: interação entre escola e universidade por meio de pesquisa colaborativa como investigação-ação crítica; construção de sequências didáticas baseadas na formulação e desenvolvimento de questões sociocientíficas (QSC); e busca da melhor maneira de nos colocarmos diante do horizonte das políticas públicas sobre formação de professores e currículo. Nesse contexto, o PGP é um lugar de constante problematização da prática educacional nas instituições escolares de educação básica e superior. Por meio das sequências didáticas, os temas de investigação são buscados nas esferas do mundo da vida – cultura, sociedade e personalidade –, o que significa que o grupo se constitui como um lugar de luta incansável pelo pleno sentido para uma conversa aberta sobre os vários níveis de realidade reconhecidos conjuntamente pelos integrantes da universidade e da escola, em contextos concretos, incluindo aí o reconhecimento e a legitimação da história de vida dos envolvidos. Assim, do ponto de vista da comunicação, ele opera por meio de processos de reconstrução racional, um conceito que será logo mais explicitado.

Os participantes dos PGP são idealizados como "coordenadores de ações", o que significa que, ao revisitar publicamente e inúmeras vezes no interior dos grupos as ações individuais e coletivas nas instituições, cada vez mais e com maior qualidade, os agentes tomam consciência de seus próprios interesses na condução dessas ações e, ao mesmo tempo, esforçam-se para coadunar seus planos de ação com os dos demais participantes.

Diferentemente do caso das ações estratégicas, em que para realizar um plano um indivíduo mantém a interpretação de toda situação, no caso da coordenação de ações, os planos de ação de diversos agentes são percebidos como interligados. Essa ligação se origina no interesse de cada agente cumprir seu próprio plano de ação e na sua disposição em recorrer com os demais ao uso da linguagem como fonte de integração social. Conforme a obra de Jürgen Habermas, *Racionalidade e comunicação*, disso resulta uma "redução de possibilidades de escolhas contingentemente discordantes a um ponto que possibilite uma interligação radial dos tópicos e ações dos espaços sociais e do tempo histórico" (p. 109), de modo que as ações individuais acabam por ser inter-relacionadas.

Do ponto de vista de sua composição, os PGP são constituídos por professores e gestores da escola e por integrantes da universidade, mas não necessariamente somente por eles, tendo assim se distinguido pela diversidade de participação de agentes educacionais que interagem em bases regulares na escola. Dessa forma, os grupos envolvem graduandos, pós-graduandos, professores da universidade e pesquisadores em educação científica e matemática, estando aberto para representantes das diretorias de ensino. Essa variedade de participantes inclui na discussão pessoas com diferentes idades, culturas, etnias, gêneros, posições socioeconômicas, anseios e capacidades, o que, sem dúvida, constitui as condições de acesso dos professores e alunos a um vasto leque de ideias e ao seu exame crítico delas, para mencionar a perspectiva de Michael Apple e James Beane, no livro *Escolas democráticas*.

No âmbito do Grupo de Pesquisa como um todo, o caminho das temáticas e linhas de pesquisa evoluiu em um sentido de unificação e aprofundamento, tendo em vista o balizamento cada vez mais compromissado com a Teoria Crítica da Sociedade e da Pedagogia Crítica. Essa busca por abrangência teórica e de inquietude constante com as contradições relativas à práxis social refletiu-se na organização do grupo, que, com o passar do tempo, construiu interações mais articuladas e duradouras, modificando inclusive a situação inicial em que predominava passagem ligeira de pós-graduandos, que permaneciam em contato apenas até a data da defesa do trabalho. Atualmente, as parcerias com os egressos continuam mesmo depois que eles (re)assumem posições em outras instituições, acabando em vários casos por constituir novos GGP, os quais se mantêm em interlocução conosco. Além disso, no tocante às possibilidades formativas, houve uma unificação de objetivos do grupo, que antes era concebido como próprio somente para pesquisadores em educação científica e, com o passar do tempo, assumiu esse status também para professores da escola básica. Assim, ocorreu não somente que os GGP passaram a se relacionar com outros

GGP, alicerçados em outras universidades, mas também que os PGP passaram a repercutir cada vez mais os fazeres do GGP e vice-versa.

Nossa concepção de formação

Esta suposição de fortalecimento de redes de interações concretas de longo prazo entre um número cada vez maior de envolvidos que atuam em instituições de ensino básico e superior é entendida por nós como uma proposta de um modelo de formação de professores, conforme defendemos nos capítulos deste livro. Esta concepção assenta-se na ideia de que o ato hermenêutico se torna uma condição para que a tradição cultural possa ser mantida ou transformada, estabelecendo uma relação recíproca entre a formação cultural e a reprodução cultural. Além disso, este par não pode ser apartado de um segundo, que é aquele existente entre os processos de socialização individual e institucionalização social.

Nesse enquadramento, a palavra "tematização" designa o processo comunicativo de constituição de produtos culturais, o qual ocorre como efeito da problematização da prática realizada em um contexto de preservação e de reprodução do mundo da vida. No texto "Racionalidade e comunicação", Habermas relaciona o conceito de tematização com o de mundo da vida:

> Os sujeitos comunicativamente atuantes vivem seus mundos da vida como uma totalidade intersubjetivamente partilhada e situada em pano de fundo. Mas essa totalidade, que deveria se desintegrar para eles no momento da tematização e hipostasiação, é constituída tanto pelos motivos e competências dos indivíduos socializados, como pelas tradições culturais e solidariedade de grupos (1996, p. 143).

O "pano de fundo" pode ser comparado a um "solo" para a conversação, revelando-se com três atributos: um modo de certeza imediata (as certezas mantêm-se inabaláveis até subitamente se desintegrarem pelo processo de tematização); um todo com centro e fronteiras (aldeia, comunidade, região, Estado-nação, sociedade, sucessão de gerações, épocas, histórias pessoais individualizadas etc.); e uma impenetrabilidade a despeito da aparente transparência. No tocante a este último atributo, podemos considerar o modelo de ser professor que estava submerso na consciência de um professor experiente, pelo qual ele sempre se guiou sem se dar conta, o qual por meio dos processos de problematização e tematização, em uma conversação em determinado PGP, pode vir a ser autorreconhecido.

Assim, é pelo mundo da vida que a formação cultural e a produção cultural tomam lugar em profunda conexão com a formação das identidades e com a construção da legitimidade das ordens institucionais. Ainda no texto "Racionalidade e comunicação", Habermas afirma:

> O mundo da vida não é mais nem é menos estruturado pelas tradições culturais e ordens institucionais do que pelas identidades que surgem nos processos de socialização. Por essa razão, não constituem uma organização à qual os indivíduos possam pertencer enquanto membros, nem uma associação em que os membros se juntam, nem um coletivo composto por participantes individuais. Em vez disso, as práticas cotidianas em que o mundo da vida se centra são alimentadas por intermédio de uma interação entre socialização, reprodução cultural, integração social e, que se encontra por sua vez enraizada nessas práticas (1996, p. 143).

A socialização constitui-se como formação de identidade, em que os organismos humanos "são investidos e estruturados por contextos de significação sociais e culturais" (p. 143). Nele, o nosso corpo permanece apenas como "base natural" do mundo da vida, ao passo que as pessoas são estruturas simbólicas de personalidade, na medida em que permanecem ligadas à sua cultura e à sociedade. A reprodução cultural constitui-se por meio das interpretações, em que as pessoas não somente se apropriam da cultura, mas também contribuem para ela. Nessa perspectiva, não podemos dizer que as pessoas são portadoras de cultura, no mesmo sentido em que não podemos dizer que o corpo é portador de estruturas de personalidade. E a integração social constitui-se como formação de redes de interação dos grupos, que são ordens de relações interpessoais, e que se solidificam em instituições sociais, por meio da coordenação de ações dos sujeitos comunicativamente atuantes. Aqui também a sociedade e o indivíduo constituem-se reciprocamente.

Os processos reconstrutivos

Quando nos remetemos aos processos comunicativos do grupo, procuramos caracterizá-los como reconstrução racional das intuições dos falantes. Com efeito, ao explicitar seus saberes, quer seja como expositor do próprio trabalho ou como intérprete do trabalho do outro, os falantes acabam por revelar conhecimentos intuitivos.

As possibilidades de reconstrução racional estão guardadas no fato de as pessoas terem se socializado em uma determinada língua e em uma determinada forma de vida cultural. Por essa razão, são os conhecimentos pré-teóricos que os falantes de uma mesma língua compartilham sobre os sistemas de regras de produção de formações simbólicas que lhes permitem reformulá-la seguindo intenções próprias. Podemos falar então em uma competência linguística que resulta de processos de aprendizagem cujo padrão racional é passível de reconstrução.

Interessamo-nos por tais processos na medida em que somos um grupo que tem como objetivo produzir não somente a formação de pesquisadores e de professores na área de educação científica mas também o saber relacionado a ela. Portanto, vemo-nos continuamente diante da tarefa de buscar uma maneira comum de ver o que é dito pelos participantes, tendo que compreender inferências, argumentos, expressões de autocompreensão etc.

De um modo geral, as intuições dos falantes do PGP e do GGP relacionam-se em três temáticas distintas. Quando se trata de ensino de ciências e matemática, as intuições dos falantes que podem ser reconstruídas referem-se às concepções alternativas ao conhecimento socialmente elaborado, à natureza da ciência e seus modos de produção, bem como às tecnologias e seus impactos na sociedade. Quando se trata de formação de professores, os conhecimentos intuitivos dos quais os falantes não poderão se afastar são aqueles previamente elaborados durante sua longa experiência nos ambientes escolares e universitários, referindo-se a concepções sobre temas tais como educação, escolarização e formação de alunos e professores. Quando se trata de avaliação em larga escala, os conhecimentos intuitivos advêm das suas experiências no contexto de heteronomia da escola e da universidade vividas durante processos de implementação de políticas públicas educacionais em ambientes que transitam e transitaram sua vida toda.

A consideração dos processos reconstrutivos nos ajuda a proceder a crítica à natureza da ciência de um ponto de vista que difere daqueles a que estamos normalmente em contato na área de educação científica: aquele relacionado ao tipo de uso da linguagem que se faz. De fato, na obra *Racionalidade e comunicação*, Habermas opõe tais processos àqueles que caracterizam as ciências empírico-analíticas, especializadas em desenvolver estruturas abstratas de caráter nomológico, as quais regem provisoriamente os domínios de objetos e acontecimentos observáveis. Os "modelos científicos", que é o modo pelo qual tais estruturadas são conhecidas, podem ser manipulados, sofrendo correções diante de resultados, generalizações e transposições para novos contextos.

Por certo, nossa convivência com pesquisadores em ciências da natureza, as ditas "áreas duras", quer seja como alunos ou professores, em instâncias da formação inicial, quer seja como colegas, por meio de interações nos departamentos das universidades e reuniões científicas, têm nos abastecido com muitas intuições sobre os procedimentos das ciências empírico-analíticas. Sabemos que, nos processos característicos dessas ciências, o ambiente de conversa é demarcado pela atitude objetivante de terceira pessoa, em que as intenções dos falantes permanecem obliteradas nas situações de pesquisa. Não que dilemas não sejam enfrentados por pessoas "com capacidade de fala e ação" durante a realização das pesquisas nos laboratórios. A questão reside na maneira como se processam as interações entre pares, as quais na verdade acabam por serem sitiadas pela racionalidade de meios e fins que originariamente é própria da lida com os objetos de pesquisa.

Habermas evoca Edmund Husserl para dizer que o objetivismo científico natural é cego quanto à lógica da intersubjetividade linguística. Nesse contexto, a comunicação permanece refém do cognitivismo, sendo reduzida ao uso estratégico da linguagem. Na medida em que o pesquisador é tido como um "observador", ou seja, um indivíduo que isoladamente percebe a realidade por meio de uma "experiência sensória", configura-se o solipsismo, uma vez que lhe cabe apenas o controle teórico e prático da natureza por meio da construção de modelos científicos. Conforme explica Eldon Mühl, na obra *Habermas: ação pedagógica como agir comunicativo*, nesse caso, conhecer "passa a significar a clara e transparente representação dos conceitos do sujeito para o próprio sujeito. Em síntese, a consciência do sujeito sobre o mundo é autoconsciência, isto é, representa muito mais o conhecimento que o sujeito tem sobre si mesmo do que sobre o objeto".

Disso resulta, por exemplo, que os cuidados com o estabelecimento de espaços e tempos dedicados à exposição e discussão de trabalhos em andamento no interior dos grupos de pesquisa subsistem de uma forma precária, o que, entre outras consequências, minimiza possibilidades de inclusão nas discussões de elementos éticos e morais, impondo, assim, à formação dos futuros pesquisadores uma quase impossibilidade de elucidação da compreensão de si durante a construção de sua identidade profissional.

Diferentemente, os processos reconstrutivos são característicos de ciências que se ocupam com os conhecimentos intuitivos de indivíduos competentes em termos de fala e ação, como a epistemologia, a linguística e a teoria da argumentação.

Ao assumir uma versão mais fraca do transcendentalismo kantiano, Habermas não deixa de conferir, no âmbito da Teoria da Ação Comunicativa (TAC), um sentido para o termo "experiência", a qual então é vivida pelo ouvinte quando compreende uma expressão emitida por outro falante que com ele participa de um processo de comunicação. Por conseguinte, ao realizar com outros o objetivo de compreender algo, a solidão de observador diante dos objetos de conhecimento se dissipa, visto que a experiência permitida ao agente, dito agora "intérprete", coloca-o em contato direto com o que foi dito por outro ser humano. A partir daí, podemos traçar a diferença entre os verbos "descrever" e "explicar": da mesma maneira que o observador "descreve a realidade perceptível", o participante "explica a realidade simbolicamente estruturada".

No que se refere à explicação do significado feito pelo intérprete, podemos distinguir dois novos níveis, dependendo da orientação da atitude de compreensão do conteúdo, que pode ser voltada ou para a semântica da formação simbólica (interpretação de primeiro tipo) ou para as estruturas que a geraram (interpretação de segundo tipo). O primeiro ocorre quando o intérprete, ao se dar conta de que não entendeu um conteúdo do autor da fala, faz uma aproximação cautelosa: utilizando as mesmas expressões, busca ligar "estruturas de superfície" que não compreende com estruturas de superfície que lhe são familiares.

É o caso da paráfrase na mesma língua ou da tradução para outra língua, quando, ao relacionar significados, os falantes competentes tomam grande cuidado para não se afastar das intenções de emissão da fala do seu autor.

Até aqui ainda não estamos necessariamente nos afastando de situações de comunicação mais comuns na perspectiva empírico-analítica, uma vez que a alta especialização nos conteúdos impõe restrita abertura para interlocuções entre apresentador e ouvintes, de modo que a interpretação de primeiro tipo é a mais provável de acontecer. Além disso, esse tipo de interpretação é muito comum de ocorrer em todas as situações iniciais de conversa em reuniões de qualquer tipo de grupos de pesquisa. Por causa da presença de agentes com diferentes posições hierárquicas - professores da universidade, professores da escola básica e alunos de pós-graduação –, é possível que seja atribuído a um destes o domínio de um saber mais elevado. Nesse caso, a autoridade reconhecida pode produzir um estado de coisas em que este agente passe a falar a partir de uma posição de sábio, de modo que a compreensão dos significados ocorra pela via da orientação para as estruturas de superfície das formações simbólicas.

Somente ao considerarmos as interpretações de segundo tipo é que penetramos o terreno dos processos reconstrutivos. Neles, então, o intérprete avança para além da superfície das formações linguísticas do dito, perscrutando o contexto em que a fala do outro se insere e procurando desvendar as intenções dele ao produzi-la. Nesse caso, o próprio autor da fala pode não estar consciente de tais intenções de modo que as suas intuições podem vir à tona somente durante as investidas do intérprete. Este último, por sua vez, não pode se embrenhar nessa tarefa senão por caminhos próprios, ou seja, ele será obrigado a se apoiar na expectativa das consequências da coordenação de seus atos de fala, acabando por revelar visão de mundo e conhecimentos intuitivos, além de posicionamentos pessoais, relacionados aos temas em questão.

Estamos então aqui no terreno da busca pela compreensão conjunta de algo que foi dito por um participante de uma comunicação com vistas para o entendimento, em que, além da atitude objetivante, outros três domínios coexistem: o da atitude performativa de um participante que está coordenando suas ações junto aos demais; o da atitude subjetiva, que se expressa ou se esconde na atitude de primeira pessoa; e o da própria linguagem, que põe o que foi dito em relação com o conjunto total de proferimentos possíveis dentro de determinada língua. Na obra *Consciência moral e agir comunicativo*, Habermas afirma:

> Se compararmos a atitude da terceira pessoa, adotada por aqueles que dizem simplesmente como as coisas se passam (tal é, entre outras, a atitude dos cientistas) com a atitude performativa daqueles que procuram compreender o que lhes é dito, (tal é, entre outras, a atitude do intérprete), então virão à luz as consequências metodológicas de uma dimensão hermenêutica da investigação (1989, p. 42).

No contexto de busca de uma mesma compreensão para cada proferimento, os agentes entrarão em um processo de crítica recíproca, envolvendo-se em negociações de significado e de validade, e vendo-se então obrigados a renunciar qualquer posição hierárquica privilegiada. Esta renúncia refere-se, por um lado, ao sentido da fala, uma vez que agora suas falas implicam um pedido de validade para o qual existirá sempre um sim ou não por parte dos ouvintes, e, por outro, ao domínio do objeto, posto que terão de enfrentar juntos suas interpretações frente ao contexto, já que a pré-compreensão global da situação hermenêutica só pode ser colocada em questão fragmentariamente e não pode ser colocada em questão como um todo.

A gênese e o desenvolvimento de um trabalho de grupo

Na caminhada de quinze anos do grupo, partimos de duas linhas de pesquisa, uma em que os referenciais estavam voltados para a produção de processos de ensino, considerando temas como concepções espontâneas, mudança conceitual, avaliação formativa na sala de aula e educação de professores, e outra em que os referenciais estavam voltados para os conteúdos a serem ensinados, contemplando temas como natureza da ciência e seus modos de produção, cultura científica brasileira e relações Ciência, Tecnologia, Sociedade e Ambiente (CTSA).

Por cerca de dez anos, essas duas linhas se mantiveram como avenidas paralelas, revezando-se, no entanto, no espaço comum de apresentações de trabalhos e exposição de textos da literatura, para estudo comum, cuja escolha seguia uma regra equitativa de revezamento entre ambas.

No tocante aos projetos comuns, eles tiveram início já no nascimento do grupo de pesquisa, como iniciativa da linha de pesquisa sobre os processos de ensino, quando então realizamos uma aproximação a uma escola do ensino médio, a Escola Estadual de Urubupungá, que contava na época com cerca de dois mil alunos e sessenta professores. Nosso convite para os professores era o de discutir possibilidades de implementação da avaliação formativa em suas salas de aula tendo como objetivo o avanço no nível de ensino da escola. Estávamos então inspirados pelo texto, "Dentro da caixa preta", de dois pesquisadores ingleses, Paul Black e Dylan Wiliam, pesquisadores ingleses que propunham um diálogo na sala de aula que contemplasse necessidades, interesses e valores dos estudantes em um processo de interlocução contínua com eles. Dessa forma, a proposta de reflexão que até lá levamos referia-se exclusivamente à sala de aula. No entanto, o que aconteceu no primeiro ano de parceria determinou profundas mudanças nos caminhos do grupo de pesquisa na década que se iniciava.

De fato, ao chegarmos lá, encontramos grandes dificuldades: uma enorme desconfiança por parte dos professores da escola sobre os interesses da universidade, que aos olhos deles vinha apenas buscar dados para produzir teses e artigos; algumas repercussões veladas de histórias pessoais de convivência entre professores da escola e outros professores da universidade na cidade de Ilha Solteira; manifestações de resistência à proposta em si, visto que estudar textos e produzir iniciativas pessoais na própria sala de aula pareciam um direcionamento aberto demais para alguns; e, por fim e de forma avassaladora, um estado de descrença generalizada sobre a viabilidade da escola pública naquele momento histórico brasileiro. Pairava no ar um sentimento de imobilidade e mesmo de "final de linha" para a escola pública, o que se assentava em uma enorme desconfiança sobre a possibilidade de qualidade no desempenho individual dos professores, visto que se tratava de uma escola que em outros tempos tinha sido um modelo, já que a cidade fora, no início, patroneada pela Companhia Energética do Estado de São Paulo (Cesp), em função de abrigar uma usina hidrelétrica de grande porte. As conversas então eram dominadas por reclamações sobre os estudantes e sobre ingerências da Secretaria da Educação. Os professores sentiam-se imersos em um mundo determinado por circunstâncias externas muito adversas.

Nos meses seguintes, conseguimos instituir um caminho comum de trabalho, deslocando as conversas para além do estado generalizado de queixas. Por meio de uma série de encontros em que havia alternância entre trabalho em pequenos grupos e plenárias, conseguimos estabelecer um compartilhamento da distinção entre "leitura da realidade" e "metas viáveis", na qualidade de um par dialético, bem como definir quais seriam estas metas, as quais podem ser resumidas da seguinte forma: expor os alunos a uma situação mais rica de aprendizagem por meio da avaliação formativa; e envolver os professores, incluindo os da universidade, em uma perspectiva única de investigação sobre esta aprendizagem. Isso então significou viver no âmbito da interação entre universidade e escola o mesmo esquema da avaliação formativa que estava sendo proposto para a interação entre professor e alunos na sala de aula.

Logo pudemos passar a discutir balizamentos para uma experiência coletiva estabelecendo parâmetros para a escolha das salas que seriam envolvidas em primeira instância, valorizando o investimento em pequenos sucessos e em autoavaliação pelos alunos, aumentando a frequência das avaliações escritas e promovendo um refinamento dos feedbacks às produções efetivas dos alunos. Esta etapa foi acompanhada de vários relatos de experiências individuais de professores que então começavam a se arriscar, introduzindo pequenas mudanças em suas práticas de salas de aula. Logo conseguimos um acordo para filmar nossos encontros e, em alguns casos, as aulas dos professores. Nesse modo, na medida em que estabelecíamos algumas bases para uma possível guinada com relação à perspectiva de ensino assentada na passividade do aluno, percebíamo-nos enfim a caminho de uma parceria de fato.

Essa nossa confiança, no entanto, não demoraria a esmorecer. Já estando no meio do ano de 2000, seguiram-se dois meses de uma dura greve, da qual os professores saíram totalmente arrasados, o que fez com que as conversas retornassem ao estado generalizado de descrença e lamentações. Da retomada às atividades até o final do ano, permitiram-nos muito poucas vezes participar dos horários de trabalho coletivo dos professores na escola. Tivemos notícia de um movimento interno em prol do encerramento da parceria, que, porém, fora vencido em uma votação geral.

Isso tudo acabou produzindo um recuo por parte do Grupo de Organização e Planejamento (GOP) – o qual já continha o germe do que mais tarde chamaríamos de grande grupo de pesquisa (GGP) –, que a estas alturas já não era mais composto somente por professores da universidade, uma tendência de participação mista que se efetivou cada vez até o final do projeto. Durante um breve tempo de relativo afastamento da escola, os integrantes desse grupo tiveram uma compreensão que acabou dando origem aos primeiros pequenos grupos de pesquisa (PGP) da nossa história: a organização do projeto deveria ser de um tipo tal que a sinceridade, a coragem e a determinação dos participantes da universidade ficassem visíveis ao máximo. Consequentemente, seus atos deveriam revelar sua visão de mundo, a qualidade do compromisso que mantinham com o campo de pesquisa em educação científica, suas motivações para o projeto, bem como sua disposição para manter uma coerência entre o modo próprio de problematizar a realidade e as propostas de atividade que faziam para os professores. Entendíamos que se os propositores do projeto não investissem na própria autonomia, o convite para professores criarem e sustentarem situações de sala de aula baseadas na avaliação formativa não poderia ser bem sucedido. Em suma, a promoção do autodirecionamento do aluno, conforme líamos no texto de Edward Decy e Richard Ryan, "*Intrinsic motivation and self-determination in human behavior*", passou a ser percebida em estreita ligação com o fomento da autonomia e da sinceridade de todos os envolvidos no projeto e na escola. Logo mais, e não por acaso, passamos a nos ocupar nas reuniões com o conceito de comunidade.

Isso está coerente com os conceitos de autonomia e de sinceridade dos atos de fala, ambos interligados com a ideia de intersubjetividade linguística, a qual traduz a possibilidade de tematização como ato cognoscente que então se apoia no mundo da vida, conforme explicamos no início deste texto. O conceito de autonomia pressupõe uma "comunidade moral", a qual se põe a responsabilidade de se autorregular. "Os sujeitos que julgam e agem moralmente supõem que entre si haja uma capacidade de imputação; eles atribuem a si mesmos e aos outros a capacidade de levarem uma vida autônoma e esperam uns dos outros igual solidariedade e respeito", escreve Jürgen Habermas no livro *O futuro da natureza humana*. Nessa perspectiva, ser autônomo, embora se trate de um ato de liberdade, não significa "fazer tudo o que se quer", como se o que fosse assim produzido surgisse da consciência de um único sujeito, mas sim deixar a própria vontade ser determinada pela consciência que se tem enquanto espécie humana, ou seja, "por motivos que deveriam igualmente ser levados em conta por todas as outras pessoas", como podemos ler na obra *A ética da discussão e a questão da verdade*. A sinceridade de um ato de fala, por sua vez, conforme o texto "Racionalidade e comunicação", não é diretamente dependente do mundo moral, isto é, da validade das normas socialmente estabelecidas, mas sim do compromisso revelado do falante, isto é, das indicações que ele fornece ao ouvinte sobre sua disposição em aceitar as consequências da sua fala como dado adquirido.

Logo mais iniciamos a fase financiada do projeto, passando, em setembro de 2002, a contar com os recursos da Fundação de Amparo à Pesquisa do Estado de São Paulo (Fapesp), dentro do Programa de Melhoria da Escola Pública, o qual compreendeu, após três anos e meio de atividades, 74 bolsas para professores de doze cotas mensais cada, sendo dezoito no primeiro ano, 34 no segundo ano, e 22 no terceiro.

Ainda quanto à perspectiva da valorização da autonomia e da sinceridade de todos os participantes, o primeiro entendimento entre os professores da universidade e os dezoito bolsistas ocorreu em uma assembleia geral, a partir da apresentação dos interesses dos primeiros. Após a exposição, os professores da escola que ainda não estavam engajados em trabalhos com a universidade foram convidados para se aproximar dos expositores conforme afinidades.

Logo iniciamos as atividades de quatro dos oito PGP que seriam constituídos durante os três anos e meio seguintes, dois dos quais merecem nossa atenção aqui, tanto porque congregaram boa parte dos bolsistas durante todo o desenrolar do projeto, sendo estes professores das mais variadas disciplinas da escola, como pela importância que tiveram na estruturação dos caminhos do grupo de pesquisa nos anos que se seguiriam.

O primeiro grupo, conhecido como PGP1, teve como referente teórico principal o construto "pesquisa do professor", no que dialogava com a proposição de Kenneth Zeichner e Daniel Liston, na obra *Reflective Teaching: an introduction*. A ideia da pesquisa do professor assentava-se em critérios de validade diferentes daqueles da pesquisa acadêmica: clareza da pesquisa (articulação e sistematização das ideias do professor); subjetividade (aparecimento da voz do pesquisador e articulação com os contextos socioeconômico e cultural); e validade dialógica (reflexão promovida por meio do diálogo). Assim, a partir do desenvolvimento de trabalhos individuais, que eram comunicados e discutidos em bases regulares no grupo, os professores participantes caminharam na direção da definição de uma temática comum, a reflexão do professor sobre o seu trabalho em sala de aula, sua profissão, a colaboração na escola e a parceria com a universidade. Podemos perceber aí forte repercussão das experiências iniciais da parceria, quando então a focalização na sala de aula revelara-se insuficiente para o enfrentamento dos problemas encontrados.

O segundo grupo, o PGP2, traçou o caminho inverso. Partindo de um tema central que se caracterizava por manter total afinidade com a cidade – os impactos socioambientais causados pela construção de uma usina hidrelétrica de grande porte –, buscou construir olhares para ele a partir dos diferentes vieses disciplinares dos professores. Os integrantes acreditavam que aquilo que aparentemente era tido como um artefato tecnológico, que somente trazia benefícios, podia ser visto também como agente promotor de profundas mudanças na ocupação dos espaços geográficos, causando significativa alteração do ambiente natural e social.

Os trabalhos desenvolvidos no PGP1 e no PGP2 também foram importantes porque demarcaram duas linhas do grupo de pesquisa que, por cerca de dez anos, mantiveram-se como avenidas paralelas. Na primeira, ao estilo do PGP1, os referenciais estiveram voltados para a produção de processos de ensino, considerando temas como concepções espontâneas, mudança conceitual, avaliação formativa e educação de professores, e, na segunda, ao estilo do PGP2, os referenciais estiveram voltados para o conteúdo de ensino, contemplando temas como natureza da ciência, cultura científica brasileira, relações CTSA e, logo mais, questões sociocientíficas (QSC). Revezando no espaço comum de apresentações de trabalhos e de exposição de textos da literatura estudados no grupo, e a despeito de certa independência, elas se mantiveram em constante diálogo.

Dessa forma, no embate com as dificuldades de conduzir o que nos parecia ser o mais simples e óbvio, isto é, discutir com os professores uma proposta de introdução da avaliação formativa nas salas de aula da escola, fomos nos dando conta de que precisávamos considerar um número cada vez maior de aspectos nos diagnósticos que fazíamos sobre a realidade da escola. Com o término do financiamento da Fapesp, no final de 2005, embora estando no seu auge, a parceria com a escola básica foi interrompida por cerca de três anos.

Nesse período, o grupo de pesquisa esteve envolvido em um novo projeto, agora na formação inicial de uma licenciatura em física da Unesp, que consistiu na reconstrução neste nível da suposição geral que acabou por embasar a jornada de seis anos com a escola, qual seja: assentar a formação cultural dos futuros professores em uma perspectiva que engloba tanto a formação de identidade docente, dando conta da perspectiva subjetiva, quanto a formação de responsabilidade institucional, dando conta da perspectiva social. É importante ressaltar que o fato de integrantes do grupo de pesquisa serem docentes dessa licenciatura repercutiu em uma história de inúmeras amarrações entre as instâncias da pós-graduação e da graduação, com a produção de vários trabalhos acadêmicos, nos níveis de iniciação científica, mestrado e doutorado, sobre a licenciatura e sobre as escolas em que os futuros professores atuavam, como também por meio da criação e realização conjunta de eventos regionais sobre formação de professores e a prática de ensino.

No que se refere aos trabalhos acadêmicos produzidos durante o desenvolvimento desses dois projetos, como poderá ser observado nos capítulos que seguem, o traço principal foi uma ampliação do aporte teórico, a partir dos referenciais consagrados na área de ensino de ciências, para incluir educadores e filósofos da educação cuja obra refletisse a Teoria Crítica da Sociedade, entre eles Paulo Freire, Michael Apple, José Contreras e Henry Giroux. Essas leituras foram cada vez mais sendo acompanhadas pela busca de autores da primeira e segunda geração da Escola de Frankfurt, Theodor Adorno, Max Horkheirmer, Walter Benjamin e Jürgen Habermas.

Quando os primeiros egressos do curso de licenciatura em física chegaram às escolas públicas como professores iniciantes, sentiram a necessidade de recorrer a seus antigos professores para discutir problemas enfrentados na nova realidade. Convidados a integrar o grupo de pesquisa, passaram a influir na vontade coletiva para a retomada dos PGP nas suas escolas. Dessa maneira, um terceiro projeto foi sendo lentamente gestado, o qual pôde contar, em 2010, com financiamento pelo Programa Observatório da Educação, vinculado à Diretoria de Educação Básica do Ministério da Educação do Brasil (MEC), que resulta de um acordo entre a Coordenação de Aperfeiçoamento de Pessoal de Nível Superior (Capes), o Instituto Nacional de Estudos e Pesquisas Educacionais Anísio Teixeira (Inep) e a Secretaria de Educação Continuada, Alfabetização, Diversidade e Inclusão (Secadi). Este programa relaciona-se com universidades por meio de cursos de pós-graduação, buscando articulá-los com as licenciaturas e escolas de educação básica, bem como fomentar a produção acadêmica e a formação de pós-graduados na direção desta articulação. O projeto em questão nos colocou em conexão com mais dois polos, um da Universidade do Estado do Mato Grosso (Unemat) e outro da Universidade Federal do Mato Grosso (UFMT), que passaram então a ser tratados como GGP.

Nesse contexto, houve um entendimento inicial de tomar o reconhecimento das tradições de trabalho de cada polo como ponto de partida, o que permitiu o compromisso e a motivação dos participantes para a entrada nos processos de elaboração de autonomia, isto se configurando como um traço comum dos três projetos aqui descritos. Com efeito, o primeiro ano foi marcado pela iniciativa de cada GGP para expressar a própria interpretação dos objetivos contidos no texto do projeto aprovado pela Capes e, também, pela busca das primeiras convergências entre as perspectivas de cada um. Ressaltamos novamente aqui o conceito de autonomia não como um direito individual, mas como algo que todos os participantes da comunidade moral têm de poder desenvolver ao mesmo tempo e no qual a formação de vontade política (e não somente de opinião) está em jogo.

No ponto de partida do projeto, os pesquisadores das três universidades já compartilhavam a temática da formação de professores, embora com abordagens e ênfases diferentes, bem como referenciais das áreas de educação em ciências e matemática, o que se mostrava como um bom terreno para entendimentos e para o estabelecimento de novos acordos. As ações do polo Unesp, em particular, traziam a proposta de criar e consolidar uma estrutura organizacional de PGP em várias escolas públicas da região, cuja eleição deu-se pelo fato de nelas haver um professor iniciante formado na licenciatura em física já citada seguindo um princípio básico de articulação e de formação de vontade de envolvidos ocorridas nos projetos anteriores. Por outro lado, os polos da Unemat e UFMT dedicaram-se neste início, além da formação de professores, à elaboração da temática da avaliação em larga escala, tendo em vista que o seu critério de seleção das escolas se baseou nos resultados mais críticos obtidos no Índice Nacional de Desenvolvimento da Educação Básica (Ideb).

Tendo esse cenário no nosso ponto de partida, entre 2011 e 2014, realizamos três encontros gerais por ano, cada um estando sediado em uma das universidades e com duração de três dias, sendo metade deste tempo utilizada para a apresentação e discussão dos trabalhos de cada GGP e metade para palestras, mesas-redondas, oficinas e assembleias. Durante todo o projeto, nossas diferenças cumpriram o papel de criar as tensões necessárias para que as ações comuns seguissem sendo traçadas. Por meio da intensa comunicação demandada a partir da busca de cumprirmos a norma da valorização da sinceridade e da autonomia, a rede de interações entre os polos acabou assumindo os seguintes norteadores: reconhecimento e valorização do trabalho de cada participante, PGP e GGP; aprofundamento de eixos temáticos, em número de três, formação de professores, QSC como fundamento para sequências didáticas, e avaliação em larga escala; compreensão e ressignificação do papel de cada segmento de participantes, a saber, professores da escola básica, pós-graduandos e professores da universidade, e graduandos.

O tema das QSC como fundamento para as sequências didáticas foi proposto pelo Polo Unesp, seguindo uma tradição que remonta ao PGP2. Tendo o ambiente interdisciplinar dos PGP como espaço propício para a formulação e desenvolvimento de QSC, o processo de elaboração e realização dessas sequências é balizado por estudos sobre as próprias QSC, sobre a natureza da ciência e da tecnologia e sobre divulgação científica.

Entre os encontros gerais de polos, dois foram exclusivamente dedicados a esta temática. O último deles, por exemplo, ocorrido já no último ano do projeto, utilizou como mote a problemática dos aditivos alimentares e buscou se aprofundar nos princípios básicos de uma educação pautada no tratamento de QSC, colocando ênfase sobre a inter-relação entre os conceitos de cidadania, argumentação, questionamento do empreendimento científico e divulgação científica. Por meio da alternância entre trabalhos em grupo e plenárias, os participantes puderam, por um lado, rememorar lembranças de práticas culturais antigas na preparação de alimentos, problematizando o tempo de preparo e energia envolvida, buscando evidenciar os valores historicamente construídos. Por outro lado, puderam também lançar um olhar para a indústria de alimentos no que se refere ao seu artifício de manutenção de valores culturais e imposição de valores advindos de outras culturas, bem como o uso da ciência e tecnologia para ampliar o nível de elaboração de seus produtos.

Por seu turno, o protagonismo do tema das avaliações em larga escala mostrava-se saliente na agenda de atividades dos polos Unemat e UFMT. Reconhecidamente, no âmbito do grupo de pesquisa do pólo Unesp, a tematização das políticas públicas educacionais de avaliações externas em larga escala da educação básica configurou-se, de modo simultâneo, pela junção de demandas impostas pela atualização das questões que caracterizavam um novo momento do grupo de pesquisa, pela dinâmica de filiação de novos integrantes ao grupo, pelas novas parcerias institucionais, bem como pela conspícua manifestação de aquiescência dos membros do grupo às necessidades e interesses explicitados pelo tema das avaliações externas por professores e gestores de algumas escolas públicas com vinculação direta e indireta com o grupo.

Assim, prioritariamente no Quarto Encontro Geral dos Polos, realizado em abril de 2012, tanto quanto de modo mais diluído nos demais encontros, compreendendo o período de 2011 a 2014, buscamos ampliar a compreensão que os integrantes dos grupos vinculados com cada polo sustentavam sobre as efetivas possibilidades da construção de contribuições acerca deste intrigante, relevante e controverso tema que, em última análise, expressassem coerência e consistência com toda a história de constituição e de atuação de cada grupo.

Indiscutivelmente, como mecanismo de indução de ações formativas e colaborativas, promotora do fortalecimento das parcerias entre a universidade e as escolas de educação básica, caberia indagar: quais seriam as condições didáticas mais adequadas para a manifestação, pelos alunos, dos processos cognitivos que definem as aprendizagens preconizadas pelos sistemas de avaliação externa? Do que dependeria o fornecimento, pelos professores, de tais condições didáticas?

Configurava-se, com urgência, a necessidade de cada polo explicitar ações e estratégias, bem como recursos, que se mostravam disponíveis e exequíveis para as investigações necessárias.

Embora compartilhando os ideais de pesquisa solidária, respostas para tais indagações suscitaram prioridades e caminhos diferentes entre os polos. De pertinência saliente, no âmbito do grupo de pesquisa responsável por este livro, admitimos que dimensões dos sistemas de avaliação externa da educação básica impuseram aos professores a necessidade de novas aprendizagens, das quais duas assumiram particular relevância: a de estabelecer correspondências entre as ações emitidas pelos alunos em interações com as condições de ensino fornecidas pelo professor e as aprendizagens preconizadas e objetivadas nos enunciados dispostos nas Matrizes de Referência dos sistemas de avaliação; e a de relacionar características psicométricas dos testes (itens) de tais sistemas com características dos instrumentos de avaliação adotados em âmbito interno, ou seja, com as avaliações elaboradas pelo próprio professor.

Vários autores em um grande diálogo

Conforme buscamos explicitar anteriormente, este livro se insere na história de um grupo de pesquisa que se compromete com o tema da formação de professores visando à educação científica em escolas públicas de ensino básico do nosso país concebida a partir de um viés comunicativo. Vale destacar que a sua finalização ocorreu concomitantemente com o término do projeto apoiado pelo Programa Obeduc/Capes. Sob o balizamento dos temas das QSC e das avaliações em larga escala, o polo Unesp deste projeto buscou consolidar uma rede de PGP em várias escolas públicas, do estado de São Paulo e Mato Grosso do Sul, o que se deu mediante uma estreita aproximação entre os fazeres de pesquisa dos pós-graduandos em educação para a ciência e os fazeres de ensino dos professores da rede básica.

Mais que isso, o livro expressa um modo particular de proceder a escrita, que se distingue pela preocupação em manter diante de todos os autores uma antevisão de uma certa complexidade a ser enfrentada. À semelhança do *modus operandi* do projeto e do grupo, foi criada também na escrita do livro uma profusão de trocas de pontos de vista sobre temas da realidade das nossas escolas. Em vista disso, queremos relevar o entrelaçamento e a identificação entre esses dois tipos de atividade.

Dessa forma, são grandes as nossas expectativas com relação ao impacto e ao alcance deste livro nas comunidades escolares e em outras audiências de professores e de formadores de professores, no sentido da divulgação desse trabalho que se apoia na compreensão de si de um grupo. Desejamos que o tema "a pós-graduação em ensino de ciências no mundo da vida nas escolas: formação por meio de questões sociocientíficas em tempos de avaliação em larga escala", expressado no título do livro, suscite muitas indagações no interior de outros grupos de pesquisa, quer seja nas universidades, quer seja nas escolas do ensino básico.

Lizete Maria Orquiza de Carvalho

Introdução

O livro que ora apresentamos é resultado de estudos, pesquisas e discussões realizadas no âmbito do Grupo de Pesquisa, cujo desafio foi investir em processos formativos possibilitados pela interface universidade-escola.

Mais recentemente, o grupo tem dedicado esforços no sentido da assunção dos objetivos do projeto "Observatório da Educação com foco em matemática e iniciação à ciência", que foi financiado, entre 2011 e 2014, pelo Programa Observatório da Educação (Obeduc/Capes), visando constituir uma cultura de investigação que possibilitasse maior articulação entre diferentes níveis de formação educacional (formação inicial e continuada), maior aproximação da universidade com a realidade concreta de suas questões de pesquisa e compreensão de que a escola e professores não são só assimiladores, mas produtores de conhecimento. Nesse escopo, o projeto também apresentou como objetivos diagnosticar as dificuldades nos conteúdos de matemática e ciências da natureza das escolas de rede pública de ensino, coordenar ações para a problematização e intervenção junto aos professores e coordenadores das instituições de ensino básico, identificar e compreender os descritores e habilidades presentes nos exames de avaliação em larga escala e criar com os professores grupos de estudos para elaborar de sequências didáticas.

Inscrito em uma história de quinze anos do Grupo de Pesquisa, o referido projeto dá destaque a três grandes temáticas que parecem contribuir com as demandas e preocupações atuais da escola básica, quais sejam: Questões sociocientíficas (QSC), Formação de professores e Avaliação em larga escala (ALE).

As QSC surgem no cenário educacional como possibilidade de problematizarmos a grande influência que a ciência e a tecnologia exercem na nossa sociedade contemporânea; possuem assim potencial para contextualizar os conteúdos disciplinares, para a construção de currículos locais, o desenvolvimento da autonomia de professores perante seu trabalho pedagógico e propiciam a formação crítica e cidadã dos nossos alunos. A formação de professores é um aspecto fundamental no processo educacional, principalmente considerando os professores em serviço; diante da cada vez mais denunciada proletarização docente, faz-se necessário pensar em formas de resistência docente perante todas as pressões e cobranças às quais a escola está submetida. Já as ALE têm estado muito presentes no âmbito educacional, e, mais do que um detalhe percentual, têm se mostrado grande engrenagem propulsora de políticas públicas que afetam direta ou indiretamente as ações dos professores; sendo fundamentais, assim, sua discussão e sua compreensão pelos professores e universidade.

Estes três eixos perpassam e são perpassados pelos chamados Pequenos Grupos de Pesquisa (PGP) – conceito-chave da proposta teórico-metodológica de formação de professores que permeia este livro. Um PGP é constituído a partir de um convite feito às escolas (professores e gestores) para o desenvolvimento de grupos de estudo e pesquisa compostos por agentes tanto da universidade quanto da escola. Fundamentado por valores de dialogicidade e de uma relação horizontal entre tais instituições, este grupo se constitui como espaço polifônico e viabilizador da práxis dos sujeitos, inserindo elementos de tensão, criação e desvelamentos da realidade educacional posta. Nesse processo, a Teoria da Ação Comunicativa (TAC) constitui-se como o aporte teórico mais abrangente das propostas, indicando a busca pela horizontalidade das relações, bem como mostrando a importância da linguagem para a emancipação de todos os agentes envolvidos.

No que se refere ao polo Unesp, oito PGP se constituíram inicialmente e passaram a promover ações formativas para atores das escolas e universidade envolvidos, cada qual à sua maneira, a citar: PGP Arealva, localizado na E. E. Prof. Sebastião Inoc Assumpção, em Arealva-SP; PGP Birigui, na E. E. Lydia Helena Frandsen Stuhr, em Birigui-SP, PGP Fernandópolis, na E. E. Líbero de Almeida Silvares, em Fernandópolis-SP,

PGP Ilha Solteira, na E. E. Urubupungá, em Ilha Solteira-SP, PGP Mirandópolis, na E. E. Noêmia Dias Perotti, em Mirandópolis-SP, PGP Paranaíba, na E. E. Manoel Garcia Leal, em Paranaíba-MS, PGP Ribeirão Preto, na E. E. Cid de Oliveira Leite, em Ribeirão Preto-SP, PGP Sud Menucci, na E. E. Cícero Castilho Cunha, em Sud Menucci-SP. Mais recentemente houve um desdobramento desse projeto em atividades no PGP Dourados, na E. E. Professor Alício Araújo, em Dourados-MS.

Dentro desses PGP, a participação do pós-graduando é um elemento fundamental na busca pelo estreitamento entre o que se realiza na escola e o que se diz sobre a escola, de forma que os capítulos deste livro foram escritos na tentativa de vincular sua imersão escolar com as reflexões realizadas pelo grupo de pesquisa. Assim, tendo como muito cara a participação dos pós-graduandos nas escolas, visando tanto à formação dos PGP quanto à constituição de suas questões de pesquisa, este livro contém temáticas comuns que foram articuladas pelos integrantes do Grupo de Pesquisa em suas reflexões, divididas em três seções.

A primeira seção é intitulada de "Formação de professores e alunos nas escolas por meio de questões sociocientíficas". Ela reúne os quatro primeiros capítulos, os quais contemplam os seguintes temas: interface entre QSC e formação crítica; natureza da ciência e divulgação científica no ensino básico; QSC nos PGP; e processos cognitivos e QSC na formação e prática dos professores.

O primeiro capítulo analisa teses e dissertações produzidas no âmbito do Grupo de Pesquisa no período de 2010 a 2013, enfocando o desenvolvimento de QSC no processo de formação de professores de ciências. As autoras apontaram a presença de elementos que indicam tanto avanços e rupturas com a perspectiva tradicional quanto tensões e obstáculos que se constituem nas práticas vivenciadas e relatadas nos trabalhos produzidos.

O segundo capítulo busca discutir a articulação entre as temáticas da natureza da ciência e da divulgação científica, a partir de propostas formativas com as QSC. A partir dessas duas áreas, os autores apresentam conhecimentos considerados necessários para o desenvolvimento de uma postura problematizadora diante do empreendimento científico, dos discursos sobre ciência difundidos socialmente e da natureza da ciência. Trata-se de uma argumentação em favor da necessária formação do professor e dos estudantes para o trabalho com QSC, na qual a controvérsia possui posição de destaque como orientadora do processo metodológico e dos conteúdos.

No terceiro capítulo as discussões evocam as práticas de três PGP que participam do Projeto Observatório da Educação. Partindo do histórico de constituição dos grupos e das QSC desenvolvidas em cada um deles, discutem-se a autonomia dos grupos de professores na seleção coletiva de suas temáticas, a maneira como cada um constrói sua QSC, o processo de reflexão sobre o currículo de ciências e os limites encontrados para se efetivar este tipo de abordagem em sala de aula.

O quarto capítulo trata de discutir possibilidades e possíveis enfrentamentos nas relações entre os seguintes temas: processos cognitivos, QSC e formação e prática dos professores. Ao olhar para aquilo que documentos oficiais preconizam como essencial na formação dos alunos do ensino básico na área de ciências, os autores percebem que eles se mostram sintonizados com um mundo que em décadas recentes tem sido enormemente impactado pelos benefícios e riscos oferecidos pelas soluções científico-tecnológicas, e por isso também tem sido objeto de preocupação da área de pesquisa em ensino de ciências. Assim, a desejada formação para a cidadania ganha visibilidade e viabilidade na educação científica por meio da abordagem das chamadas QSC. Mas, se de um lado uma boa possibilidade surge, de outro surgem também os desafios de formar professores para enfrentarem as dificuldades de ressignificar o ensino de ciências a partir da real compreensão do que sejam os processos cognitivos que têm sido traduzidos em termos de habilidades e competências, e que são o foco das avaliações em larga escala.

A segunda seção é intitulada de "Elementos teóricos para um programa de formação de professores alicerçado na Teoria Crítica". Ela engloba quatro capítulos, os quais tratam dos seguintes temas: teoria crítica e formação docente; a história da investigação sobre formação continuada no Grupo de Pesquisa; a história da investigação sobre formação inicial no Grupo de Pesquisa; e a formação de professores no âmbito do projeto Observatório da Educação. Em consonância com o título da seção, todos os capítulos buscaram fornecer subsídios que fundamentem a caracterização de um programa crítico de formação de professores na interface universidade-escola.

Assim, no quinto capítulo, os autores discutem possibilidades oferecidas pela teoria crítica da escola de Frankfurt para a formação de professores de ciências. Das ideias de Walter Benjamin, têm destaque a teoria da experiência e da narração. Dela se busca ainda problematizar as diferenças entre vivência e experiência e entre saber, conhecimento e sabedoria. Da obra de Habermas, os autores exploram alguns conceitos de sua TAC, tais como: ação e discurso, sistema e mundo da vida, agir estratégico e agir comunicativo, e esfera pública. Do diálogo desses autores com outros estudiosos da formação docente, municiamo-nos teórica e instrumentalmente para enfrentarmos as práticas enraizadas nas instituições formativas e que apresentam poucas possibilidades emancipatórias.

O sexto capítulo aborda um conjunto de pesquisas em formação docente em serviço desenvolvidas no Grupo de Pesquisa que procuram delinear em que medida elas podem se tornar fundamentais para o desenvolvimento da autonomia docente pensada em termos sistêmicos: Universidade-Escola, Política Externa etc. No seu decorrer, desvelaram-se: tensões e dificuldades no exercício da docência tendo em vista a redução da autonomia do professor; possibilidades de autonomia docente na perspectiva dos modelos teóricos de formação de professores e a ideia de formação cultural; a natureza do grupo de pesquisa em formação de professores; e contribuições teóricas das pesquisas desenvolvidas no âmbito do grupo na perspectiva da formação de professores em exercício. Esses estudos permitem aos autores tanto encaminhar discussões de um programa de formação com base na autocompreensão do professor como formador quanto reconstruir a relação universidade-escola nas bases de uma racionalidade comunicativa.

O sétimo capítulo infere sobre licenciaturas em ciências como foco de pesquisa, em que são apresentadas as principais concepções de formação inicial de professores que aí subjazem. Como no capítulo anterior, trata-se de uma construção teórica e metodológica de um conceito de formação de professores para o estabelecimento de uma proposta de programa de formação de professores de ciências de vertente crítica.

Como parte final da segunda seção, o oitavo capítulo apresenta uma análise das teses e dissertações que trataram da formação de professores ao longo dos quatro anos do projeto Obeduc, polo Unesp, bem como duas produções realizadas anteriormente ao projeto e que foram importantes para a sua construção do ponto de vista teórico. Os trabalhos analisados apontaram três categorias: referenciais teóricos de formação crítica; metodologias empregadas nas teses e dissertações; e compreensões sobre o processo de formação de professores.

A terceira sessão é intitulada de "Avaliação em larga escala como eixo de pesquisa realizada pela escola e pela pós-graduação". Ela compreende três capítulos, os quais abordam os seguintes temas: revisões e prospecções da avaliação em larga escala; modelos e métodos de interação de pesquisadores da universidade com professores de ciências e matemática da educação básica; e avaliação em larga escala, saberes docentes e interações comunicativas.

Assim, o nono capítulo levanta a questão de como, no cenário educacional, distintas questões controversas acompanharam a consolidação das avaliações externas da educação básica. O capítulo expõe uma caracterização de tais avaliações extraída de revisões em parcela da literatura dedicada ao tema. De modo objetivo, caberia indagar: a hegemonia da cultura da avaliação fomentou repertórios profissionais de ensino, admitindo a urgente profissionalização imposta por tal política pública educacional? Na perspectiva de indução para a produção de conhecimentos, advoga-se que restrições, insuficiências e deficiências, derivadas de revisões da literatura, devem estimular investigações colaborativas entre escolas e programas de pós-graduação em Ensino que priorizem, ao demarcar as incidências de tais avaliações na realidade escolar, aprimorar processos de formação inicial e de qualificação profissional do professor e de sua atividade prioritária, o ensino.

O décimo capítulo problematiza a forma como, historicamente, a racionalidade empregada nas orientações a professores, contidas em diretrizes curriculares e/ou em textos de divulgação e implantação de sistemas de avaliação em larga escala na educação básica, tem se mostrado eminentemente instrumental, pautada em uma comunicação meramente estratégica. Neste contexto, o capítulo trata da proposição de um modelo de interação de pesquisadores da universidade com professores de ciências e matemática da educação básica, de acordo com os princípios habermasianos. A intenção da pesquisa fora mostrar o potencial da TAC para processos de formação profissional docente pautados em um ideal de emancipação, este que fundamenta a busca pelo professor da superação por meio da razão comunicativa, da capacidade de entendimento que conserva a possibilidade de contra controlar o sistema, impedindo que o Mundo da Vida seja controlado de modo absoluto pelo sistema. E desta forma, especificamente, em relação às avaliações em larga escala, permite ao professor analisar as dimensões, a frequência e a intensidade em que um Currículo é norteado por tais modalidades de avaliação.

Por último, o décimo primeiro capítulo, identificando que os efeitos dos resultados das avaliações externas nas práticas de ensino são ínfimos, expõe duas situações de pesquisa colaborativa entre professores da escola e pós-graduandos desenvolvidas no contexto da unidade escolar. Na situação inicial, duas professoras com mais de duas décadas de atuação no ensino público dos anos iniciais do ensino fundamental analisaram, com uma pós-graduanda, impactos do Projeto de Educação Matemática nos Anos Iniciais (Emai) sobre as suas trajetórias profissionais de trabalho, considerando a vinculação de tal projeto com o Sistema de Avaliação de Rendimento Escolar do Estado de São Paulo (Saresp). A segunda situação contou com a participação de duas professoras que conviveram com as etapas de consolidação do Saresp ministrando aulas de matemática, de ciências da natureza e de biologia nos Ensinos Fundamental II e Médio. O capítulo ressalta que a convivência das quatro professoras com as demandas constantes do Saresp foi marcada pela preponderância de saberes experienciais, a saber, pelo predomínio de ações e de conhecimentos fundamentados em pressupostos e em argumentos não passíveis de validação intersubjetiva. Evidencia-se, portanto, um paradoxo: a hegemonia da cultura da avaliação denuncia afastamentos comprometedores da profissionalização do ensino. Tal evidência impõe desafios para a integração entre a pesquisa da pós-graduação e a atuação do professor em projetos de profissionalização do ensino. Assume prioridade o desenvolvimento de condições metodológicas de trabalho colaborativo com ênfase nas condições de validação intersubjetiva de regras de ação, dos saberes construídos na ação e contextualizados no âmbito das avaliações em larga escala.

Parece-nos que essa breve menção aos capítulos contidos no livro assinala aquilo que estamos chamando de "Formação de professores, questões sociocientíficas e avaliação em larga escala: Aproximando a pós-graduação da escola". O livro, que surge como um espaço de compartilhamento de reflexões advindas do trabalho coletivo realizado na interface Universidade-Escola, possibilita a expressão dos pós graduandos que, enquanto membros legítimos e legitimados pelos PGP, também constroem sentidos sobre o que ali se constrói. As teorizações apresentadas, advindas de questionamentos emergentes desta imersão e vivência no/com ambiente escolar visam, sobretudo, possibilitar a autocompreensão e autocrítica do Grupo de Pesquisa perante o trabalho realizado nestes últimos anos, o que pode vir a se constituir em uma reflexão teórico-prática para a Educação em Ensino de Ciências e para a formação de professores.

Adriana Marques de Oliveira
Michel Pisa Carnio
Thiago Mendonça

SEÇÃO 1 – FORMAÇÃO DE PROFESSORES E ALUNOS NAS ESCOLAS POR MEIO DE QUESTÕES SOCIOCIENTÍFICAS

Capítulo I

Questões sociocientíficas e formação crítica de professores

Vanessa Daiana Pedrancini[1]
Diana Fabiola Moreno Sierra[2]

Introdução

Este capítulo tem como intuito analisar as teses e dissertações produzidas no âmbito do Grupo de Pesquisa em Avaliação Formativa e Educação Continuada de Professores (AVFormativa), no período de 2010 a 2013, que abarcaram a interface entre a formação de professores de ciências, tanto inicial como continuada, e as questões sociocientíficas (QSC), e que se fundamentaram em uma perspectiva crítica de formação de professores.

Tais investigações se originaram das dificuldades apresentadas pelos professores de ciências para abordarem as várias dimensões que envolvem o desenvolvimento científico e tecnológico, assim como evidenciado por Pedretti (2003).

Não raro, os professores optam por um ensino neutro da ciência, fortalecendo concepções errôneas sobre a atividade científica e o status de autoridade do professor e do conhecimento científico, em detrimento da inserção de conteúdos sociocientíficos e do posicionamento crítico (PEDRETTI, 2003). "Normalmente, o professor está no controle e os alunos participam em tipos fechados de repetição ou verificação de investigação com pouco espaço para a imaginação, a criatividade ou uma abordagem de caráter aberto" (PEDRETTI et al., 2008, p. 943, tradução nossa).

---

1 Doutora em Educação em Ciência. Professora adjunta da Universidade Estadual de Mato Grosso do Sul, Unidade Universitária de Mundo Novo. E-mail: vapedrancini@yahoo.com.br.

2 Doutora em Educação em Ciência pela Unesp, *campus* de Bauru. E-mail: diana.educi@gmail.com.

A formação de professores de ciências, que se fundamentam em situações a-problemáticas da ciência e da tecnologia, é uma das principais causas desse cenário (PEDRETTI et al., 2008). Essa afirmação se fortalece ao considerarmos que os próprios professores apontam insegurança e dúvidas em relação a um ensino crítico, cooperativo e coletivo, bem como no tratamento da heterogeneidade dos alunos (GALVÃO, REIS, FREIRE, 2011).

Além disso, a formação baseada na racionalidade tecnocrática e instrumental, com ênfase no treinamento de habilidades e práticas, reduz os professores a simples aplicadores das propostas e práticas elaboradas pelos especialistas (GIROUX, 1997). A formação baseada nesta perspectiva se caracteriza pela dissociabilidade entre teoria e prática, ou seja, pela ênfase em aspectos teóricos em detrimento dos práticos e pela concepção segundo a qual a prática é o momento apenas de aplicação de conhecimentos teóricos (DINIZ-PEREIRA, 1999).

Ao contrário desta perspectiva, defendemos a pedagogia crítica, a qual reconhece os professores como intelectuais transformadores (GIROUX, SIMON, 1997). "[...] Encarando os professores como intelectuais, nós podemos começar a repensar e reformar as tradições e condições que têm impedido que os professores assumam todo o seu potencial como estudiosos e profissionais ativos e reflexivos" (GIROUX, 1997, p. 162).

A ação docente não pode se limitar ao ensino dos conhecimentos teóricos e disciplinares, mas deve principalmente comprometer-se com a contextualização destes em um determinado cenário político, isto é, o professor tem um papel social. Logo, a formação desse profissional deve orientar o seu agir crítico, sua capacidade de interrogar-se sobre o seu papel na sociedade, seu compromisso com as ações educativas direcionadas com a emancipação social de seus alunos e a análise das possibilidades de transformação social por meio do ensino. O processo de formação deve permitir que o professor reconheça a natureza política do seu trabalho e que se torne um intelectual transformador ao possibilitar a formação de alunos para o exercício pleno da cidadania, capazes de interpretarem e transformarem sua realidade (GIROUX, 1997; GIROUX, 2003; CONTRERAS, 2002).

Por outro lado, a formação de professores pouco tem abordado questionamentos e discussões acerca do desenvolvimento científico e tecnológico, bem como as possibilidades de práticas docentes que abarcam esses aspectos (SCHNETZLER, 2002). Considerando a relevância de um ensino de ciências que possibilite a discussão crítica e reflexiva acerca do contexto científico-tecnológico, social e ambiental, ressaltamos, portanto, a perspectiva CTSA (ciência, tecnologia, sociedade e ambiente), a qual propicia a formação de uma concepção ampla e social do contexto científico-tecnológico (PEDRETTI, 2003). Além disso, de acordo com Pedretti (1997, 2003), a abordagem de QSC permite a incorporação da perspectiva CTSA às práticas dos professores de ciências.

Conjugando com essas perspectivas, Martínez-Pérez (2010), Guimarães (2011), Soares (2012), Carnio (2012), Bortoletto (2013), Lopes (2013) e Santos (2013) desenvolveram investigações utilizando-se das QSC com o objetivo de trazerem subsídios à formação de professores de ciências, ampliando, portanto, a reflexão sobre o papel do professor e de sua formação para a sociedade, a construção da argumentação e da autonomia docente.

Neste cenário, o intuito do presente capítulo é colaborar para a constituição de um programa crítico de formação de professores por meio da análise de teses e dissertações relacionadas com o desenvolvimento de QSC no processo crítico de formação de professores de ciências no Grupo de Pesquisa. Preocupamo-nos com avanços e rupturas com a perspectiva tradicional, bem como os limites e obstáculos que se constituíram na prática com as QSC.

Contextualização das teses e dissertações analisadas

A despeito de os trabalhos analisados neste estudo convergirem para a interface formação de professores de ciências e QSC, fundamentando-se em uma perspectiva crítica, apresentam peculiaridades em relação ao tempo, espaço e universo no qual foram desenvolvidos.

Martínez-Pérez (2010) pretendeu estudar as contribuições e as dificuldades da abordagem de QSC para a formação continuada de professores de ciências. Para tanto, desenvolveu uma disciplina para professores de química em serviço, os quais estavam cursando o mestrado em Docência da Química na "Universidad Pedagógica Nacional (UPN)" da Colômbia.

Guimarães (2011) teve como objetivo verificar em que extensão os licenciandos eram capazes de criar argumentos para defender suas posições em relação às pesquisas com células-tronco humanas e também investigar suas concepções a respeito do início da vida humana, digna de proteção e respeito. Ele desenvolveu sua pesquisa com acadêmicos do curso de Licenciatura em Ciências Biológicas e utilizou o grupo focal como estratégia para constituição dos dados.

Soares (2012) objetivou investigar a natureza das limitações e contribuições da aproximação da experiência formativa por parte de licenciandos do curso de Ciências Biológicas, tendo por base uma proposta de estágio curricular supervisionado, na qual os licenciandos pudessem reconhecer a função social dos professores como intelectuais transformadores. Para o desenvolvimento da pesquisa, a perspectiva CTSA e, especificamente, as QSC constituíram um tópico dentre os vários trabalhados ao longo da investigação, considerando a formação crítica desses professores.

Carnio (2012) investigou quais sentidos formativos os licenciandos em biologia estabelecem sobre sua vivência com oficinas didáticas com alunos da escola básica, a partir de QSC. As oficinas didáticas contemplaram as temáticas: "Desperdício de água, alimento e energia"; "Monocultura da cana-de-açúcar" e "Doenças negligenciadas".

A investigação de Bortoletto (2013) foi desenvolvida com o intuito de responder à seguinte questão: Dentro de contextos comunicativos no ambiente escolar, como são discutidas as QSC por professores em seus processos de formação em exercício? Os dados foram constituídos por meio de um pequeno grupo de pesquisa (PGP), cujos integrantes foram professores da rede pública de ensino e representantes da universidade. Os encontros do PGP foram direcionados para o estudo, discussão e elaboração de uma sequência didática acerca da QSC "Transtorno de Déficit de Atenção e Hiperatividade (TDAH)".

Santos (2013) preocupou-se em investigar o processo de instauração e sustentação de um PGP com a participação de professores de uma escola pública e sujeitos da Universidade, com ênfase em discussões de questões do domínio da ciência e da tecnologia.

A pesquisa realizada por Lopes (2013), por sua vez, objetivou compreender a importância dos PGP, envolvidos no desenvolvimento de uma QSC, para o processo de formação continuada de professores. Essa pesquisa foi desenvolvida por meio de um PGP constituído por professores da rede básica de São Paulo, no qual foram desencadeadas discussões em relação aos agrotóxicos.

Avanços e rupturas com a perspectiva tradicional: potencialidades das QSC na formação de professores

Por meio da análise dos resultados obtidos nas pesquisas, realizadas no âmbito do Grupo de Pesquisa, na interface entre a formação de professores de ciências e as QSC, é possível observar a presença de elementos que indicam avanços e rupturas com a perspectiva tradicional, tais como: autonomia e emancipação docente; problematização do papel do professor à sociedade e de sua prática, bem como do sistema educacional; desenvolvimento da argumentação; leitura mais humanística do campo científico; resgate do potencial da comunicação e do trabalho coletivo.

A proposição de QSC mobilizou aspectos não somente técnicos, mas também éticos, afetivos, sociais e culturais, ultrapassando a esfera científica e tecnológica característica da formação de professores e, consequentemente, do ensino de ciências promovido no ambiente escolar. Na perspectiva de Carnio (2012), uma contribuição significativa do tratamento das QSC foi a leitura mais humanística do campo científico por parte dos licenciandos, proporcionando reflexões acerca das implicações sociais da ciência. Esse aspecto pode ser observado na transcrição a seguir, referente à observação do pesquisador em relação às concepções de um licenciando sobre a monocultura de cana-de-açúcar:

> Rodrigo complementa que a expansão da produção da cana é embasada na exploração dos trabalhadores, e faz uma relação dos trabalhadores com as condições da escravidão (abolida há cerca de 120 anos), visto que hoje em dia ainda existem muitos trabalhadores que trabalham para ganhar um mínimo de salário, tendo que se sustentar na propriedade para a qual trabalha e, muitas vezes, não encontram uma maneira de sair do local, estando até em dívida com o usineiro. Ao trazer informações do relatório do Ministério do Trabalho (2010), relata que 450 trabalhadores morreram em usinas

> no ano de 2009, tanto carbonizados pela queima da cana quanto de esgotamento e cansaço. Traz um gráfico e reportagens indicando a relação da cobrança dos usineiros para com os trabalhadores e o aumento da produtividade, mostrando que apenas 20% dos trabalhadores deste setor têm os direitos e conquistas trabalhistas reservados (CARNIO, 2012, p. 106).

Bortoletto (2013) e Santos (2013), por sua vez, ressaltaram a importância das QSC para o reconhecimento dos professores das dimensões éticas e morais da ciência e da tecnologia. Soares (2012) relatou o inconformismo construído pelos licenciados, ao trabalharem com questões controversas presentes no cotidiano, em relação a determinados valores e padrões da sociedade científico-tecnológica.

Nas palavras do autor:

> A partir das análises das produções curriculares dos grupos, principalmente no tocante ao "o que ensinar" e o "por que ensinar" ciências e biologia, nota-se um forte apelo para tratar os temas a partir de um olhar mais cuidadoso com a "cultura humanística", isto é, relevando os dilemas éticos, de responsabilidade individual e social, de prioridades, direitos, deveres, problematizando opressões objetivas de classe, opressão sexual subjetiva das mídias, relações de poder, ações para além da sala de aula, sustentabilidade e seus contornos econômicos e históricos, desvelando os mitos vinculados à tecnologia e questionando valores desumanizantes que se reproduzem na sociedade e na vida cotidiana dos alunos e alunas (SOARES, 2012, p. 144).

Diante disso, a perspectiva CTSA e os pressupostos teóricos das QSC permitiram, aos licenciandos, a problematização da responsabilidade social e individual, contribuindo para o reconhecimento das questões éticas, pragmáticas e político-pedagógicas de seu trabalho e de seu papel na sociedade (CARNIO, 2012; SOARES, 2012), bem como da materialização da organização do trabalho didático nas escolas (CARNIO, 2012). Aos professores em exercício, a abordagem de QSC possibilitou a problematização das restrições impostas pelo currículo tradicional de ciências (MARTÍNEZ-PÉREZ, 2010; LOPES, 2013) e da prática de ensino do professor em sala de aula, de sua postura, de sua prática discursiva e da organização de uma aula na qual tenha mais espaço para participação, prática argumentativa e o raciocínio informal dos alunos (BORTOLETTO, 2013).

Além disso, as temáticas CTSA possibilitaram a construção de um olhar mais crítico no que se refere aos conteúdos que são trabalhados no ensino de ciências e biologia, bem como proporcionaram o reconhecimento das controvérsias destas problemáticas pelos professores em formação inicial, os quais passaram a argumentar e se posicionar de maneira mais crítica e informada (CARNIO, 2012).

Guimarães, ao tratar do desenvolvimento de argumento, afirmou:

> Posso dizer que os participantes dessa pesquisa foram bem sucedidos no desenvolvimento de argumentos. Um aspecto que me chamou a atenção na análise dos dados foi a possibilidade de que a interação entre os participantes gerasse informações que pudessem ser usadas durante a discussão. A construção coletiva do argumento, ou co-construção argumentativa, foi um dos aspectos mais salientes e, de uma perspectiva sociocultural, um dos mais importantes produtos da interação entre os participantes (GUIMARÃES, 2011, p. 145).

No que se refere à constituição de uma visão crítica do currículo tradicional de ciências, como verificado na pesquisa de Martínez-Pérez (2010), a abordagem de QSC possibilitou que os professores em exercício entendessem que o currículo não pode ser reduzido aos conteúdos específicos de ciências, porque não são suficientes para abordar as questões sociais, políticas e éticas, do mesmo modo que contribuiu para a problematização da ideologia tecnicista característica do currículo atual. Neste mesmo aspecto, Lopes (2013) observou que, ao longo do desenvolvimento de uma QSC, os professores passaram a questionar os currículos e as propostas prontas e definidas pelo governo.

Em consequência disso, a inserção das QSC no processo de formação revela o caráter político da ação do professor "[...] no sentido de compreender a favor de quê e de quem, contra quê e contra quem se situa seu trabalho" (SOARES, 2012, p. 138), assim como "[...] implica pensar o porquê e para que ensinar Ciências na sociedade atual, transcendendo a mera busca de metodologias voltadas ao ensino de conteúdos preestabelecidos" (MARTÍNEZ-PÉREZ, 2010, p. 231). Inseridos nessa perspectiva, como destacado por Soares (2012), os licenciandos postulam uma ação docente mais política, isto é, que extrapole os muros da escola ao partir das situações-problema vivenciadas pelos alunos.

Para compreender melhor os avanços sobre este aspecto no processo de formação inicial, por meio da elaboração de um minicurso em grupo, fundamentando-se na perspectiva CTSA, Soares relatou:

> Diante do levantamento dos possíveis temas geradores [...] o grupo percebeu que um dos grandes problemas [...] era a sexualidade precoce dos adolescentes, resultando em gravidez indesejada de algumas alunas do nono ano. Buscou então o grupo estruturar o minicurso para atuar com tais alunos e alunas dando relevo às relações entre sexualidade, tecnologia e culto ao corpo. O que muito inquietava o grupo [...] era a banalização da vida humana e da atividade sexual, com a riqueza de seu significado psíquico e o quanto as mídias contribuíam para impor certos padrões e modelos de sexualidade precoce na juventude, contribuindo para muitas perdas e sofrimentos humanos, decorrentes tanto de escolhas equivocadas e irrefletidas de um determinado parceiro sexual quanto dos riscos relacionados às doenças sexualmente transmissíveis (SOARES, 2012, p. 138).

Ao permitir que os sujeitos organizassem o ensino como produtores do currículo e não consumidores, assim como de forma a superar a cisão entre trabalho intelectual e manual, a proposta embasada na perspectiva CTSA permitiu maior autonomia aos professores, tanto no que se refere à formação inicial como à continuada (MARTÍNEZ-PÉREZ, 2010; CARNIO, 2012; SOARES, 2012; LOPES, 2013). Além disso, essa perspectiva de formação possibilitou que os professores em exercício revelassem maior autonomia ao buscar outros textos para enriquecimento da ação docente (BORTOLETTO, 2013). Para alguns deles, auxiliou também na construção da concepção da autonomia docente como um processo dialógico e crítico (MARTÍNEZ-PÉREZ, 2010).

A autonomia docente também foi observada na incorporação dos objetivos pedagógicos da perspectiva CTSA à prática docente dos professores de ciências em serviço, por meio do desenvolvimento de estratégias embasadas na perspectiva e orientação do ensino de ciências à formação cidadã de seus estudantes, propiciando um ambiente didático pertinente para a participação ativa destes (MARTÍNEZ-PÉREZ, 2010). Ao trabalharem com QSC locais, puderam também criar práticas de acordo com a realidade e com as necessidades da comunidade escolar vivenciada, participar da proposição de QSC e de reconstrução do currículo particularizado (LOPES, 2013).

Em relação à autonomia docente desencadeada por meio da formação embasada na perspectiva CTSA, Carnio (2012) ressaltou:

> Para além de mapear e classificar as atividades desenvolvidas segundo algum padrão sistematizado, este trabalho visou acompanhar o processo de construção de práticas pedagógicas por licenciandos, processo que pode possibilitar o desenvolvimento da autonomia do sujeito ao planejar e refletir a ação por meio de problematizações e questionamentos de sua importância social. Sua parte mais fundamental é em relação ao processo, que envolve o planejamento, o estudo, o aspecto formativo, e não a busca de uma solução pontual ou um prontuário a ser seguido. Quando se passa por cima destes elementos e mantém-se a preocupação direta com a ação, permanecemos no campo ao qual pretendemos superar, o da imediaticidade, da instrumentalidade (CARNIO, 2012, p. 167).

Adicionado a isso, no que se refere à autonomia docente desencadeada com as QSC na escola, Lopes observou:

> [...] os professores do PGP passaram a idealizar suas próprias aulas e atividades extracurriculares, a partir da interação comunicativa com os pares. Nesta interação, foi possível conhecer e compreender as QSC, além de desenvolver as sequências didáticas com a ajuda dos colegas. Esta é uma situação incomum às escolas, mas torna-se uma possibilidade para pesquisas e trabalhos futuros para a inserção das QSC nas salas de aula, de acordo com a teoria da ação comunicativa (LOPES, 2013, p. 210).

A discussão em grupo e o trabalho coletivo, proporcionados pela perspectiva, também influenciaram positivamente no processo de formação em relação às questões controvérsias, à prática docente (CARNIO, 2012; LOPES, 2013), às invasões sistêmicas (BORTOLETTO, 2013), à construção de conhecimento coletivo (SANTOS, 2013), à criação de um contexto para o aprendizado do conteúdo científico (GUIMARÃES, 2011) e ao desenvolvimento da argumentação (GUIMARÃES, 2011).

A estreita relação entre as QSC e a construção de conhecimento coletivo, influenciando positivamente no processo de formação de professores, é ressaltada no relato transcrito a seguir:

> Esta pesquisa produziu conhecimentos na coletividade, bem como individualmente, fruto das relações interpessoais travadas coletivamente, ou seja, a constituição de um grupo dentro da escola, com princípios de construção conjunta, mobiliza e transforma os saberes dos envolvidos que se entregam ao processo, desde que a confiança seja estabelecida (SANTOS, 2013, p. 194).

De modo geral, portanto, a abordagem QSC aliada à formação de professores revela-se como contribuição

> [...] para emergir a tomada de consciência das contradições internas dos sujeitos e dos grupos, de modo que vão aprendendo a lidar com o outro não idêntico, a "pensar certo", emancipando-se pessoalmente de posturas autoritárias e de outros véus ideológicos (SOARES, 2012, p. 228).

Limites e obstáculos que se constituíram na prática

Adicionado às possibilidades que emergem da interface entre a formação de professores de ciências e as QSC, tensões e obstáculos se constituem na prática, os quais foram vivenciados e relatados nos estudos analisados nesse capítulo.

Os maiores limites no processo de formação de professores desencadeados por meio de QSC foram: uma concepção técnica e idealizada de currículo, que reforça a tradição conteudista; cisão entre trabalho intelectual e manual, entre pensar e fazer e entre disciplinas científicas e humanísticas; e desfragmentação entre as disciplinas. Estas características denunciam um ensino direcionado à racionalidade técnica (CARNIO, 2012; MARTÍNEZ-PÉREZ, 2010).

> Os conceitos de teoria/prática, sujeito/objeto, conhecimentos científicos/pedagógicos estão intrinsecamente relacionadas aos conceitos de educação, formação e emancipação dos envolvidos, e o que temos percebido é que a integração destes conceitos muitas vezes tem ficado sob responsabilidade dos próprios estudantes (CARNIO, 2012, p. 166-67).

Os próprios licenciandos indicaram lacunas da própria formação e, portanto, reconhecendo não estarem preparados para trabalhar com a interdisciplinaridade da perspectiva proposta (SOARES, 2012). Os professores em exercício identificaram dificuldades da prática docente no cotidiano escolar por meio de QSC, como consequência da formação com abordagem conteudista, e ao abordar a diversidade de perspectivas (política, ética, científica, história, dentre outras) (BORTOLETTO, 2013).

Adicionado a isso, ao considerar a formação continuada, o desenvolvimento de um ambiente formativo autônomo organizado pelos próprios professores é dificultado, uma vez que há muitas demandas sobre eles, como avaliação, conteúdos, documentos oficiais, calendário escolar, carga-horária das disciplinas e a preparação dos alunos para os exames nacionais de avaliação em larga escala (BORTOLETTO, 2013).

Diante desses aspectos, outros limites se constituíram na interface formação de professores e QSC, tais como: a dificuldade de compreenderem a perspectiva CTSA e os princípios e pressupostos de constituição de uma QSC; insegurança perante as novas atividades em questão; despreparo teórico para refletir sobre as condições direcionadas à emancipação (CARNIO, 2012; MARTÍNEZ-PÉREZ, 2010); difícil desenvolvimento da leitura crítica acerca das contradições educacionais com o objetivo de potenciar a transformação, "[...] isso porque, não faz parte do contexto escolar, um ambiente de comunicação em que a prática deliberativa democrática faça parte do seu sistema de auto-organização" (BORTOLETTO, 2013, p. 208); isolamento dos professores, impossibilitando o trabalho com as QSC (LOPES, 2013).

Como consequência do processo de formação tradicional e de suas limitações, constituindo-se em um obstáculo para o desenvolvimento dos estudos, de forma geral, a resistência às estratégias diferenciadas de formação, e em específico à perspectiva CTSA como elemento formativo, dificulta ou impede mudanças de atitude perante a realidade. Dessa forma, alguns professores permaneceram resistentes "[...] ao enfrentamento das suas angústias internas, ao seu mundo subjetivo, o que dificultava a mudança de atitude e uma posição mais colaborativa e menos encenada frente ao grupo" (BORTOLETTO, 2013, p. 217).

O fator "tempo" também se constituiu em um obstáculo para o processo de formação, ao se utilizar a perspectiva CTSA. Diante disso, em alguns estudos, não foi possível trabalhar com muitos indivíduos (CARNIO, 2012); em outros, o tempo de desenvolvimento foi expandido em relação ao estipulado incialmente (SOARES, 2012); ou, então, não foi possível concluir as atividades propostas (BORTOLETTO, 2013), assim como o processo desenvolvido não desencadeou práticas efetivas em sala de aula (SANTOS, 2013).

A seguir, alguns trechos das pesquisas analisadas que evidenciam o fator "tempo" como um significativo obstáculo para a formação de professores por meio da abordagem QSC:

> [...] quando tratamos de atividades realizadas em conjunto, a variável "tempo" é um fator limitante, principalmente por considerarmos estudantes de último ano, realizando seus estágios e, alguns, morando em outras cidades da região. Esse primeiro material nos obrigou a fazer um recorte metodológico da pesquisa, no sentido de que, devido aos motivos acima citados, não foi possível realizar a pesquisa com todos os grupos, o que diminui nossos sujeitos participantes. Devido às dificuldades encontradas para se trabalhar com todos os grupos, as análises aqui realizadas ficaram restritas a 3 grupos, que totalizavam 12 licenciandos (CARNIO, 2012, p. 86).

> Os estudos das QSCS permitiram que os professores identificassem as suas insuficiências, mas não houve atividades pedagógicas em sala de aula voltadas para as QSC para que eles aprofundassem essa identificação e analisassem em relação à teoria (BORTOLETTO, 2013, p. 215).

> O tempo é um fator importante a ser considerado. Em um processo que se quer formativo, crítico, instigador de criação e espontaneidade, a pressa para alcançar "resultados práticos" o quanto antes, para partir imediatamente para a "mudança" da realidade, não tende a ser frutífera. Entendemos isso quando olhamos o processo desenvolvido e não nos deparamos com práticas efetivas em sala de aula, apenas experiências formativas com os alunos e o tratamento de QSC, que se acumulam todas no final do ano (SANTOS, 2013, p. 193).

Diante dos limites e obstáculos e das possibilidades que emergem do modelo de formação que fundamentou tais estudos e aproximações ao ideal, no fim do processo, poucas foram as mudanças conceituais dos professores, tanto em formação inicial como em continuada, no que se refere à função social dos professores como intelectuais transformadores. Mesmo após várias atividades e estudos contemplando diferentes "tempos", prevaleceu a racionalidade técnica em meio aos licenciandos ao refletirem sobre o currículo e as relações entre proletarização docente e profissionalização (SOARES, 2012).

Além disso, a despeito da possibilidade de construção da linguagem crítica ao longo das atividades com QSC e de sua importância no desvelamento dos efeitos ideológicos do currículo tradicional, esta linguagem pareceu não ser suficiente para favorecer outras propostas curriculares que demandam a participação ativa dos professores na definição de conteúdos, de acordo com os problemas educacionais que vivenciam no ambiente escolar (MARTÍNEZ-PÉREZ, 2010).

Outrossim, as pesquisas analisadas neste estudo possibilitaram apenas o início de um processo de autonomia docente, na formulação tanto de políticas públicas quanto de currículos para a educação (LOPES, 2013), ou, então, condicionaram que alguns professores compreendessem a autonomia como um processo individualista, no qual poderiam organizar o seu ensino de acordo com suas próprias convicções e sem interferência de agentes externos (MARTÍNEZ-PÉREZ, 2010).

Considerações finais

De modo geral, os resultados atingidos pelos trabalhos analisados fortalecem que as QSC trazem subsídios à formação de professores, tais como: autonomia e emancipação docente; problematização do papel do professor à sociedade, de sua prática e do sistema educacional; desenvolvimento da argumentação; leitura mais humanística do campo científico; resgate do potencial da comunicação e do trabalho coletivo. Por outro lado, os limites e obstáculos gerados devem ser considerados e superados, a citar o fator tempo, a influência da racionalidade técnica nos modelos de formação, o predomínio da racionalidade sistêmica na escola, a resistência às estratégias diferenciadas de formação, dentre outros. Nesse sentido, as possibilidades da interface entre a formação e as QSC poderiam ser atingidas em sua totalidade.

Esse fato não é entendido como um fracasso, mas sim como "[...] um indício de que o tratamento de QSC em uma perspectiva crítica, para sustentar uma coerência e assumir uma postura de transformação do contexto e de promoção de tensões e inquietações, demanda tempo, continuidade e cuidado constante com o processo" (SANTOS, 2013, p. 193).

Referências bibliográficas

BORTOLETTO, A. *Formação continuada de professores:* a experiência de uma temática sociocientífica na perspectiva do agir comunicativo. Tese (Doutorado em Educação para a Ciência). Faculdade de Ciências, Universidade Estadual Paulista, Bauru, 2013, 237 f.

CARNIO, M. P. *O significado atribuído por licenciandos ao currículo de Biologia numa perspectiva CTSA*. Dissertação (Mestrado em

Educação em Ciências). Universidade Estadual Paulista, Bauru, 2012, 198 f.

CONTRERAS, J. *A autonomia de professores*. São Paulo: Cortez, 2002. 296 p.

DINIZ-PEREIRA, J. E. As licenciaturas e as novas políticas educacionais para formação docente. *Educação e Sociedade*, Campinas, v. 68, 1999, p. 109-125.

GALVÃO, C.; REIS, P.; FREIRE, S. A discussão de controvérsias sociocientíficas na formação de professores. *Ciência & Educação*, Bauru, v. 17, n. 3, 2011, p. 505-522.

GIROUX, H. *La Escuela y la lucha por la ciudadanía:* pedagogía crítica de la época moderna. 3 ed. México, D.F: Siglo XXI, 2003. 333 p.

__________. *Os professores como intelectuais:* rumo a uma pedagogia crítica da aprendizagem. Tradução de Daniel Bueno. Porto Alegre: Artmed, 1997. 270 p.

GIROUX, H.; SIMON, R. Estudo curricular e política cultural. In: GIROUX, H. *Os professores como intelectuais:* Rumo a uma pedagogia crítica da aprendizagem. Tradução de Daniel Bueno. Porto Alegre: Artmed, 1997, p. 165-178.

GUIMARÃES, M. A. *Raciocínio informal e a discussão de questões sociocientíficas:* o exemplo das células-tronco humanas. Tese (Doutorado em Educação para a Ciência), Universidade Estadual Paulista, Bauru, 2011, 210 f.

MARTÍNEZ PÉREZ, L. F. A abordagem de questões sociocientíficas na formação continuada de professores de ciências: contribuições e dificuldades. Tese (Doutorado em Educação para a Ciência). Faculdade de Ciências, Universidade Estadual Paulista, Bauru, 2010, 351 f.

LOPES, N. C. *A constituição de associações livres e o trabalho com as questões sociocientíficas na formação de professores.* Tese (Doutorado em Educação para a Ciência). Faculdade de Ciências, Universidade Estadual Paulista, Bauru, 2013, 389 f.

PEDRETTI, E. Septic tank crisis: A case study of science, technology and society education in an elementary school. *International Journal of Science Education*, v. 19, n.10, 1997, p. 1.211-1.230.

PEDRETTI, E. G. Teaching Science, Technology, Society and Environment (STSE) Education. In: Zeidler, D. L. N. (org.). *The role of moral reasoning on socioscientific issues and discourse in science education.* USA: Kluwer Academic Publishers, 2003, p. 219-239.

PEDRETTI, E. G. et al. Promoting issues-based STSE perspectives in science teacher education: problems of identity and ideology. *Science & Education*, v. 17, n. 8-9, 2008, p. 941-960.

SANTOS, P. G. F. *O tratamento de Questões Sociocientíficas em um grupo de professores e a natureza do processo formativo fundamentado em uma perspectiva crítica.* Dissertação (Mestrado em Educação para a Ciência). Faculdade de Ciências, Universidade Estadual Paulista, Bauru, 2013, 209 f.

SCHNETZLER, R. P. Concepções e alertas sobre formação continuada de professores de Química. *Química Nova na Escola*, n. 16, p. 15-20, 2002.

SOARES, M. N. *O estágio curricular supervisionado na licenciatura em ciências biológicas e a busca pela experiência formativa:* aproximações e desafios. Tese (Doutorado em Educação para a Ciência). Faculdade de Ciências, Universidade Estadual Paulista, Bauru, 2012, 262 f.

Capítulo 2

Natureza da ciência e divulgação científica no ensino básico

Luis Eduardo Birello Arenghi[1]
Paulo Gabriel Franco dos Santos[2]

Introdução

Ao examinarmos a visão de senso comum da sociedade sobre a ciência e seu desenvolvimento, consideramos que é importante salientar que o acesso às informações se dá por diversos meios, dentre eles os processos educativos, os meios de comunicação e a socialização, por exemplo. Tais meios, especialmente os de comunicação social, são orientados por distintos interesses - como a venda de informações e produtos, interesses políticos, publicidade e propaganda - que se mobilizam de maneira rápida, rasa e hipertrofiada.

Por um lado, a ciência nos é apresentada como um empreendimento fortemente ligado ao bem-estar social e que promove o desenvolvimento de produtos e tecnologias relacionados à vida cotidiana, ao controle e cura de doenças, à produção e conservação de alimentos e fragrâncias, ao desenvolvimento de artefatos tecnológicos e matrizes energéticas mais eficientes. Questões como simplicidade, estética, eficiência, desenvolvimento e progresso estão fortemente ligadas ao imaginário sobre ciência e tecnologia. Por outro lado, as demandas sociais podem influenciar o desenvolvimento da ciência, como acontece em contextos de guerra, de necessidade de desenvolvimento econômico, corridas políticas e tecnológicas,

1 Mestre e doutorando em Educação e Ciência pela Unesp, *campus* de Bauru. E-mail: luisbirello@gmail.com.

2 Mestre e doutorando em Educação e Ciência pela Unesp, *campus* de Bauru. E-mail: paulogabriel22@gmail.com.

solicitando assim especial atenção aos interesses e ideologias tanto no contexto de produção da ciência quanto em sua divulgação.

Reconhecendo esse alcance da ciência na sociedade e, por sua vez, a sociedade em busca da ciência, interessamo-nos pela propagação de mitos e ideias distorcidas sobre o empreendimento científico, já que ciência e seus produtos se fazem presentes a todo momento na vida do cidadão. Como elemento principal na construção e propagação de concepções sobre ciência, a divulgação científica se apresenta em diversas dimensões que tocam a realidade dos sujeitos e de suas interações com o mundo. É comum sermos expostos a informações científicas enquanto assistimos à televisão, compramos comida ou artefatos tecnológicos, ou visitamos lugares turísticos. Pelo fato de a ciência ter grande influência na vida cotidiana, conhecer o mundo e conhecer a ciência é um interesse vigente na sociedade. Sendo assim, o ato de divulgar ciência vai para além do objetivo de comunicar conteúdos, há a necessidade de que tal conteúdo promova uma aproximação entre sociedade e ciência, que possibilite também o acesso a informações que possam influenciar nossa participação em esferas políticas e econômicas e que também contribua, guardadas suas limitações, com a alfabetização científico-tecnológica dos sujeitos.

Todavia, o conflito de interesses também faz parte da divulgação científica. Se, por um lado, existem as demandas sociais, cívicas, educacionais que precisam ser atendidas, por outro, notam-se a necessidade do lucro pela venda da informação (convergindo à ideia de conhecimento como um produto), a participação da esfera publicitária na apresentação do conhecimento e as ideologias (explícitas ou não) correspondentes à comunicação, sendo que, por vezes, estas últimas acabam prevalecendo. Nesse sentido, os temas propostos pela divulgação científica e a concepção subjacente de ciência podem não ser apresentados de forma comprometida como a natureza da ciência e do fazer científico requerem, o que seria um mínimo necessário para a comunicação de um conhecimento nesta área.

No contexto do Ensino de Ciências, a divulgação científica pode servir à busca por esclarecimentos sobre o empreendimento científico e pela criação de espaços argumentativos, podendo configurar-se ela mesma um problema, por causa dos vieses e interesses dos seus veículos de comunicação. Por outro lado, uma questão de fundo que surge na divulgação científica é o debate sobre a ciência (e, por isso, quem ensina sobre ciência deveria estar atento) configurar a modernidade. Sendo a nossa uma sociedade fortemente orientada e orientadora dos caminhos da produção científica e tecnológica, que papel nós e nossos alunos devemos assumir?

A mesma ciência que proporciona bem-estar é aquela que provoca mal-estar; a mesma que cria remédios é a que polui a biosfera com gases e metais pesados; e a mesma que analisa vestígios de formas de vidas ancestrais para a compreensão do nosso passado é a que compromete o futuro pela junção com forças militares e desenvolvimento de armas de grande poder de destruição. Como, então, podemos nos posicionar sobre ciência e tecnologia quando precisamos fazer nossas escolhas na nossa prática social? Como podemos olhar criticamente para a enxurrada de informações veiculadas sem grandes perspectivas formativas? Recorrer a uma formação científica que preze pelo enfrentamento de controvérsias com raízes na ciência e na tecnologia pode se constituir como um caminho para a formação de sujeitos capazes de se posicionarem e de definirem parâmetros de escolhas desde uma esfera individual (aspecto subjetivo) até uma esfera coletiva (campo da ética).

Pensando nos elementos tratados nesta proposta de discussão, isto é, a ciência, o fazer da ciência, o empreendimento científico, os modos de divulgação e a compreensão pública desta área de conhecimento, o que podemos, como professores e futuros professores da área de Ciência Naturais, inferir sobre *ensinar ciência e ensinar sobre ciência?*

Articulação entre natureza da ciência e divulgação científica por meio das Questões Sociocientíficas

Os conteúdos que compõem o campo da natureza da ciência advêm do que Adúriz-Bravo (2005) denominou como metaciências, referindo-se a conhecimentos que versam sobre a ciência. Nomeadamente, história, filosofia e sociologia da ciência. O aspecto histórico diz respeito à compreensão de como a ciência muda ao longo do tempo, o aspecto filosófico busca elucidar o que é ciência e como ela se elabora e o aspecto sociológico versa sobre a relação da ciência com a sociedade e a cultura, isto é, os aspectos externos que participam do fazer científico.

McComas, Clough e Almazroa (1998) alertam para o fato de que, apesar de haver certo consenso sobre os conteúdos presentes nas discussões sobre natureza da ciência, este conhecimento não é estático, fixo, mas, assim como a própria ciência, sofre mudanças ao longo da história. Tais autores apresentam as compreensões mais prevalecentes nos documentos internacionais entendendo-os atualmente como termos consensuais. Nesse sentido, o conhecimento científico, apesar de durável, tem um caráter provisório e depende fortemente, mas não inteiramente, da observação, da evidência experimental, dos argumentos racionais e do ceticismo. A ciência, por sua vez, é uma tentativa de explicar os fenômenos naturais, embora não haja um método único ou um passo-a-passo universal para produzi-la. Em um âmbito interno da ciência, as leis e teorias são produzidas por cientistas criativos por meio de observações carregadas de teorias que exigem precisa manutenção de registros, revisões por pares e replicabilidade.

Os elementos da natureza da ciência nos alertam para a necessidade de compreender que as ideias científicas são afetadas por seu meio social e histórico. Isso representa parte de tradições sociais e culturais e que pessoas de todas as culturas podem contribuir para seu desenvolvimento, não sendo prioridade de determinada nação ou povo. A história da ciência revela um caráter evolutivo e revolucionário, bem como o estreitamento das relações entre a ciência e a tecnologia.

Direcionando o debate dos conhecimentos acerca da natureza da ciência para o contexto da sala de aula, ampliam-se as possibilidades de estabelecermos um processo educativo que zele pelo ensino de valores na atividade científica, aspectos éticos, políticos, culturais, econômicos. É um empreendimento especialmente direcionado para contradizer velhos paradigmas de Ciência construída por um único método, rígido, eficaz e infalível, baseado na neutralidade, desinteressado e distanciado dos problemas da sociedade, que contribuem para a desumanização do fazer científico. É desejável, portanto, que um processo de ensino preocupado com essas questões insira como agenda formativa os questionamentos advindos da natureza da ciência para o estabelecimento de uma formação cidadã concatenada ao contexto atual, fortemente dependente e orientada pela Ciência e pela Tecnologia.

Nesse sentido, McComas, Clough e Almazroa (1998) assumem o valor da natureza da ciência para o ensino e aprendizagem em ciências argumentando que os conhecimentos correspondentes podem promover uma aprendizagem de conteúdos científicos, na medida em que ela for baseada em um entendimento mais amplo da ciência e na consideração dos interesses por ela. Tais conhecimentos também podem contribuir para melhor fundamentação das tomadas de decisões em um processo democrático de argumentação e na formação de professores para lidar com processos dessa natureza.

Um contexto favorável para se mobilizar os conhecimentos da natureza da ciência em sala de aula, bem como construí-los, é o do tratamento das questões sociocientíficas (QSC). As QSC dizem respeito a um assunto divulgado pela mídia envolvendo ciência e tecnologia, polêmicos ou consensuais, sobre impactos sociais e/ou ambientais negativos, podendo ser de alcance local, regional, nacional ou mundial. Além disso, induzem à busca de informações sem, porém, acarretar necessidade de "solução", requerendo, portanto, posicionamento crítico em relação às informações levantadas. Por essas razões, apresentam elevado potencial para trabalho educacional em diversas disciplinas (biologia, química, matemática, física, português, inglês, geografia, sociologia, história etc.), exigindo compromisso para debates no campo ético e moral e sugerindo ações cidadãs e políticas (RATCLIFFE, GRACE, 2003; MARTINEZ-PÉREZ, CARVALHO, 2012; CARVALHO, 2011).

Nesse sentido, um ponto essencial para a discussão sobre QSC é a controvérsia. O entendimento comum dos pesquisadores em Ensino de Ciências sobre controvérsia ainda se apresenta incipiente. Portanto, já podemos afirmar que a base científica da questão é insuficiente para evidenciar uma controversa, uma vez que ela é não problemática, linear e positivista (REIS, 2004). Em outras palavras, um assunto controverso não é solucionado ou superado apenas por meio de dados empíricos advindos de um método rigoroso de investigação científica, mas também por meio do embate de ideias não científicas e de ações de juízo de valor (RUDDUCK, 1986). Dessa forma,

> as controvérsias científicas podem ser suscitadas: a) por implicações sociais, morais ou religiosas duma teoria ou de uma prática científica [...]; b) por tensões sociais entre direitos individuais e objectivos sociais, prioridades políticas e valores ambientais,

> interesses económicos e preocupações relativamente à saúde resultantes de aplicações tecnológicas [...]; c) pela afectação de recursos financeiros públicos a grandes projectos científicos e tecnológicos em detrimento de outros projectos, nomeadamente, em áreas sociais (REIS, 2004, p. 61).

Para que sejam compreendidas e aprofundadas, as questões controversas sobre ciência e tecnologia requerem a compreensão de dois elementos fulcrais: natureza da ciência e divulgação científica (DC). Isso significa que, para ter condições de disparar processos de ensino que demandem a construção de posicionamentos em um processo argumentativo, é fundamental que os professores não somente conheçam aspectos internos e externos da ciência, mas também que estejam a par de como ela se publiciza, isto é, sob quais discursos tais publicações se sustentam e por meio de quais recursos a ciência garante sua credibilidade. Cabe ainda enfatizar que a controvérsia não é algo externo à atividade de ensino, mas sua constituição compõe o processo, sendo também inerente a ele.

Ao discutirmos a respeito da DC deparamo-nos com a necessidade de explicitarmos as limitações que imprimimos ao termo, posto que há grande dissenso, na academia, sobre suas definições, abrangência e limites. Diante desse cenário, elegemos como pertinente para a discussão a definição apresentada por Bueno (1988). Para o autor, a DC apresenta uma linguagem acessível, possibilitando a veiculação das informações para o grande público, sendo definida como o "uso de recursos e processos técnicos para a comunicação de informação científica e tecnológica para o público em geral" (BUENO, 1988, p. 22). Nesse sentido, as atividades da DC se projetam em várias direções, em textos de jornais e revistas, folhetos instrucionais, filmes, centros e museus de ciências, seminários e palestras, livros, documentários etc.

Diante da pluralidade de atividades da DC, Albagli (1996) define a mídia e os museus de ciências como dois meios de comunicação básicos da divulgação. Neste capítulo, especificamente, discutiremos apenas os aspectos sobre mídia, sua grande abrangência e influência na formação do cidadão seja ela no âmbito social, seja no político e no científico. Nesse sentido, é necessário ressaltar que grande parte da transmissão de informações científicas por meio da mídia está associada ao jornalismo científico (JC) como veículo de comunicação da DC.

Bueno busca ser enfático na discussão sobre a participação do JC na divulgação: "o jornalismo científico se constitui em um caso particular de divulgação científica e refere-se a processos, estratégias, técnicas e mecanismos para veiculação de fatos que se situam no campo da ciência e da tecnologia" (1985, p. 11).

Para delimitarmos as características do JC, precisamos olhar para o contexto no qual essa prática se constrói. Cabe enfatizarmos que a DC consiste em um todo maior em relação ao contexto em que a Ciência é difundida e, como tal, essa difusão se torna mais complexa quando comparada à difusão pelo JC. As condições de produção, as possibilidades e potencialidades de cada estrutura da DC (filmes, TV, JC, museus etc.) correspondem a valores próprios, o que criam diferenças no modo de como cada um desses meios de comunicação pode influenciar nas práticas sociais dos sujeitos.

Hernando (1990) apresenta como papéis do JC a alfabetização científica, o que entende como democratização dos saberes produzidos pela ciência, a qual proporciona desenvolvimento cultural e preparação da sociedade para uma maior participação e intervenção política e para a tomada de decisões sobre aspectos relacionados ao desenvolvimento da ciência e tecnologia. Consideramos este último aspecto fundamental na medida em que possibilita o combate à perpetuação da desigualdade e desequilíbrio social. Nesse sentido, relevamos o fato de que o autor considera o JC como uma forma de mediação cultural, na qual o divulgador/jornalista é o mediador e não um mero transmissor neutro de informações.

Para Albagli (1996) a atividade de divulgar a ciência engloba três funções. A primeira é a educacional, que está relacionada à responsabilidade de compreensão do grande público a respeito das atividades científicas. Nesse caso, a transmissão da informação científica tem por objetivo esclarecer a população sobre temas e fenômenos cientificamente estudados, além de incentivar a curiosidade enquanto atributo humano. A segunda é o papel cívico da divulgação, o qual está relacionado ao desenvolvimento de uma opinião pública sobre os impactos sociais do desenvolvimento científico e tecnológico, possibilitando uma reflexão que pode contribuir para um desenvolvimento cognitivo do sujeito. Por fim, o último papel desempenhado pela DC segundo o autor é o da mobilidade social. Esta consiste em ampliar a participação da sociedade no processo de elaboração e discussão de políticas públicas e nas tomadas de decisões. A veiculação de informação se apresenta com o objetivo de instrumentalizar a população para a intervenção nos processos decisórios relativos ao desenvolvimento científico.

Nesse sentido, observamos que as possibilidades educativas apresentadas pela DC acabam por gerar expectativas em torno de sua capacidade de formação básica. Por outro lado, a midia, por meio do JC, possui metodologias, finalidades e interações com o público que não convergem com as da educação formal.

Assumindo a natureza da ciência como fundamento e conteúdo para a formação científica e para a DC como conhecimento indispensável e também como possibilidade metodológica para lidar com as demandas formativas preconizadas pelas QSC, anunciamos um programa de educação científica que contempla o desvelamento da realidade concreta e formação do sujeito apto para participação ativa e efetiva no mundo em que transita.

Da crítica à Divulgação Científica ao entendimento da natureza da ciência

Um aspecto importante a ser considerado sobre as funções do JC corresponde a quem é responsável pelo ato de divulgar a informação científica, ou seja, quem constrói a comunicação: jornalistas ou cientistas? Ambas as figuras devem compartilhar os mesmos objetivos: divulgar o trabalho científico, prestar serviços à sociedade e descrever e detalhar a produção científica (HERNANDO, 2002).

Entretanto, os problemas iniciam-se, justamente, na busca de interesses adjacentes ao ato de divulgar. Primeiramente, jornalistas e cientistas compõem setores diferentes da sociedade e possuem divergências ideológicas, intelectuais, epistemológicas etc. Além disso, cada um dos lados defende determinadas correntes de pensamento e possui diferentes motivos para a DC. Para iniciarmos as discussões sobre a validade da DC e da mídia veiculadora da informação científica, devemos conceber o JC como um produto interessado no potencial econômico, ou seja, que possui intenção de venda e de lucro. Compreendendo a mídia como meio de veiculação das informações, "não se pode esperar que ela divulgue ciência por motivos altruístas" (IVANISSEVICH, 2005, p. 21).

Devido a este caráter "mercantil", o JC atual busca modos de veiculação da informação que satisfaçam a necessidade de venda e compreendam ao máximo os interesses dos leitores. Como consequência disso, percebemos uma gama de problemas e situações que põem em risco a validade e a credibilidade das informações veiculadas. É sobre isso que discorreremos a seguir.

Segundo Melo (1982), o JC possui um caráter ideológico próprio, que se apresenta por meio de duas características. A primeira delas é o sensacionalismo, que consiste em um recurso utilizado pelos autores e editores para despertar as emoções do público, em seu sentido literal, visando vender a notícia. Um exemplo muito comum, hoje em dia, são notícias que trazem frases dos tipos: "essa inovação pode salvar sua vida um dia"; "cuidado com o que você come". Contudo, ao mesmo tempo que essa expectativa de aproximação do leitor à reportagem deva acontecer nesse contexto, a própria estrutura formal da notícia contribui para o distanciamento do conteúdo desta com a realidade ou experiência do leitor. Não é raro notar em textos dessa qualidade que apresentam argumentos de autoridades científicas de universidade renomadas e aparentemente muito distantes do leitor. Tal fato contribui para a construção de uma imagem sacralizada sobre a ciência que é desenvolvida por sujeito de capacidade intelectual avançada e incomum.

A segunda característica é a atomização, que consiste na fragmentação do conteúdo em divisões estanques, o que proporciona uma dificuldade na compreensão do todo, na medida em que exclui qualquer possibilidade de relação com outras áreas de importante conhecimento, tais como política, economia, bem-estar, lazer, esporte. Hernando (2002) apresenta a denúncia de que o "conhecimento apresentado não é o conhecimento", pois este exclui a complexidade das características multidimensionais do processo de desenvolvimento da ciência.

O fato de o JC ser produto da ideologia do jornalismo na sociedade capitalista caracteriza alguns processos típicos de interesses comerciais, dentre eles, a sacralização e a neutralidade da ciência (MELO, 1982). Por causa de tal consequência problemática, ao considerarmos o JC também como conteúdo em aulas de ciências, é inevitável que a análise de um artigo ou revista (levando em consideração fatores de edição, autores, diagramação, tiragem, histórico da revista etc.) induza à busca pelo entendimento também por meio do tema discutido. Em outras palavras, no comprometimento com textos midiáticos de ciência devemos enfatizar não somente a forma (a reportagem em si, seu contexto, ideologia), mas também os seus conteúdos, isto é, a própria ciência, desde os seus produtos até suas relações com a tecnologia, com a sociedade e com o ambiente.

Para a manutenção da hegemonia, quanto mais distante da realidade estiver um produto da Ciência e da Tecnologia, mais se faz necessário o uso de sensacionalismo pelos meios de divulgação. Nisso reside um interesse mercadológico sustentado pelos esforços em manter a hegemonia. Como consequência, há um reforço de valores como sacralização, dogmatismo, controle sobre o entendimento público de ciência e tecnologia, mistificação da ciência.

Nesse cenário que se apresenta, cumpre ao ensino de ciências a tarefa de tomar para si a problematização do esvaziado discurso da formação cidadã e o investimento em processos para efetivá-la. Tomar como objeto de estudo e ensino somente leis e teorias científicas é negar ao ser humano um conhecimento social e historicamente construído, é privá-lo da apropriação de um bem cultural, é alienar a própria ciência da cultura. O empreendimento científico, os impactos dos produtos científicos e tecnológicos, os discursos difundidos socialmente sobre ciência e tecnologia incluem-se como aspectos da realidade concreta a ser desvelada por meio de ensino.

Podemos citar, por exemplo, algumas perspectivas de senso comum sobre o fazer científico e sobre os discursos produzidos para divulgar (ou vender) a ciência, alertando que é preciso estarmos atentos para a problematização destas questões. Diante da concepção de que a ciência é entendida como atividade neutra, é importante incluirmos no ensino processos que levem ao entendimento de que ela não é uma instituição desinteressada, de que ela é permeada por forças políticas, econômicas e culturais. Da mesma forma, a atividade científica sofre forte influência externa, por exemplo, de empresas de fomento por meio de suas orientações, o que implica que devemos pensar sobre os lugares onde se faz pesquisa e como esses espaços respondem às forças envolvidas neste cenário.

A caricaturização da figura do cientista leva-nos a imaginá-lo como aquele sujeito que se guia por pressuposições de neutralidade, escravo das informações laboratoriais, com jalecos e feições de louco. Essa caricatura estereotipada reforça o distanciamento entre a ciência e o imaginário das pessoas não cientistas. É fundamental a compreensão de que a ciência é um empreendimento humano e o cientista um sujeito atuante em uma dinâmica social em que ele está sujeito ao erro e responde a interesses individuais, institucionais ou corporativos, enquanto realiza o seu trabalho de participar da construção da ciência.

O método científico único seria aquele que dá credibilidade e concede à ciência um caráter de infalibilidade. Neste caso, o ensino seria orientado para a problematização desse conceito, por meio de uma discussão sobre os vários modos de trabalhos mais comuns em determinadas áreas, comunidades ou grupos. Quando concebemos um único método, objetivo e inflexível, excluímos possibilidades de que variáveis tais como imaginação, criatividade, originalidade e estética tenham lugar em um empreendimento que é, sobretudo, humano. Além do fato de esta concepção de um método único, infalível e garantido historicamente ser considerada um forte argumento para sustentar a credibilidade e neutralidade da ciência.

Do mesmo modo, diversos outros elementos da Ciência e suas relações com a tecnologia, a sociedade e o ambiente devem fazer parte de uma agenda formativa que busque criar espaços favoráveis à argumentação, à construção de posicionamentos e à participação social mais ampla. As controvérsias presentes na ciência e no fazer científico são o combustível para se desenvolverem debates, discussões, contextos argumentativos. Da mesma forma, a percepção da natureza da ciência aliada a uma apropriação crítica dos textos e discursos midiáticos coloca os fundamentos e compõe a tônica do processo formativo do tratamento das QSC.

Questões sociocientíficas: pressupostos para uma formação científica na articulação da natureza da ciência e da divulgação científica

Partindo da proposição de que é fundamental a inclusão dos elementos da natureza da ciência e da divulgação científica na composição de uma agenda formativa para o desenvolvimento de contextos educativos com QSC, chamamos a atenção para aspectos importantes a serem pontuados como uma concepção de formação pautada em uma perspectiva crítica e a inserção das QSC nesse contexto. Nessa direção, defendemos que o processo educativo fundamentado nas QSC é um terreno fértil para uma via de formação cultural, pelo desvelamento e problematização da realidade concreta, pelo debate alinhado aos elementos culturais dos interlocutores e com a cultura científica e por fomentar aspectos fortemente requeridos pela área de ensino de ciências como a argumentação, a criatividade, a investigação, a construção de posicionamento, a curiosidade, o envolvimento e a participação ativa.

Perspectivas teóricas para a formação do sujeito na sociedade da informação: o alcance das Questões Sociocientíficas e a agenda formativa implicada

É evidente e amplamente divulgado como um fato consolidado a denúncia de que nossa sociedade se encontra em um período no qual grandes mudanças ocorrem de forma cada vez mais rápida e que nem sempre há disposição da população para analisar como algumas dessas mudanças fazem parte da sua interação com o mundo. Trata-se da própria semiformação denunciada pela primeira geração da Escola de Frankfurt (ADORNO, 2015). Ainda, nesse processo, é possível notarmos como a ciência participa e percorre transversalmente todas as esferas da vida cotidiana, da economia no desenvolvimento de novos mercados, das políticas e normatizações para o desenvolvimento (ou não) humano, dos projetos por melhorias no sistema educacional etc.

Nesse sentido, é comum serem apresentados diariamente na mídia assuntos relacionados às formas de intervenção científica e tecnológica no mundo, além, é claro, da interpretação de fenômenos naturais. Nessa sociedade da informação, não é raro nos depararmos com assuntos relacionados aos benefícios de alguns alimentos para a saúde humana, a valorização de determinados padrões de beleza, polêmicas sobre descriminalização de drogas e do aborto, entre tantos outros temas controversos em que debates entre ciência, religiões, tradições culturais são necessários para a construção e desenvolvimento da sociedade.

> Imersos nesse cenário, os sujeitos devem se sentir convidados e aptos para debater, discutir, conhecer e agir de forma segura e contundente em defesa de seus interesses e para o bem comum. Para tanto, a sociedade deve estar preparada e formada para participar ativamente dos "processos de acompanhamento, avaliação e controle do progresso científico e tecnológico e das suas implicações profundas e controversas" (REIS, 2004, p. 48).

A formação esperada para tal participação social, então, não deve ser restrita à compreensão de conhecimentos científicos, uma vez que para o entendimento e construção de uma QSC, proporcionada pela controvérsia, é necessário o resgate cultural, ético e moral da realidade em que os aprendizes estão envolvidos. Sendo assim, a iniciativa para o desenvolvimento da proposta aqui defendida apresenta tanto a valorização dos conhecimentos prévios, construídos dentro de tradições culturais, como principalmente a visibilidade de problemas das práticas sociais dos estudantes em relação à controvérsia exposta.

A partir dessa premissa, aproximamo-nos da perspectiva de formação apresentada por Paulo Freire no que se refere à experiência dos sujeitos no desvelamento de sua realidade na busca pela ascensão do "ser mais" e de sua libertação (FREIRE, 2011). Nesse sentido, a atividade reflexiva, avaliativa, analítica e crítica sobre uma QSC implica a imersão e o envolvimento do educando no próprio debate e confronto de concepções da controvérsia que podem possibilitar a problematização da própria realidade, buscando desenvolver coletivamente, por meio do diálogo, a humanização do sujeito.

Diante disso, em aulas de ciências, o questionamento do empreendimento científico, assim como da realidade, o conhecimento da epistemologia da ciência e suas ideologias, a ênfase no entendimento dos valores apresentados pela mídia devem ser elementos que possibilitem a construção de um entendimento mais elaborado da sociedade e da própria cidadania. Assim,

> confere ao tipo de formação aqui evidenciado a capacidade de articulação entre a realidade e o conhecimento apropriado no ambiente escolar, tanto para professor quanto para alunos. Além disso, a busca pela formação requer que as relações propostas sejam estreitadas e dirigidas à congregação das várias dimensões da vida, possibilitando a construção de uma visão de mundo mais complexa e completa (ARENGHI, 2014, p. 46).

Assim, o entendimento da natureza da ciência contribui para o desenvolvimento da formação por um viés que valoriza a inquietação, a controvérsia e a problematização, seja na formação de professores ou na sua prática em sala de aula. Enfatizar que no mundo as coisas não estão perfeitamente concluídas, resolvidas e consolidadas é um aspecto fundamental para a discussão de temas sociocientíficos (SANTOS, 2013).

Ainda, neste âmbito formativo, é necessário reconhecermos na DC suas deficiências, insuficiências e ideologias por meio da exposição da controvérsia, uma vez que esta proposta vai ao encontro da problematização da prática social do aluno, de sua própria realidade. Nesse sentido, as aprendizagens promovidas não se referem apenas ao conteúdo científico apresentado pela controvérsia nos textos midiáticos, mas também ao que concerne ao processo de aprendizados de atitudes e de participação social. Tais condições surgem a partir do reconhecimento, por parte dos estudantes, da incompletude dos recursos em mãos, no caso da DC, e também da criação da necessidade de novos esforços para melhor entendimento sobre o tema discutido (ARENGHI, 2014).

Apoiado nessas bases teóricas, apresentamos alguns exemplos efetivados sobre desenvolvimento de QSC que valorizaram a natureza da ciência e DC como conteúdos a serem ensinados tanto no contexto de formação de professores, quanto no de formação dos estudantes.

Reflexões sobre nossas investigações no contexto dos Pequenos Grupos de Pesquisa

Apresentadas as perspectivas formativas inseridas no tratamento de QSC, com destaque para os elementos básicos da natureza da ciência e da DC como partícipes indispensáveis de processos dessa natureza, discutiremos resultados de duas pesquisas realizadas no contexto de Pequenos Grupos de Pesquisa (PGP).

Os PGP foram desenvolvidos no âmbito do Projeto Observatório da Educação com foco em Matemática e Iniciação às ciências (Edital n. 38/2010/Capes/Inep), que contou com a articulação de três Instituições de Ensino Superior do Brasil: Unesp, Unemat e UFMT. Neste contexto, desde o ano de 2010, o chamado Núcleo Unesp vem participando da conformação e sustentação de PGP no estado de São

Paulo e Mato Grosso do Sul com enfoque especial em três eixos: a formação de professores nestes espaços; o desenvolvimento de sequências didáticas sob a perspectiva das QSC; e discussões e aprofundamentos sobre os Sistemas de Avaliação em Larga Escala. Trata-se especialmente de um espaço de relações entre a universidade e a ascola, composto por sujeitos destas duas instituições e que têm se dedicado a construir conhecimentos coletivamente sobre os três eixos citados.

Alguns PGP se dedicaram especialmente ao estudo teórico e desenvolvimento de práticas escolares baseadas nas QSC. Apresentamos na sequência duas dissertações de mestrado desenvolvidas no âmbito de dois PGP, o de Arealva-SP e o de Paranaíba-MS. Santos (2013) e Arenghi (2014) participaram do processo de constituição dos PGP e desenvolveram suas pesquisas neste contexto.

Defendendo um modelo de formação de professores baseado na formação cultural da Teoria Crítica da Sociedade, Santos (2013) analisa um processo de constituição de um PGP e de uma QSC comum ao grupo. O recorte de sua pesquisa que é tratado neste capítulo aborda aspectos de natureza da ciência como disparadores de processos de discussão e problematização do empreendimento científico. Arenghi (2014), por sua vez, também baseado em perspectivas críticas orientadoras do processo formativo, desenvolveu sua pesquisa no contexto de outro PGP, em diálogo com o professor de física participante do grupo, com a QSC "agrotóxicos versus toxidade", e investigou um processo desenvolvido com estudantes do Ensino Médio, com especial cuidado para problematização dos textos e discursos midiáticos, sob o crivo dos debates sobre DC. Ambos os trabalhos perpassam por alguns domínios similares, o que conforma o seu fio condutor e permite alocá-los em um mesmo contexto de discussão: tratamento de conteúdos básicos das ciências, contextualização, abordagem do empreendimento científico, desmistificação da ciência, uso e problematização de discursos midiáticos unidos em um contexto real de formação.

A natureza da ciência na formação de professores: um exemplo de textos que foram propostos para discussão no PGP-Paranaíba

Considerando o referencial teórico que sustenta o trabalho de Santos (2013), a natureza da ciência, buscamos enfatizar as situações que dispararam discussões, bem como oferecer nossa compreensão sobre os desdobramentos e o trânsito dos participantes.

As abordagens, definidas pelo autor como os fragmentos de textos com objetivo de problematização e geradores de discussão, caracterizam-se por partirem de situações criadas com o intuito de disparar um processo de discussão em grupo, com foco especial no domínio da ciência e da tecnologia. As situações envolvendo aspectos da ciência ou da tecnologia foram inseridas no processo de constituição e consolidação do PGP conforme critérios baseados na relação estabelecida entre pesquisador e participantes e coerentes com o referencial teórico adotado na pesquisa.

- São informações contextualizadas com a vivência dos sujeitos envolvidos.
- São elaboradas geralmente no espaço entre uma reunião e outra a fim de assegurar a continuidade, problematizar aspectos que emergiram na reunião anterior, sustentar um processo esclarecido.
- São inseridas na pauta da reunião com o status de "provocação".
- Possuem marcadamente duas naturezas quanto à intencionalidade: ou trata-se de uma situação que pretende suscitar aspectos da natureza da ciência e/ou da Tecnologia ou trata-se de uma articulação explícita com os trabalhos do PGP, ou seja, relacionada à pauta de estudos das QSC.

Apresentamos a seguir as abordagens conforme trabalhadas no PGP, bem como a análise da validade como provocadoras de opiniões e posicionamentos sobre aspectos da natureza da ciência e da tecnologia; e como se configura no processo de debate, diálogo e conversa em grupo. Segue o texto referente à primeira abordagem:

> É comum ouvirmos na TV, lermos na internet ou em outros meios de comunicação, propagandas de produtos que geralmente utilizam os termos: "Este produto é testado por especialista"; "Sua eficácia é cientificamente comprovada"; "Este produto é testado clinicamente e sua qualidade é garantida". O que as pessoas normalmente entendem desse "cientificamente comprovado"? O que expressa para o cidadão comum (não cientista) esse termo "científico" ou "cientificamente"?

Esta abordagem apresenta situações comuns experimentadas diariamente pelas pessoas por meio das mídias. As questões nela inseridas visaram suscitar, em um contexto de discussão, a credibilidade concedida ao método científico como garantia de qualidade e confiabilidade. Normalmente atreladas à propaganda de um produto, as expressões apelam para a crença popular e são fortemente difundidas no método científico. Nesse aspecto, o que é "científico", ou "cientificamente testado", assume um papel determinante na certificação da qualidade do que se pretende vender, isto é, é concedido à ciência um status de conhecimento inquestionável, graças ao suposto método científico que garante rigor, controle e objetividade e que não dá vias a erros ou incertezas. Essa visão caricaturada e positiva da ciência perdura até nossos dias. Isso ocorre apesar de críticas dos filósofos da ciência do século XX, especialmente Feyerabend (2007), referentes ao conhecimento científico e à não existência de um método único, mas de modos de trabalho de cada área ou grupo, conforme suas especificidades e características mais aceitas no campo, o que configura um pluralismo metodológico que não pode ser enquadrado em uma definição única e fechada de método científico. Neste sentido, as provocações implícitas na abordagem seguem no sentido de compreender se as visões do grupo convergem para um cientificismo ou tendem a reconhecer a falibilidade, fragilidade, pluralismo e dinamismo do empreendimento científico.

Já a segunda abordagem é apresentada pelo seguinte texto:

> Quando falamos de ciência, geralmente ligamos a área de conhecimento como a física, a biologia, a química... O que diferem estas áreas da arte ou da astrologia, por exemplo, que normalmente não são aceitas como ciência? Como elas poderiam ser definidas, então?

Esta abordagem visa, principalmente, à discussão do critério de demarcação do que é ou não ciência e o que concede prontamente às ciências naturais o caráter de ciência. A questão do critério de demarcação é fortemente debatida nas obras de Kuhn, Popper e Lakatos. Porém, para além dos posicionamentos dos filósofos, o critério mais difundido de classificação entre o que é científico ou não tende a ser de natureza positiva, ou seja, o que é científico deve, necessariamente, ter objetividade, regularidade, método rigoroso de controle e evitar idiossincrasias. Outro aspecto importante a ser mencionado é o objeto de conhecimento de cada área: enquanto as ciências naturais preocupam-se com a realidade, com a compreensão e domínio da natureza, a arte engloba manifestações subjetivas, necessidade de expressão de uma ideia ou manifestação de uma inspiração, busca compreender o mundo e representá-lo, e a astrologia cede espaço a divagações metafísicas, espiritualidade, estética, com linguagem e interesses diferentes. Os modos de trabalho das diferentes áreas podem, por vezes, se confundir, porém a natureza do conhecimento produzido, a coerência teórica e/ou experimental, o embasamento e a historicidade são fatores importantes a serem considerados. É importante que se chegue à questão da diferenciação entre ciência e conhecimento, sendo a primeira uma parte expressiva da segunda, porém o conhecimento compreende algo maior, muito mais completo e complexo, visto que é fruto da natureza humana (por exemplo, o conhecimento popular e elaborado dos diferentes grupos étnicos).

A Divulgação Científica na formação de estudantes de Ensino Médio: um exemplo de trabalho no PGP-Arealva

As discussões acerca do tema "agrotóxicos", ocorrida por meio de uma análise de textos de divulgação científica, suscitaram o desenvolvimento de uma QSC controversa. Assim, diante da discussão de diversos elementos que são transversais à Ciência, foi pretendida tal situação problema:

> Um agricultor com uma pequena produção de pimentão tinha um lucro de R$2.000,00 por colheita. Observando produtores vizinhos obtendo mais lucros e maior produção, tal agricultor decidiu plantar maior quantidade de pimentões. Sua produção, que anteriormente não apresentava problemas com pragas, começa a sofrer com o aparecimento de ácaros. Diante disso, o produtor opta por utilizar agrotóxicos em sua produção. Com maior produção, o produtor fica feliz com os resultados da utilização do produto. Entretanto, quando calculados os lucros desta nova colheita, o mesmo percebeu que não havia aumentado o rendimento financeiro. Quais hipóteses, em relação ao lucro da produção, podem ser elaboradas para identificar o problema de rendimento financeiro do produtor?

Tal atividade foi prevista para ser desenvolvida em grupo. Nossas pretensões com isso foram de problematizar os conteúdos científicos que já haviam sido discutidos, além da retomada de elementos presentes nas discussões anteriores a partir da problematização dos textos, e, ainda, congregar a discussão dos conhecimentos científicos e culturais em torno das questões. Essa proposta teve como objetivo discutir a relação entre os modos de construção da Ciência e como se desenvolve a atividade acadêmica perante os problemas enfrentados. Em outras palavras, cada grupo obteria uma solução diferente para o problema e o confronto de soluções representaria grupos de pesquisa acadêmicos, com diferentes hipóteses de resolução para o mesmo problema. Nesse sentido, além do questionamento do conhecimento científico, a problematização em relação à história e à natureza da ciência foram evidenciadas, uma vez que a construção da ciência dá-se, em muitos casos, de forma semelhante a essa construção. Frente a esses elementos, a confecção de um material instrucional (folder informativo) referente ao tema "agrotóxicos" foi pretendido para ser entregue pelos alunos após duas semanas. A problematização do conhecimento científico objetivou iniciar a construção de conceitos relacionados aos modelos atômicos. Neste sentido, tal construção teve como agente principal os estudantes.

Essa proposta também teve como objetivo a possibilidade de esclarecimento sobre os componentes estruturais para a confecção do folder. Dessa forma, a articulação entre as concepções sobre a ciência, a DC, o conhecimento científico e as outras esferas da vida seriam ressaltados na composição das duas aulas.

A dissertação de Arenghi (2014) apresentou um contexto formativo que destacou propostas didáticas estudadas, discutidas, debatidas e elaboradas por professores do PGP diante das demandas sociais de estudantes de Ensino Médio. Os processos que ocorreram no desenvolvimento de tal proposta seguiram inicialmente a definição de um tema que fosse relevante aos alunos e que correspondessem à realidade escolar; o estudo por meio de materiais didáticos e pesquisas que tornassem possíveis o reconhecimento e construção de controvérsias; a definição *a priori* de uma QSC discutida entre os professores como orientadora para o planejamento de atividades didáticas; e a discussão e elaboração de sequências didáticas baseadas no potencial formativo das QSC. Dentre as sequências didáticas desenvolvidas, houve a participação efetiva do pesquisador na elaboração e efetivação de propostas de ensino em conjunto com o professor de física da escola.

A dissertação de Santos (2013), por sua vez, foi desenvolvida na formação continuada de professores no contexto de um PGP, cujo processo metodológico efetivou um trabalho estruturado da seguinte forma: Aproximações inicias (Gênese do PGP); Primeiras propostas de QSC; Processo de constituição da QSC (Desenvolvimento do PGP): Elementos da natureza da ciência e tecnologia, significação do processo, ações de criação; Práticas com QSC (Desfechos do PGP). O recorte realizado para fins de discussão neste capítulo foi a inserção de elementos da natureza da ciência e da tecnologia no curso do desenvolvimento do PGP, sendo esta uma parte do trabalho desenvolvido pelo pós-graduando participante com intuito de provocar um contexto de problematização da ciência.

No que se refere aos aspectos da natureza da ciência mobilizados, Santos (2013) apresenta, na sua primeira abordagem, a problematização da credibilidade atribuída ao método científico único, da objetividade da ciência e do cientificismo. Na segunda abordagem, são postos em discussão os chamados critérios de demarcação entre o científico e o não científico, o cientificismo e a ciência como conhecimento humano. Arenghi (2014) também mobiliza elementos de natureza da ciência em sua situação problema: problematiza o empreendimento científico, o fazer científico no sentido de questionar como se pode construir conhecimento científico.

Dentre os aspectos da problematização da DC mobilizados, Santos (2013) é explícito em problematizar discursos midiáticos e diluídos na sociedade. Na primeira abordagem, apresenta os discursos da mistificação da ciência, do uso do método científico como fonte de credibilidade e qualidade. Já na segunda abordagem, a problemática não toca diretamente nos aspectos da DC, mas reforça o debate suscitado por ela que tem o potencial de desvelar a questão da separação entre "métodos" das ciências naturais e humanas, por exemplo. Arenghi (2014) também assumiu explicitamente a DC como processo metodológico para o trabalho com questões controversas. Na sua situação problema, o autor trabalha na conformação da QSC a partir da evidência da controvérsia e se vale da investigação dos discursos das mídias locais como processo formativo.

Os recortes de pesquisa apresentados endossam o nosso argumento de que um processo de tratamento de QSC em um contexto formativo requer entendimento sobre natureza da ciência, tanto como conteúdo quanto como processo, bem como da problematização de elementos da divulgação, seja a própria problematização um conteúdo de ensino ou a forma de trabalho.

A agenda formativa implica a articulação entre natureza da ciência e divulgação científica

Esperamos ter defendido até o momento a problemática de a articulação que compõe a tônica deste capítulo ser uma premissa básica para um tratamento mais bem fundamentado das QSC. Independentemente da QSC adotada ou do contexto formativo (docente ou discente), a exigência de pesquisa, a construção de posicionamento, a identificação e a problematização dos discursos envolvidos, a construção de contextos argumentativos, enfim, todos esses elementos que são afetos ao campo do ensino de ciência, especialmente das QSC, requerem uma formação para o entendimento da natureza da ciência e um olhar crítico sobre o que se produz nos meios midiáticos. Logo, este capítulo discorre sobre esses conhecimentos indispensáveis na formação por meio do trabalho com QSC.

A convergência que aqui apresentamos aflora justamente a partir do detalhamento, da exposição e da discussão de uma controvérsia. A problematização de temas potencialmente sociocientíficos nos casos citados confere às atividades com QSC uma perspectiva que vai além de uma abordagem metodológica.

Dessa forma, caminhamos para a compreensão de que uma discussão permeada por uma controvérsia, no sentido aqui exposto, deve possibilitar o resgate cultural da realidade do estudante e do professor, uma vez que esse processo demanda e produz maior identificação pessoal com o conteúdo pretendido (ARENGHI, 2014). Assim, ao evidenciar e valorizar tais elementos culturais, podemos aprimorar questionamentos em relação à cultura científica ou acadêmica, orientando os sujeitos envolvidos à construção de elementos que permitam a busca de soluções para perguntas como: A ciência pode falar por nós? Os cientistas podem afetar ou influenciar nossos posicionamentos frente a um problema? O que garante a credibilidade de um discurso científico em detrimento de outro? Eu me sinto contemplado por determinados posicionamentos da ciência ou há princípios éticos, culturais, históricos que me constrangem?

Dentro deste cenário, entendemos que os elementos que compõem uma proposta do tratamento de QSC direcionam justamente para tal resgaste pretendido. A discussão sobre o tema "agrotóxicos" mostrou-se com potencial de suscitar elementos de áreas adjacentes à ciência, tais como política pública (liberação ou não de determinados produtos), saúde (incidência elevada de casos de câncer e suicídio) e história (o desenvolvimento de cidades por meio da agricultura). Nesse viés, tais componentes constroem, por meio de experiências de vida, a cultura que os estudantes possuem em relação a um tema proposto. Em outras palavras, trata-se da identificação pessoal do sujeito com o conteúdo a ser ensinado.

Ponderamos neste capítulo sobre a ênfase necessária para o processo de construção de atividades que incluem controvérsias em aulas no ensino básico, principalmente porque a consideração da cultura dos sujeitos envolvidos não deve ser realizada por meio da valorização exclusiva da dimensão científica, visto que isso caminha em via oposta ao que temos defendido até então. Nesse sentido, a problematização da realidade por meio da discussão da DC em relação a temas "reais" promove também a necessidade do questionamento da própria ciência divulgada pela mídia. Assim, o desenvolvimento desse tipo de proposta caminha continuamente para a construção de uma formação mais sólida, fortalecida pela compreensão e aproximação de culturas conflitantes no ambiente escolar. Isso quer dizer que a natureza da ciência e da discussão sobre a mídia em atividades com QSC contribuem para um processo de enculturação.

Diante dessas considerações, defendemos que, nessa proposta, o desvelamento da realidade, dos problemas sociais, das QSC ocorrem simultaneamente dentro do processo crítico de formação de professores e alunos envolvidos com os PGP, uma vez que elementos da cultura das pessoas são expostos e questionados. Dessa maneira, a formação que almejamos aqui se refere aos modos como são construídas as relações entre as diferentes culturas apresentadas e como os sujeitos se articulam com elas em suas ações no mundo, superando assim a assimilação apenas dos conteúdos científicos e do risco de estes serem pouco debatidos em situação de discussão sobre a mídia e a natureza da ciência.

Referências bibliográficas

ADORNO, Theodor W. *Teoria da semicultura*. 2015. Disponível em: <http://adorno.planetaclix.pt/tadorno.htm>. Acesso em: 15 abr. 2015.

ADÚRIZ-BRAVO, A. *Una introducción a la naturaleza de la ciencia:* La epistemología en la enseñanza de las ciencias naturales. 1 ed. Buenos Aires: Fondo de Cultura Económica, 2005.

ALBAGLI, S. Divulgação científica: Informação científica para a cidadania? *Ciência da Informação*, v. 25, n. 3, 1996, p. 396-404.

ARENGHI, L. E. B. *A divulgação científica no contexto escolar:* o ensino de modelos atômicos a partir da temática de agrotóxicos e as implicações/possibilidades para a formação de alunos do Ensino Médio. Dissertação (Mestrado em Educação para a Ciência). Faculdade de Ciências, Universidade Estadual Paulista, Bauru, 2014, 203 f.

BUENO, W. C. Jornalismo científico no Brasil: Uma relação de dependência. Tese (Doutorado em Comunicação). Escola de Comunicação e Artes, Universidade de São Paulo, 1985.

______. Jornalismo científico no Brasil: Aspectos teóricos e práticos. Em: *Série Pesquisa - Comunicação Jornalística e Editorial*, 1988.

CARVALHO, W. L. P. A abordagem de questões sócio-científicas na formação de professores de biologia. *Revista de la Facultad de Ciencia y Tecnología*, v. Extra, 2011, p. 941-946.

FEYERABEND, P. *Contra o método*. Tradução de Cezar Augusto Mortari. São Paulo: Editora UNESP, 2007.

FREIRE, P. *Pedagogia do oprimido*. 50 ed. Rio de Janeiro: Paz e Terra, 2011.

HERNANDO, M. C. *Ciencia y periodismo*. Barcelona: CEFI, 1990.

______. *La divulgación científica y los desafíos del nuevo siglo*. Conferência realizada no Primeiro Congresso Internacional de Divulgação Científica, São Paulo, 2002.

IVANISSEVICH, A. A mídia como intérprete. In: BOAS, S. V. (org.). *Formação e Informação Científica:* jornalismo para iniciados e leigos. São Paulo, 2005.

MCCOMAS, W. F.; CLOUGH, M. P.; ALMAZROA, H. The role and character of the nature of science in science education. In: MCCOMAS, W. F. *The nature of science in science education:* Rationales and strategies. New York, Boston, Dordrecht, London, Moscow: Kluwer Academic Publishers, 2002.

MELO, J. M. Impasses do jornalismo científico. *Comunicação e sociedade*, v. 4, n. 7, 1982, p. 19-24.

MARTÍNEZ-PÉREZ, L. F.; CARVALHO, W. L. P. Contribuições e dificuldades da abordagem de questões sociocientíficas na prática de professores de ciência. *Educação e pesquisa*, v. 38, n. 3, 2012, p. 727-741.

RATCLIFFE, M.; GRACE, M. *Science education for the citizenship:* Teaching socio-scientific issues. Philadelphia: Open University Press, 2003.

REIS, P. G. R. *Controvérsias sócio-científicas:* discutir ou não discutir? Percursos da aprendizagem da disciplina de ciências da Terra e da Vida. Tese (Doutorado em Educação) Faculdade de Ciências da Universidade de Lisboa. Lisboa, 2004, 488 f.

RUDDUCK, J. A strategy for handling controversial issues in the secondary school. In: Wellington, J. J. (Ed.), *Controversial issues in the curriculum,* 1986, p. 6-18.

SANTOS, P. G. F. *O tratamento de questões sociocientíficas em um grupo de professores e a natureza do processo formativo fundamentado em uma perspectiva crítica*. Dissertação (Mestrado em Educação para a Ciência). Faculdade de Ciências, Universidade Estadual Paulista, Bauru, 2013, 209 f.

Capítulo 3

Questões sociocientíficas nos Pequenos Grupos de Pesquisa (PGP)

Michel Pisa Carnio[1]
Nataly Carvalho Lopes[2]
Thiago Mendonça[3]

Introdução

Este capítulo visa apresentar ao leitor alguns elementos de formação de professores oriundos do desenvolvimento de questões sociocientíficas (QSC) em Pequenos Grupos de Pesquisa (PGP) constituídos nas escolas de educação básica. Tentamos assim convergir esforços para ajudar a pensar as ações do Grupo de Pesquisa "Educação Continuada de Professores e Avaliação Formativa"[4] - e consequentemente do presente livro - como reflexões para a formação de professores de acordo com as teorias críticas e a ação comunicativa de Habermas, na interface Universidade-Escola.

De forma geral, os PGP se caracterizam pela ação comunicativa com a qual se efetua a relação entre Escola e Universidade, de modo que o grupo tem autonomia e competência argumentativa para definir suas demandas e quais caminhos trilhar para propô-las, atendê-las

---

1 Doutorando do Programa de Pós-Graduação em Educação para a Ciência da UNESP, *campus* de Bauru. E-mail: michelcarnio@yahoo.com.br.

2 Doutora em Educação em Ciências. Professora adjunta do Departamento de Ciências da Natureza, Matemática e Educação da Universidade Federal de São Carlos, *campus* de Araras. E-mail: natalylopes@cca.ufscar.br.

3 Doutor em Educação em Ciências. Professor adjunto do Instituto de Ciências Biológicas e da Saúde da Universidade Federal de Viçosa, *campus* Florestal. E-mail: thiagodabio@gmail.com.

4 Grupo vinculado ao Programa de Pós-Graduação em Educação para a Ciência da UNESP, *campus* de Bauru.

e buscar soluções. São algumas ações desenvolvidas pelos professores participantes destes grupos:

> [...] relatos de sua prática, discussão de ideias teóricas, viabilidade de incorporação das ideias teóricas na prática, decisão sobre quais implementações de melhoria na avaliação de sua sala de aula deveriam ser feitas, realização de tais implementações, registro das inovações, reavaliação dos resultados e proposta de ajustes (ORQUIZA-DE-CARVALHO, 2005, p. 67).

De acordo com Freitas (2008):

> A investida do grupo da universidade era trabalhar favoravelmente ao fortalecimento da autonomia da escola, à medida que elegia os problemas e buscava a identidade da escola. Dessa maneira era proposta da universidade investir no processo de gestão de informações, ao invés de privilegiar a entrada da informação em si ou então a prática pela prática. O que se constituiu em um desafio para os professores da escola, que acreditavam que a universidade tinha a resposta para os seus problemas (p. 53).

Segundo Lopes (2013 p. 17-18), o termo PGP remonta à constituição de um grupo de estudos entre alguns professores da Faculdade de Engenharia de Ilha Solteira / FEIS-UNESP envolvidos nas questões educacionais, principalmente na formação de professores e as avaliações. Em 2000, iniciaram as primeiras inserções destes professores na escola Urubupungá, na mesma cidade, no projeto então chamado de Urubupungá/Unesp (FREITAS, 2008). Inicialmente, os encontros entre os professores ocorriam nos horários de trabalho coletivo dos professores da escola, com o intuito de buscar por temas de interesse e discussão de textos pertinentes aos assuntos escolares. Já em 2002, com o financiamento da FAPESP, foram constituídos pequenos grupos, que atuavam em atividades gerais da escola como assembleias e ciclo de seminários. Em 2004 e 2005, com a manutenção e o fortalecimento destes grupos, foram realizados simpósios regionais envolvendo professores das escolas públicas de educação básica e pesquisadores da área de educação.

O conceito de PGP, assim, tem possibilitado a compreensão de elementos que permeiam a academia e a escola, e nos remete a uma história de meados de 1998, com investimento por parte da universidade para uma maior aproximação com a escola, passando por um segundo momento com a primeira reunião dos ex-alunos da licenciatura em física da Unesp *campus* de Ilha Solteira, em dezembro de 2008. Os registros aqui encontrados remontam já a meados de 2011, com o financiamento do projeto "Observatório da Educação com foco em Educação Matemática e Iniciação à Ciência" (Obeduc), da Coordenação de Aperfeiçoamento do Pessoal do Ensino Superior (Capes). Naquele momento, os PGP estruturaram-se em escolas de educação básica e tinham como base de constituição a presença de um ex-aluno da licenciatura de Física da Unesp de Ilha Solteira (àquela ocasião professor efetivo da escola) como coordenador do grupo, de professores e gestores da escola, de pós-graduandos do grupo de pesquisa e um docente orientador da universidade.

Neste sentido, os trabalhos aqui analisados se referem ao momento em que estes PGP passaram a ser fomentados pelo Projeto Obeduc, o que influenciou na estrutura de organização do grupo, no planejamento das reuniões, e na efetivação de ações frente às demandas educacionais das escolas. Entre estas demandas, destacam-se os referenciais das Avaliações em Larga Escala (ALE), de desenvolvimento de questões sociocientíficas (QSC) e da Formação de Professores (FP).

Além destes três eixos de atuação, os interesses dos grupos são mediados por uma epistemologia principal conferida aos referenciais teóricos críticos que propõem o diálogo e a comunicação, desenvolvida por dois importantes teóricos, quais sejam, Paulo Freire e Jürgen Habermas. Embora distantes em contextos, estes teóricos apresentam discussões importantes e coerentes para o trabalho destes grupos, pois se remetem a esta interação comunicativamente mediada e permeada pelo mundo das pessoas, as quais se encontram num espaço e tempo destinados ao levantamento dos temas de interesse (pertencentes às suas vidas e às vidas das escolas), suas relações e implicações na educação e na produção de conhecimento.

Entre as principais ideias de Habermas que fundamentam as ações desenvolvidas nos PGP, tem grande destaque a diferenciação que o autor faz entre sistema e mudo da vida. Para possibilitar uma compreensão inicial destes conceitos, para o autor sistema é aquilo regido pela razão instrumental e burocrática; enquanto o mundo da vida seria o palco das relações sociais mediadas pela intersubjetividade (HABERMAS, 2001).

Enquanto esclarecimento do trajeto metodológico percorrido para a elaboração deste capítulo, nos baseamos em pesquisas desenvolvidas nos PGP de autoria dos pós-graduandos participantes do projeto, buscando estabelecer elementos norteadores para pensar a construção de QSC na interface Universidade-Escola. Consideramos que as QSC surgem deste universo de temas do mundo da vida, e têm o potencial de gerar discussões que possibilitam aos agentes da escola e da universidade construir conhecimento sobre o contexto social e local em que a escola está inserida. Para tanto, podemos estabelecer uma pergunta que guiará as discussões que se seguem: Quais contribuições estes trabalhos de pesquisa apresentam sobre a complexidade que envolve o desenvolvimento de um programa de formação de professores que tem por base a ação dialógica e comunicativa e o trabalho com as questões sociocientíficas?

Para contextualizarmos o que entendemos por QSC e seu potencial educacional, precisamos retomar a origem e fundamentos do Movimento Ciência-Tecnologia-Sociedade-Ambiente (CTSA). Este movimento originou-se em meados de 1960/1970 como resposta a uma concepção de desenvolvimento linear da ciência e tecnologia hegemônica até então na sociedade. Esta visão concebe que os desenvolvimentos científico, tecnológico, econômico e social são, cada um deles, meras consequências um do outro (AIKENHEAD, 1994; AULER, 2007; SANTOS, MORTIMER, 2001; NASCIMENTO, LINSINGEN, 2006).

Enquanto perspectiva educacional, Pedretti e Nazir (2011) revelam a diversidade de interpretações e sentidos que se construiu em torno da sigla CTSA em quatro décadas de trabalho e pesquisa sobre essa perspectiva. Porém, apesar de não haver um discurso consensual quanto aos seus objetivos, conteúdos e abrangências, alguns pontos da educação com enfoque CTSA podem ser considerados bases comuns: relacionar a ciência com as aplicações tecnológicas e os fenômenos da vida cotidiana; abordar o estudo daqueles fatos e aplicações científicas que tenham uma maior relevância social; abordar as implicações sociais e éticas relacionadas ao uso da ciência e do trabalho científico; e adquirir uma compreensão da natureza da ciência e do trabalho científico (AULER, BAZZO, 2001).

Em relação à compreensão do desenvolvimento da ciência e suas implicações sociais, Zeidler e Keefer (2003, p. 8) apontam que "no mundo real, de sujeiras e raciocínios confusos, desde as decisões pessoais até as avaliações objetivas, a suposta neutralidade é uma imagem fantasma". Neste sentido, no campo científico há algumas questões que são oriundas de conhecimentos de fronteira (ou seja, áreas em que a ciência ainda está trabalhando para construir conhecimento) e de controvérsias envolvendo os próprios produtos ou empreendimentos científicos. Por serem temáticas interessantes para o público, estão sempre presentes nos meios de comunicação, e geralmente o conhecimento científico não é suficiente para que o sujeito se posicione frente às situações, recorrendo assim ao denominado raciocínio informal (que se apresenta como dimensões éticas, morais, culturais, políticas, econômicas, ambientais, e outras). Dessa forma, as questões sociocientíficas são temáticas que:

> têm uma base na ciência, frequentemente nas fronteiras do conhecimento científico (apresentam controvérsia); envolvem formação de opiniões, fazer escolhas a nível pessoal ou social; são frequentemente divulgadas pela mídia; lidam com informações que não são conclusivas por si só; abordam dimensões locais, nacionais e globais com atendente quadros políticos e sociais; envolvem uma análise custo-benefício em que o risco interage com valores; podem envolver a consideração do desenvolvimento sustentável; envolvem valores e raciocínio ético; podem exigir uma certa compreensão de probabilidade e risco (RATCLIFFE, GRACE, 2003).

No campo educacional, as QSC surgem como uma proposta de efetivação da perspectiva CTSA no ensino de ciências, a partir de currículos escolares e práticas em sala de aula voltadas ao envolvimento dos alunos em questões controversas de natureza ética e problemas ambientais contemporâneos derivados do desenvolvimento da C&T (LOPES, 2013; MARTÍNEZ PÉREZ, 2010; MARTINS, PAIXÃO, 2011; PEDRETTI, 2003; SANTOS, 2011; SADLER, 2011).

> Se nosso objetivo é ajudar os estudantes a se tornarem hábeis para os debates e as decisões sobre questões importantes que relacionam ciência, tecnologia e sociedade, então nós precisamos criar contextos de aprendizagem em que os estudantes confrontem algumas destas questões e ganhem experiências ao negociar suas complexidades inerentes (SADLER, 2011, p. 4, tradução nossa).

Para Reis (2006), nas aulas de ciências os problemas têm um âmbito bem delimitado e são acionados por conhecimento disciplinar e objetivo, que se traduzem em uma única resposta de tipo certo ou errado. Já os problemas sociocientíficos, ao contrário, são pouco delimitados, multidisciplinares, carregados de valores (estéticos, ecológicos, morais, educacionais, culturais, religiosos, etc). Assim, na medida em que permitem aos alunos refletirem os princípios morais dos aspectos científicos que cercam suas vidas, as QSC atuam como um elemento que contribui para o empoderamento dos estudantes (ZEIDLER et al., 2005), preenchendo uma certa lacuna que existe entre o ensino de ciências dos moldes tradicionais e a ciência que se desenvolve na sociedade contemporânea.

No Brasil, desde o início das discussões destas relações CTSA na educação em ciências, as ideias de Paulo Freire têm sido fortemente relacionadas aos objetivos da educação científica que se deseja, de acordo com os preceitos deste movimento. Mesmo quando nos referimos à formação de professores que atuem nas aulas de acordo com estes ideais, as categorias de Freire, como o diálogo, a investigação temática, os temas geradores e a autonomia são coerentes com a proposta de que os professores visem as QSC como a elaboração de currículos próprios, locais e de acordo com as bases que guiam sua prática docente. Este é o sentido inverso da docência no contexto atual das escolas, pois propõem professores que construam conhecimento, ou seja, são aqueles profissionais cuja docência é permeada pela pesquisa, reflexão, ação e compartilhamento de ideias intersubjetivamente – principais objetivos dos PGP.

Assim, podemos estabelecer, na forma de categorias, algumas aproximações entre as QSC e a perspectiva educacional da investigação temática proposta por Paulo Freire. São elas:

Compreensão e participação pública em ciência e tecnologia e os objetivos da pedagogia do oprimido: a participação pública, em vez de imputar os desentendimentos relativos à ciência ao grande público, busca uma compreensão mais profunda das causas culturais e institucionais para esses desencontros. Deste modo, não apenas tende a informar a sociedade, mas formar e desenvolver nela um espírito crítico, que lhe permita compreender e avaliar os fatos e os acontecimentos científicos, além de seus riscos e relevância social (VOGT, 2005, p. 8). E a pedagogia do oprimido "que faça da opressão e de suas causas objetivo de reflexão dos oprimidos, de que resultará o seu engajamento necessário na luta por sua libertação, em que esta pedagogia se fará e refará" (FREIRE, 1987, p. 17).

A investigação temática e pesquisas de campo: para Freire, a emancipação é possível pela ação, e o simples reconhecimento de uma situação-problema não significa ação. De acordo com a educação problematizadora, a população pode reconhecer a situação de opressão e não se compreender como participante de processos decisórios, mas a ação ocorrerá na inserção crítica e na participação para a transformação dos rumos de um debate.

Por isso, concordamos com Freire ao propor problemáticas relacionadas aos contextos dos agentes, assim como as QSC incluem em suas características que tais questões devem fazer parte da vida das pessoas, em amplitudes local e global. Porém, a investigação temática, mais do que levar para as salas de aula propostas de ensino não legitimadas pelos envolvidos, propõe que o professor seja parte participante ativo desse processo:

> Essa investigação implica, necessariamente, numa metodologia que não pode contradizer a dialogicidade da educação libertadora. Daí que, conscientizadora também, proporcione, ao mesmo tempo, a apreensão dos "temas geradores" e a tomada de consciência dos indivíduos em torno dos mesmos (FREIRE, 1987, p. 50).

Dialogicidade e debates democráticos para a ação: "nesta teoria da ação, exatamente porque é revolucionária, não é possível falar nem em ator, no singular, nem apenas em atores, no plural, mas em atores em intersubjetividade, em intercomunicação" (FREIRE, 1987, p. 72). Freire reconhece como uma ação opressora a divisão dos sujeitos que não agem organizadamente; para ele, a emancipação está na intersubjetividade. Assim também os debates sobre as decisões em ciência e tecnologia devem levar em consideração os diversos argumentos envolvidos, para os quais normalmente não há certo ou errado, mas uma construção coletiva de sentidos. Dessa forma, o conhecimento novo produzido, de acordo com os agentes, na interação, é que conduz os debates e as decisões.

Portanto, neste modelo de trabalho com as questões sociocientíficas, a educação seria a saída para o problema da inexpressividade pública nas tomadas de decisões e da inexpressividade dos professores na proposição dos currículos e da organização escolar, já que a escola seria a esfera responsável pela compreensão da ciência e da tecnologia e do seu uso pragmático na ação social.

Por um lado, temos a teoria como o horizonte da ação, ou seja, o ideal a ser construído por um grupo de agentes que se reconhecem como responsáveis por uma intervenção nos caminhos da educação. Por outro, porém não desconexo, temos os resultados interpretativos propostos pelos trabalhos de pesquisa deste grupo, que se propôs a compreender tais aspectos das QSC na formação e na prática docente.

Dos materiais considerados no capítulo

Sistematizamos e analisamos quatro trabalhos de pesquisa que tiveram como foco as questões sociocientíficas desenvolvidas em três diferentes PGP: dois deles localizados no estado de São Paulo (cidades de Arealva e Fernandópolis) e um deles na cidade de Paranaíba, estado do Mato Grosso do Sul.

- **PGP Arealva:** se constituiu enquanto grupo de pesquisa e estudos em 2011, a partir do trabalho de um ex-aluno da FEIS, professor efetivo de física na Escola Estadual Prof. Sebastião Inoc Assumpção, na cidade de Arealva-SP. Esse professor agregou inicialmente um número reduzido de professores que aceitaram o desafio de estudar referenciais teórico-metodológicos e passaram a reunir-se semanalmente, inicialmente fora do horário de trabalho e, mais recentemente, durante os horários de Atividades de Trabalho Pedagógico Coletivo (ATPC). O grupo é formado por professores de disciplinas como ciências, matemática, química, física, história, geografia, inglês, português, educação física e também pelos gestores e coordenadores pedagógicos da unidade escolar. As ações são voltadas aos interesses e demandas da escola e decididas no coletivo, a partir de propostas e discussões que surgem do próprio grupo. Dos trabalhos desenvolvidos neste PGP, analisamos neste capítulo a tese de doutorado de Lopes (2013) e a dissertação de mestrado de Arenghi (2013);

- **PGP Fernandópolis:** Suas atividades também se iniciaram em 2011, com um primeiro convite, por parte de um ator da universidade, para que os professores participassem do grupo junto a Escola Estadual Líbero de Almeida Silvares (EELAS), na cidade de Fernandópolis-SP, havendo a socialização de uma proposta de trabalho envolvendo uma QSC. As reuniões passaram a ser realizadas aos sábados, fora do horário de trabalho dos nove professores participantes, os quais lecionavam nas disciplinas de química, filosofia, matemática, ciências, biologia, física e língua portuguesa. Destes, a professora de matemática, cuja trajetória profissional incluía o título de mestre em Educação para Ciência passou a convidar os demais professores da escola para os encontros do grupo de pesquisa no qual o projeto Obeduc era discutido e desenvolvido. Foi essa a forma como forma de aproximar os professores da escola e a universidade, possibilitando o trabalho. Sobre este PGP, o trabalho analisado foi a tese de doutoramento de Bortoletto (2013);
- **PGP Paranaíba:** se desenvolve junto a Escola Estadual Manoel Garcia Leal, na cidade de Paranaíba-MS. No início do grupo, em 2011, o grupo era constituído por cinco professores, dentre os quais apenas dois assumiram compromisso com o trabalho desenvolvido no grupo, não havendo constância na participação dos demais atividades coletivas. Dos que permaneceram, um é da disciplina de física e a outra de história. Juntamente com o pós-graduando partícipe do grupo, estes professores desenvolveram sequências didáticas disciplinares relacionadas ao tema do uso de formaldeído para alisamento de cabelo como questão sociocientífica. No caso de Paranaíba, o trabalho analisado nesta pesquisa foi a dissertação de Santos (2013).

A partir da leitura destes trabalhos, realizamos análises e interpretações a partir da Análise de Conteúdo de Bardin (1977), de forma que elegemos quatro eixos temáticos para discutirmos elementos das QSC elaboradas no âmbito dos PGP: a constituição da temática controversa, características que compõem as QSC, implementação das QSC na escola básica, e aproximação e desafios perante o currículo de ciências.

O caminho de constituição das temáticas

Neste item, buscamos suscitar a discussão sobre os momentos e as condições de construção das QSC nas escolas. Em um primeiro momento devemos ressaltar o caráter de construção das QSC. Ou seja, estas temáticas controversas de ciência e tecnologia não se encontram prontas, sendo necessário um processo de problematização destes elementos a partir das informações disponíveis na sociedade e também do conhecimento e objetivos dos sujeitos envolvidos na sua elaboração. Aqui se destaca o processo de discussão e aprendizagem coletiva a respeito do exercício de reflexão e argumentação de temas dessa natureza entre os professores e, posteriormente, entre os alunos.

Uma outra característica apontada é a autonomia dos diferentes PGP na seleção de suas temáticas, na construção coletiva de uma proposta de ensino problematizadora que seja representativa daquele contexto.

Os professores do PGP Arealva discutiram casos de alunos que chegavam na escola passando mal, com sintomas de intoxicação aguda por agrotóxicos. Daí a importância e a urgência de se trabalhar esta temática com os alunos daquela escola (ARENGHI, 2013; LOPES, 2013). Desta forma o grupo elaborou a sequência didática com a questão sociocientífica que denominaram "Agrotóxicos: toxidades versus custos".

Já no PGP Fernandópolis, entre as temáticas que surgiram durante as discussões do grupo, o Transtorno de Déficit de Atenção e Hiperatividade (TDAH) teve grande repercussão e foi então escolhido para dar suporte à construção de uma QSC, embasando também os interesses de pesquisa de Bortoletto (2013). O TDAH foi o pano de fundo para o estudo, pesquisa e discussão de "qual a natureza dessa patologia, as implicações para o sujeito social, seja ele criança ou adulto, como também o seu diagnóstico e tratamento, além do papel da mídia para a divulgação" (BORTOLETTO, 2013, p. 71).

No PGP Paranaíba o foco central das discussões foi o alisamento de cabelo por meio da utilização de compostos com base no formol:

> Desde o mês de maio a questão do formol paira sobre os diálogos no grupo. Depois da proposição do tema, o mesmo passa a surgir esporadicamente, seja durante as leituras e reflexões sobre os textos ou em um contexto de provocação direcionado. Em setembro, porém, a questão é definida (SANTOS, 2013, p. 137).

Em todos os grupos, o critério de escolha da questão sociocientífica foi que os temas fizessem parte da vida das pessoas envolvidas este foi um fator importante para a reunião destes professores da escola e da universidade em torno de um tema comum. Este é o ponto de partida do grupo que elabora a questão, ao passo que desenvolve ações de formação de professores. Neste sentido, as QSC, por serem construídas a partir de temáticas que problematizam a realidade concreta dos agentes, podem se articular com a proposta de investigação temática de Freire, na medida em que, mais do que levar para as escolas situações de ensino rígidas e não legitimadas pelos envolvidos, implica "numa metodologia que não pode contradizer a dialogicidade da educação libertadora. Daí que, conscientizadora, também, proporcione, ao mesmo tempo, a apreensão dos 'temas geradores' e a tomada de consciência dos indivíduos em torno dos mesmos" (FREIRE, 1987, p. 50).

Características das QSC

Uma das primeiras características das QSC que se apresenta diz respeito ao reconhecimento dos alunos e professores sobre a temática trabalhada - seja ela local, regional, nacional ou global. No caso de Arealva, a discussão dos agrotóxicos se refere ao contexto em que a comunidade escolar está inserida, visto como "retomada do mundo da vida da comunidade, de modo que a escola pudesse reconhecer, estudar e agir diante do problema, além disso, a escola refletiria sobre a formação para a ação de seus alunos que residem e trabalham na área rural" (LOPES, 2013, p. 182). Bortoletto (2013) alerta para o fato de buscar articular "o mundo objetivo (teorias em geral), mundo social (normas e direitos) e o mundo subjetivo" por meio da temática de TDAH, ao mesmo tempo em que Santos (2013) destaca a necessidade de se discutir a utilização do formol para alisamento de cabelos - temática muito presente na realidade escolar em questão.

No seu trabalho, Bortoletto (2013) descreve a natureza controversa dentro da temática do TDAH. Na sua tese a autora aponta que, ao mesmo tempo em que a mídia e a literatura de divulgação apresentam o TDAH como sendo uma "entidade" natural - algo que surge de repente na sociedade e afeta a todos, sendo a-histórico e a-cultural -, há evidências que apontam a variedade de posicionamento médico sobre o assunto pelo mundo, de forma que a tentativa de tornar o TDAH uma entidade universal, que acomete crianças, independente de raça, gênero, status socioeconômico e cultural, não se sustenta (LIMA, 2005, apud BORTOLETTO, 2013, p. 86).

No caso do PGP Paranaíba, o grupo de professores se aventurou por situações que envolviam os fones de ouvido, explorando sua potencialidade formativa em relação à questão de custo-benefício, compreensão de riscos, formação de opinião, valores de um grupo social, comportamento, pluralidade de posicionamento. Posteriormente surge no grupo a discussão do uso de formol para alisamento de cabelo, e esta foi a temática escolhida pelo grupo. Santos (2013) comenta uma situação em que, em uma das reuniões com os professores da escola, em um primeiro momento o pesquisador dá um exemplo de abordagem em sala de aula, cuja possibilidade de diálogo se reduz ao "sim ou não", e posteriormente contrasta uma situação controversa de múltiplas perspectivas. O pesquisador trabalha assim com os professores "a questão de construção de um contexto de provocação, argumentação e construção de posicionamento" (SANTOS, 2013, p. 131).

Em relação ao trabalho efetuado no PGP Arealva, Lopes (2013) aponta o reconhecimento da informação ideológica da mídia em questões controversas. Na discussão com os professores, um deles produtor rural, surgiu a questão de como as informações veiculadas pelos meios de comunicação pode influenciar a base do comércio local. O interesse pela temática dos agrotóxicos teve influência do fato daquele professor precisar combater os ácaros da sua cultura de berinjela, porém no manual dos agrotóxicos não havia indicação de como se usar este produto para essa cultura em específico. Além disso, os agentes iniciaram o reconhecimento sobre os argumentos econômicos, na medida em que "[...] o problema com os agrotóxicos na cidade passa por questões financeiras e que nem sempre a informação é a primeira fonte para a escolha dos sujeitos" (LOPES, 2013, p. 184).

As discussões junto aos PGP, em busca de se definir uma QSC, passam pelo entendimento das diversas visões relacionadas ao tema, pela atenção que a mídia propicia a esta questão, ao levantamento do problema no local da escola, as relações econômicas e sociais, além de todas as controvérsias possíveis. Estes têm sido os principais elementos para que a QSC seja escolhida pelo grupo, de modo a ser compreendida, planejada e levada para a sala de aula.

Implementação das questões sociocientíficas na escola básica

Para a construção desta seção, buscamos nos trabalhos elementos que evidenciassem as possibilidades e limitações de se implantar a discussão destes assuntos em sala de aula.

Um primeiro aspecto que podemos considerar a esse respeito é o embate de culturas que pode ocorrer no desenvolvimento destas atividades formativas. A Secretaria de Educação do Estado de São Paulo[5], por exemplo, implementou o caderno do professor e do aluno em 2008 e 2009, respectivamente, visando a complementação do ensino oferecido nas escolas públicas que atendem os alunos dos anos finais do ensino fundamental e os três anos do ensino médio. Tais materiais chegam à escola em uma perspectiva de melhorar a qualidade de ensino e servir de orientação e subsídio para os professores lecionarem suas disciplinas. No entanto, tais ações vêm na esteira da busca por melhores índices educacionais regidos pelo Ministério da Educação (MEC), e acabam chegando às escolas não como alternativas e orientações, mas quase como imposições para que os professores sigam tais materiais à risca.

Neste sentido, as reflexões realizadas nas escolas estão estritamente voltadas à implementação destes cadernos, como Bortoletto (2013) identificou em uma das reuniões com os professores do PGP Fernandópolis:

> EDR afirma que na verdade ninguém planeja nada e o que se discute são algumas ideias, algumas atividades já prontas que estão no livro didático ou no caderno do professor. EDR reitera que não há planejamento, pois este já vem pronto pela proposta curricular do Estado de São Paulo. IGI concorda com EDR e afirma que seguem a cartilha. [...] Desde 2008, segundo os professores, não há mais planejamento, mas sim inserção de exercícios do livro didático. EDR afirma que a escola cobra um planejamento, mas apenas a critério burocrático (BORTOLETTO, 2013, p. 161-62).

Os relatos caminham no sentido de reconhecer que os professores não restringem suas atividades na apostila do professor, também trabalham com o livro didático, porém as tentativas de planejamento

---

5 Disponível em: <http://www.cadernodoaluno2015.com.br/>.

sobre objetivos de ensino e estratégias de desenvolvimento quase não são mais realidade das escolas (em sala de aula ou nos ATPC). Aqui reside um dos principais obstáculos na implementação de um trabalho com QSC, que é a forma como os currículos e avaliações chegam até a escola e acabam orientando as práticas dos professores e, por consequência, naturalizando uma cultura escolar cada vez mais dependente destes materiais e menos propensa a se engajar em atividades de outras bases formativas.

Na descrição de alguns elementos discutidos no PGP Arealva, Lopes (2013) também aponta a implicação que o pensamento sistêmico (de índices) têm na cultura escolar e no sentido que orienta a prática pedagógica dos professores:

> Nestes atos de fala, a professora AF demonstrou conhecimento acerca das avaliações em larga escala e do sistema de competências e habilidades. Ela conseguiu transitar com facilidade entre a questão sociocientífica e as exigências feitas pela secretaria da educação. Entretanto, no último ato de fala apresentado, a preocupação com as avaliações em larga escala tornou-se algo de maior importância em relação ao processo formativo descrito por ela anteriormente. Nesta situação, houve uma discussão importante sobre como as avaliações em larga escala têm influenciado o trabalho escolar no que diz respeito ao status e às verbas repassadas à escola e sobre o trabalho do professor (LOPES, 2013, p. 195).

Notamos que um dos elementos limitantes mais encontrados a respeito do ensino de ciências a partir de questões sociocientíficas foi o enquadramento rígido dos currículos disciplinares. Por um lado, os Parâmetros Curriculares Nacionais incentivam práticas de acordo com o Movimento CTSA, no sentido de "[...] ampliar as possibilidades de compreensão e participação efetiva nesse mundo" (BRASIL, 1999, p. 14). Por outro, as propostas curriculares, rigidamente apresentadas pelas instâncias superiores, acabam por encontrar reforços na realização das avaliações de larga escala, cujos resultados muitas vezes são atrelados ao repasse de recursos às unidades escolares e bonificação de professores de acordo com o desempenho alcançado pelos estudantes, o que acaba por limitar, substancialmente, a abordagem crítica dos conteúdos e a possibilidade de metodologias de trabalho que possibilitem a participação ativa dos estudantes em sala de aula.

De fato, o trabalho com as QSC diz respeito a outro tipo de organização escolar, aquela que se baseia no estudo, na formação, na elaboração de currículos, conteúdos e aulas e, além disso, transpõe os currículos tradicionalmente propostos. Assim, parece que as QSC exigem que a escola se movimente no sentido oposto àquele normalmente estabelecido, cujo planejamento é um cumprimento de burocracias do sistema escolar. Entretanto, o que demonstraram as pesquisas analisadas, é que esta mudança nas práticas escolares é árdua e demorada, porém possível e necessária, mesmo diante as limitações encontradas. Essa situação também vislumbra a possibilidade de ressignificar o sentido de formação dos ATPC, para que sejam sim espaços para cumprir orientações sistêmicas, mas que também proporcione aos professores a oportunidade de construir interpretação própria sobre os acontecimentos educacionais e seus desdobramentos.

Aproximação e desafios perante o currículo de ciências

Nesta seção buscamos discutir quais os objetivos educacionais proporcionados pelo desenvolvimento dessas temáticas em relação ao currículo das ciências naturais. Sabe-se que as questões sociocientíficas são geralmente diferentes do tipo de temáticas que são normalmente abordadas nas aulas de ciências. Estes temas, frequentemente, estão em um âmbito bem delimitado e são trabalhados por meio de conhecimentos objetivos e disciplinares, caracterizados por procedimentos que se dizem corretos e que se traduzem em uma única resposta de tipo erro e acerto (ABD-EL-KHALICK, 2003). As QSC, ao contrário, são pouco delimitadas, multidisciplinares, carregadas de valores (por exemplo, éticos, morais, ecológicos, culturais, religiosos).

Neste sentido, os trabalhos analisados apresentaram elementos que nos levaram a perceber o envolvimento dos professores de várias disciplinas incorporando aos seus conteúdos disciplinares aspectos que até então não faziam parte do currículo (como os de ética, moral, natureza da ciência, e outros).

No PGP Fernandópolis, Bortoletto (2013) evidencia a necessidade de proporcionar uma ressignificação dos professores sobre o papel de sua disciplina para a formação dos sujeitos. Os conteúdos escolares seriam uma forma de potencializar a leitura do mundo, e para isso torna-se necessária a desfragmentação do olhar disciplinar que reina no âmbito escolar.

> Logo, é importante que os professores resgatem uma concepção ampla de leitura como forma de compreensão e aprendizado para vida e de exercitar a busca pelos objetivos da leitura, a natureza da ação de ler e quais ações de leitura estão associadas a interesses particulares, como por exemplo, para passar no vestibular ou para decorar. Existem de fato, as leituras superficiais não só por parte dos alunos, mas dos professores também (BORTOLETTO, 2013, p. 134).

No PGP Paranaíba, Santos (2013) nos reporta uma interessante discussão dos professores sobre qual o papel do conteúdo (no caso, da disciplina de química) para a formação crítica do sujeito na sociedade contemporânea. Aquela visão tradicional de que, a princípio, basta saber os conceitos para se posicionar na sociedade, aos poucos perde força quando é problematizado como os alunos poderiam fazer relações dos conceitos com situações do seu cotidiano. Neste sentido, mais do que o caráter motivacional, as QSC se colocam como problematizações que visam buscar uma interlocução entre o conhecimento científico e sua implicação no âmbito social.

> Pesquisador: Por exemplo, João, na química. Qual a possibilidade de formar um cidadão crítico ensinando química?
> João: Ele tem que conhecer... Ter um amplo conhecimento da química.
> Pesquisador: Da química...
> João: É. De todo o conteúdo... Se ele não tiver um conhecimento, ele não vai poder dar opinião sobre os assuntos.
> Pesquisador: Certo. E quando ele sair, por exemplo, do portão da escola, que aí tem um mundo ao redor dele, um monte de coisa, que não é fragmentada igual dentro da escola. Onde esse conhecimento, que você está falando, amplo de química, vai ajudar ele a ser no mundo fora da escola? Entendeu? O que saber que o oxigênio tem tantos elétrons na última camada vai contribuir para a formação do cidadão?
> Joaquim: Eu estava até discutindo na sexta passada... Não veio quase nenhum aluno no 1ºC, veio só o [nome do aluno] e eu estava falando com ele: “Ah, por que você não vem nas aulas... ou vem pouco aluno... foram desistindo?” Aí ele contou que o que ele via aqui na escola, pra ele não servia, não ia usar lá fora, no serviço dele, na vida dele.

> João: Por exemplo, o uso do formol. Então a química, ela vai ensinar formol. Então, por exemplo, ela [a aluna] vai ter um conhecimento lá fora, ela vai ver que uma dose alta de formol vai prejudicar, por exemplo, dar câncer... vários problemas para a saúde.
> Pesquisador: Isso. Foi ótimo você levantar a questão do formol. Onde que é mais usado o formol, atualmente?
> João: No cabelo.
> Pesquisador: Exatamente. Exatamente. Isso é uma coisa muito importante... Essa contextualização (SANTOS, 2013, p. 125).

No PGP Arealva identificamos dois momentos do trabalho com a questão dos agrotóxicos: no primeiro, busca-se no Currículo oficial da disciplina de Física do Estado de São Paulo aqueles conteúdos que poderiam ser trabalhados no decorrer da sequência didática elaborada, e em um segundo momento, se mostra a preocupação permanente de se ter objetivos educacionais que transcendam o ensino conceitual, mas que contemplem também outros aspectos do conhecimento importantes para a formação de cidadãos críticos.

> [...] por meio da discussão do currículo fez-se necessário o estudo de quais conteúdos específicos e conceitos de Física poderiam ser problematizados a partir do tema "agrotóxicos". Foram realizados brainstormings e tentativas de aproximação entre o tema, o conhecimento científico da área de Física e os componentes curriculares. Dentre as várias citações, selecionamos as que possuem relação com o Ensino de Física, tais como: densidade, massa, volume, carga elétrica, tipos de força, movimento de partículas, modelos atômicos, física nuclear, pressão, concepções sobre a Ciência, tecnologias e sua abrangência, produção e distribuição de alimentos, alimentação, problemas sociais, desenvolvimento sustentável, poluição, doenças crônicas, economia, política, relações de poder (ARENGHI, 2013, p. 53).
>
> Diante da necessária formação prática e conceitual sobre os agrotóxicos, nos questionamos sobre quais os conhecimentos necessários para que agricultores e o público em geral possam se posicionar sobre a questão? Este posicionamento também se refere a cobrar das autoridades responsáveis políticas públicas para baratear os custos dos agrotóxicos menos ofensivos, saber quais as reais consequências à saúde e ter acesso às maneiras de prevenção e tratamento das doenças decorrentes da contaminação por agrotóxicos. Incluímos nesta lista, a cobrança de ações eficientes contra a entrada de substâncias proibidas e do uso indiscriminado. Para tanto, os conteúdos disciplinares necessários para tal compreensão não se restringem

> aos conceitos científicos. Ao contrário, tratam-se das discussões éticas, sociais, ambientais, discussões sobre risco e análise dos argumentos a que se propõe o tratamento das QSC em sala de aula (LOPES, 2013, p. 105).
> Além disso, isto representa que os professores podem ultrapassar as barreiras das disciplinas, ao debater as questões sociocientíficas em sala de aula. Ou seja, os agentes compreendem que tais questões não buscam soluções com conhecimentos apenas científicos ou apenas éticos ou históricos, mas há uma interlocução entre diferentes elementos que constituem os temas de interesse do PGP (LOPES, 2013, p. 155) – interdisciplinaridade.

Estas discussões estão em consonância com o pensamento de Carvalho (2005) que aponta para a criatividade do professor, ao buscar apresentar mais discussões e assuntos que se relacionem ao seu conteúdo:

> É esse mundo de professores autorizados, até certo ponto, que tem sido apresentado para os alunos, mas as amarras sobre o que aprenderam nas aulas das diferentes autoridades ficam por conta deles. Mas, até onde vai o professor de física quando fala de alternativas energéticas? E o de biologia, até onde vai a análise dele sobre biotecnologia, transgênicos e clonagem? E o professor de química, o que ele tem a dizer sobre a química nos alimentos industrializados? E as perspectivas da ética, da responsabilidade, do poder, da política e da cidadania envolvidas nesses temas, teriam que ser trabalhadas pelo professor de filosofia? Nos programas oficiais esse problema tem recebido atenção pela via da proposta da interdisciplinaridade, mas o problema da formação dos professores ainda é uma barreira séria para a efetivação dessa idéia (CARVALHO, 2005, p. 135).

Assim, parece que os elementos axiológicos ou sociais que envolvem ciência e tecnologia tradicionalmente não seriam do domínio do professor de ciências, mas fazem parte do universo escolar, quando as aulas estão direcionadas ao tratamento de questões sociocientíficas. Esta percepção foi uma das que estiveram presentes no trabalho com QSC nos grupos de professores.

Considerações finais

Neste trabalho, tivemos o intuito de lançar um olhar sobre como os trabalhos acadêmicos desenvolvidos no âmbito dos Pequenos Grupos de Pesquisa interpretaram o desenvolvimento de questões sociocientíficas nestes grupos e nas aulas dos professores envolvidos. Ele foi importante para evidenciarmos as possibilidades e os desafios que cercam a formação de professores na escola, ainda mais com a particularidade de ultrapassar os conteúdos comuns e as propostas curriculares, as quais limitam o trabalho do professor.

Em geral, o trabalho com QSC transcende o ensino disciplinar conceitual, na medida em que possibilita repensar a influência da ciência e tecnologia na sociedade contemporânea, problematizar a construção de conhecimento e proporcionar reflexões sobre os direitos e responsabilidades dos diversos atores envolvidos na situação, como cientistas, agricultores, industriais, sociedade civil, meios de comunicação e diferentes instituições. Este caráter multifacetado é um dos desafios para se tratar estas temáticas em sala de aula, pois muitas vezes o assunto pode fugir da alçada de conhecimento do professor. No entanto, essa condição – a princípio desfavorável – se mostra potencialmente interessante para que haja maior articulação entre professores de diferentes disciplinas e desenvolvimento de um trabalho mais coletivo no ambiente escolar.

Assim, o que pudemos observar foi que, quando universidade e escola se encontram, há um universo de temas para as discussões que ficaram, por muito tempo, pertencentes somente à uma ou somente à outra. Exemplos destes temas podem ser a pesquisa educacional, a formação de professores na interação e as questões sociocientíficas.

Diante disto, um ponto em comum de todos os trabalhos analisados foi a busca pelo diálogo. Neste caso, a parceria entre universidade e escola não pode ocorrer com propostas provenientes somente da universidade, somente da escola ou somente do governo. As interações que foram propostas nestes trabalhos possibilitaram discussões que acarretaram a elaboração de currículos locais pelos professores, com a participação dos agentes da academia, cujo resultado foi o trabalho com as questões sociocientíficas em sala de aula.

Esta situação foi fecunda no sentido de que a universidade se viu obrigada a reconhecera responsabilidade da escola em ensinar os conceitos das disciplinas, de acordo com as necessidades dos alunos, mas o ensino disciplinar passou por discussões interdisciplinares e pela problematização dos conceitos, de modo a se estruturem ao longo da questão sociocientífica local. Certamente, contextos como este não são comuns nas escolas, pois dependem de um esforço coletivo e constantemente apoiado na ação comunicativa (LOPES, 2013, p. 191). Essa relação entre universidade e escola deve se pautar constantemente no pressuposto contrafactual da horizontalidade, sendo de fundamental importância para a convivência entre esses parceiros a valorização da escola como espaço de produção de conhecimento e dos saberes dos professores experientes (BERNARDO; VIANNA; SILVA, 2011).

As QSC selecionadas foram assuntos comuns a todos os integrantes dos PGPs, justamente as questões que caracterizamos como pertencentes ao mundo da vida, que faziam parte da vida de todos os agentes e que pudessem reunir os interesses particulares, de pesquisa ou de prática dos professores. Ou seja, era a temática que fazia com que todos se reunissem para compreender algo e discutir em grupo. Ao longo do processo, o desenvolvimento de uma QSC foi tomando outras proporções e passou a representar também a contramão da despolitização dos professores e a oposição às invasões sistêmicas na escola, que caracterizamos como os currículos e propostas que são apresentadas como pacotes prontos pelo governo (LOPES, 2013, p. 209-10).

O trabalho interpretativo que realizamos aponta para o potencial das discussões em torno das QSC para a formação de professores, uma formação que preconiza o diálogo, a interação entre universidade, escola e comunidade e a pesquisa da prática docente. O presente capítulo pretendeu contribuir para a construção de caminhos segundo os quais as pesquisas e práticas de formação de professores podem trilhar, quais sejam, de busca pela melhoria da qualidade do diálogo entre universidade e escola e por uma contextualização cada vez maior dos conteúdos de ciências à realidades dos agentes envolvidos e às demandas formativas para a participação cidadã na sociedade contemporânea.

Referências bibliográficas

ABD-EL-KHALICK, F. Socioscientific issues in pre-college science classrooms. In: ZEIDLER, D. L. (ed.). *The role of moral reasoning on socioscientific issues and discourse in science education.* Dordrecht: Kluwer Academic Press, 2003, p. 41-61.

AIKENHEAD, G. S. What is STS science teaching? In: Solomon, J. and Aikenhead, G.S. Ed., *STS Education International Perspectives on Reform*, Teacher's College Press, New York, 1994.

ARENGHI, L. E. B. *A Divulgação Científica no contexto escolar:* o ensino de modelos atômicos a partir da temática de agrotóxicos e as implicações/possibilidades para a formação de alunos do Ensino Médio. 2013. 203f. Dissertação (Mestrado em Educação para a Ciência). Faculdade de Ciências, Universidade Estadual Paulista, Bauru, 2013.

AULER, D. Novos caminhos para a educação CTS: ampliando a participação. In: SANTOS, Wildson; AULER, D. (orgs.) *CTS e educação científica:* desafios, tendências e resultados de pesquisa. Brasília: Editora UnB, 2011, p. 73-97.

AULER, D.; BAZZO, W. A. Reflexões para a implementação do movimento CTS no contexto educacional brasileiro. *Ciência & Educação,* v. 7, n. 1, 2001, p. 1-13.

BARDIN, L. *Análise de conteúdo*. São Paulo: Ed. 70, 1977.

BERNARDO, J. R. R.; VIANNA, D. M.; SILVA, V. H. D. A construção de propostas de ensino em Ciência-Tecnologia-Sociedade (CTS). In: SANTOS, W.; AULER, D. (orgs.). *CTS e educação científica:* desafios, tendências e resultados de pesquisa. Brasília: Editora UnB, 2011, p. 373-394.

BORTOLETTO, A. *Formação continuada de professores:* A experiência de uma temática sociocientífica na perspectiva do agir comunicativo. 2013. 237 f. Tese (Doutorado em Educação para a Ciência). Faculdade de Ciências, Universidade Estadual Paulista, Bauru, 2013.

BRASIL. Ministério da Educação. Secretaria de Educação Média e Tecnológica. *Parâmetros curriculares nacionais:* ensino médio. Brasília: MEC/SEMTEC, 1999.

CARVALHO, W. L. P. *Cultura científica e cultura humanística:* espaços, necessidades e expressões. 2005, 147 p. Tese (Livre Docência). Faculdade de Engenharia de Ilha Solteira, Universidade Estadual Paulista, Ilha Solteira, 2005.

FREIRE, P. *Pedagogia do oprimido*. 17ª ed. Rio de Janeiro: Paz e Terra, 1987.

FREITAS, Z. L. *Um projeto de interação universidade-escola como espaço formativo para a docência do professor universitário.* 2008. 140 f. Tese (Doutorado em Educação para a Ciência). Faculdade de Ciências, Universidade Estadual Paulista, Bauru, 2008.

LIMA, R. *Somos todos desatentos?* O TDA/H e a construção de bioidentidades. Rio de Janeiro: Relume Dumará, 2005.

LOPES, N. C. *A constituição de associações livres e o trabalho com as questões sociocientíficas na formação de professores.* 2013. 389 f. Tese (Doutorado em Educação para a Ciência). Faculdade de Ciências, Universidade Estadual Paulista, Bauru, 2013.

MARTÍNEZ PÉREZ, L. F. *A abordagem de questões sociocientíficas na formação continuada de professores de ciências:* contribuições e dificuldades. 2010. 351 f. Tese (Doutorado em Educação para a Ciência). Faculdade de Ciências, Universidade Estadual Paulista, Bauru, 2010.

MARTINS, I. P.; PAIXÃO, M. F. Perspectivas atuais Ciência--Tecnologia-Sociedade no ensino e na investigação em educação em ciência. In: SANTOS, W.; AULER, D. (orgs.) *CTS e educação científica:* desafios, tendências e resultados de pesquisa. Brasília: Editora UnB, 2011, p. 135-160.

NASCIMENTO, T. G.; VON LINSINGEN, I. Articulações entre o enfoque CTS e a pedagogia de Paulo Freire como base para o Ensino de Ciências. *Revista Convergencia*, v. 13, 2006, p. 95-116.

ORQUIZA-DE-CARVALHO, L. M. *A educação de professores como formação cultural:* a constituição de um espaço de formação na interface entre a universidade e a escola. 2005. 255 f. Tese (Livre Docência). Faculdade de Engenharia de Ilha Solteira, Universidade Estadual Paulista, Ilha Solteira, 2005.

PEDRETTI, E. Teaching Science, Technology, Society and Environment (STSE) Education. In: ZEIDLER, D. (org.) *The role of the moral reasoning on socioscientific issues and discourse is science education.* London, Dordrecht, Boston: Kluwer Academic Publishers, 2003, p. 219-240.

PEDRETTI, E.; NAZIR, J. Currents in STSE education: Mapping a complex field, 40 years on. *Science Education.* V. 95, n. 4, 2011, p. 601-626.

RATCLIFFE, M.; GRACE, M. *Science Education for citizenship:* Teaching socioscientific issues. USA: Open University Press, 2003, 181 p.

REIS, P. Uma iniciativa de desenvolvimento profissional para a discussão de controvérsias sociocientíficas em sala de aula. *Interacciones,* n. 4, 2006, p. 64-107.

SADLER, T. D. Situating socio-scientific issues in classrooms as a means of achieving goals of science education. In: SADLER, T. D. (ed.) *Socio-scientific issues in the classroom:* teaching, learning and research. New York: Springer Science+Business Media, 2011, p. 1-9.

SANTOS, W. L. P.; MORTIMER, E. F. Tomada de decisão para ação social responsável no ensino de ciências. *Ciência & Educação.* V. 7, n. 1, 2001, p. 95-111.

SANTOS, P. G. F. *O tratamento de Questões Sociocientíficas em um grupo de professores e a natureza do processo formativo fundamentado em uma perspectiva crítica.* 2013. 209 f. Dissertação (Mestrado em Educação para a Ciência). Faculdade de Ciências, Universidade Estadual Paulista, Bauru, 2013.

SANTOS, W. L. P. Significados da educação científica com enfoque CTS. In: SANTOS, W. L. P.; AULER, D. (orgs.) *CTS e educação científica:* desafios, tendências e resultados de pesquisa. Brasília: Editora UnB, 2011, p. 21-48.

VOGT, C. Percepção pública da ciência: uma revisão metodológica e resultados para São Paulo. In: FAPESP. Fundação de Amparo à Pesquisa do Estado de São Paulo. *Indicadores de ciência, tecnologia e inovação em São Paulo.* São Paulo, 2005. Disponível em: <http://www.fapesp.br/indicadores2004/volume1/cap12_vol1.pdf>. Acesso em: 29 jul. 2010.

ZEIDLER, D; KEEFER, M. The role of moral reasoning and the status of socioscientific issues in science education: philosophical, psychological and pedagogical considerations In: ZEIDLER, D. (org.). *The role of moral reasoning on socioscientific issues and discourse in science education.* The Netherlands: Kluwer cademic Publishers, 2003, p. 7-38.

ZEIDLER, D. et al. Beyond CTS: A research-based framework for Socioscientific issues education. *Science Education.* V. 89, n. 3, 2005, p. 357-377.

Capítulo 4

Processos formativos e questões sociocientíficas: da visada tradicional até a expressão das competências e habilidades nas matrizes de referência

Washington Luiz Pacheco de Carvalho[1]
Jair Lopes Junior[2]

Introdução

A trajetória de constituição do Grupo de Pesquisa AVFormativa, junto ao Programa de Pós-Graduação em Educação para a Ciência, da Unesp - Faculdade de Ciências/*campus* Bauru, expressa uma sucessão de ações, envolvendo um grande grupo de pesquisa (GGP) e pequenos grupos de pesquisa (PGP) a ele vinculados, que, em última instância, documentam tentativas de aprimoramento de competências comunicativas a partir da observância dos processos de reconstrução racional das falas "do outro" nas variadas condições de interação vivenciadas pelos membros do grupo.

De modo contemporâneo ao grupo, a prioridade da conversação, como condição e modo de acesso ao entendimento mútuo, no

1 Docente do Departamento de Física e Química da Faculdade de Engenharia. Unesp – Ilha Solteira e do Programa de Pós-Graduação em Educação para a Ciência da Faculdade de Ciências da Universidade Estadual Paulista/Unesp – *campus* Bauru. E-mail: washcar@dfq.feis.unesp.br.

2 Docente do Programa de Pós-Graduação em Educação para a Ciência da Faculdade de Ciências da Universidade Estadual Paulista/Unesp – *campus* Bauru. E-mail: jlopesjr@fc.unesp.br.

âmbito da "experiência comunicativa" dos seus membros, mostra-se complementada pela especificação de três temáticas: os processos formativos para a atuação docente, as questões sociocientíficas (QSC) e as avaliações externas em larga escala.

Diante da trajetória de constituição do Grupo AVFormativa, qual seria a especificidade do grupo para o enfrentamento das adversidades, dos desafios impostos ao desenvolvimento de propostas de formação profissional que, de modo autônomo, problematizem os diversos condicionantes sistêmicos que em muito restringem o alcance da compreensão dos professores e dos educadores da realidade escolar?

O lastro do grupo de pesquisa, narrado nos parágrafos anteriores, sugere que o refinamento de suas ações consistiu em apoiarmo-nos na estrutura de formação de professores dos PGP e GGP para elaborar as temáticas das QSC e da avaliação em larga escala, bem como traçar uma aproximação entre elas.

A ideia fundamental traduz-se na crítica, segundo a qual, os problemas de entendimento atualmente apresentados pelos professores sobre os processos cognitivos envolvidos no ensino e aprendizagem, e que são traduzíveis em termos de habilidades e competências, tornam inviável o trabalho efetivo deles na formação de alunos debatedores; isto é, alunos com formação necessária para efetivamente eleger fundamentos da educação científica para problematizar temas, constituir pontos de vista e saber externá-los e defendê-los, assim como discuti-los em contextos argumentativos que visem pleitos e/ou realizar outras ações cidadãs.

Sabemos que há um vazio entre as indicações das avaliações em larga escala e aquilo que os professores conseguem traduzir de tais indicações para as suas aulas. Por exemplo, a indicação de que determinados alunos emitem desempenhos distintos daqueles que definem a habilidade de leitura de gráficos necessita ser compreendida pelo professor em termos dos processos envolvidos nesta atividade, a ponto de que ele consiga mobilizar-se para buscar alternativas no ensino, elaborar estratégias, enfatizar determinados aspectos, propor seus próprios exercícios e problemas etc. Ou seja, o que está em jogo é se, efetivamente, as avaliações em larga escala fornecem informações validadas, qualificadas e suficientemente capazes de fundamentar ações de ensino, e qual é a qualidade de tais informações, uma vez que a atenção dos professores aos processos cognitivos é uma necessidade intrínseca para a formação dos alunos em qualquer disciplina.

A ressignificação da educação científica básica: imposição de uma sociedade de riscos

Na escola básica, tradicionalmente os alunos estão imersos em situações individualizadas de aprendizagem. Em geral, não são expostos a contextos amplos de discussão, de debate, de confronto de ideias relacionadas à compreensão conceitual, e menos ainda ao campo filosófico da ciência, assim como ao das controvérsias que podem ser percebidas na área das aplicações tecnológicas. Por detrás dessa postura parece existir a crença de que a ciência é uma grande fonte de verdades inquestionáveis, e que seus produtos, como a tecnologia, assim como suas alianças políticas e econômicas, estão sempre voltados para o bem geral da sociedade e do ambiente, sendo portanto indiscutíveis.

Em um sentido oposto ao da crença reinante, tem havido certa compreensão, principalmente em estudos sociológicos (GIDDENS, 1997; BECK, 2011), de que a área da pesquisa científica, notadamente por meio da tecnologia que gera, merece ser olhada com mais atenção, com mais criticidade, pois cada vez mais têm ficado evidentes os riscos sociais e ambientais embutidos nos benefícios científico-tecnológicos alcançados. E é justamente a consciência de que estamos social e ambientalmente imersos em riscos para todas as formas de vida no nosso planeta que nos remete à necessidade de ressignificar a educação científica, comprometendo-a mais e mais com uma perspectiva de formação para a cidadania.

Aparentemente, as pontas não se ligam, isto é, a ponta dos processos envolvidos nos exercícios e problemas trabalhados no cotidiano escolar e a ponta da formação para a cidadania. Mas, a nosso ver, sim, podem ser ligadas e é necessário fazer isso acontecer, pois não haverá formação científica, de fato, e esta será carente de um sentido humanístico e social se os alunos forem privados do acesso aos processos epistêmicos das ciências de uma forma mais ampla. Sem isso, estarão despotencializados e, quando muito, apenas continuarão a admirar resultados que julgarem serem alcançados pelas mentes mais brilhantes, supostamente por processos cooperativos voltados para o bem da sociedade, em comunidades livres de tensões internas, conflitos de pontos de vista e de interesses. Mas sabemos que uma descrição mais confiável do mundo científico só começa a ser possível pela consideração da história da ciência.

Embora a história da ciência possibilite o reconhecimento de inúmeros pontos de vista conflitantes no desenvolvimento de teorias científicas, em geral eles não são sistemática e adequadamente considerados no ensino básico das ciências naturais. Ainda que pareça desejável explorar o "funcionamento das ciências", a julgar pelos tópicos históricos inseridos nos livros-texto para atender às exigências e obter aprovação do Ministério de Educação, o que se vê na prática são espaços muito reduzidos de tratamento histórico, apresentados de um modo asséptico, o que sugere que estão lá mais por modismo do que para funcionarem como indutores de abordagens formativas mais consistentes.

Na medida em que questões importantes do trabalho no mundo científico, como as de gênero, financiamento e finalidades bélicas, entre outras, são desconsideradas ou apenas tangenciadas, a educação básica em ciências prossegue seu trânsito no mundo das certezas, em que o resultado científico é tomado como verdadeiro, exato, confiável, estável etc. Assim, a imagem de ciência que os estudantes constroem na escola acaba não diferindo substancialmente daquela já tão disseminada na sociedade, na qual os atributos de autoridade, confiabilidade e neutralidade, entre outros, estão presentes, constituindo aquilo que a literatura crítica da educação científica chama de cientificismo.

Não é difícil compreender por que o ensino das disciplinas do campo das ciências naturais, principalmente no nível básico, tornou-se "mecanizado", bastante descritivo e, consequentemente, muito baseado na memorização. Na medida em que a aplicação de fórmulas tornou-se sinônimo de aprendizado de ciências, as situações científicas apresentadas aos alunos como exercícios ou problemas tornaram-se altamente reduzidas, fechadas e propícias a diversos tipos de emprego de técnicas especificamente ajustadas à obtenção de solução. Como uma possível consequência, pode-se afirmar que o caráter excessivamente informativo desse ensino tem evidenciado que ele está se prestando mais à manutenção de determinada ideia de autoridade da ciência entre os alunos, que na prática funciona como elemento de alienação, uma vez que instâncias da vida social, como a política e a econômica, utilizam tal autoridade como meio de conquista de poder.

Tomando-se o ensino de física como exemplo, o imperativo da exatidão científica é normalmente traduzido nas atividades cotidianas de resolução de exercícios e problemas, e na busca da resposta certa a questões conceituais. Mesmo nas pouco frequentes atividades experimentais desenvolvidas nas escolas, a obtenção do resultado exato é uma obsessão. Assim, na medida em que os alunos só têm contato com as chamadas questões fechadas, de "aplicação da teoria", que também poderia ser rotulada de reafirmação da verdade, uma imagem muito limitada do que é e de como funciona a física como ciência vai sendo formada ou reforçada. Ou seja, na escola se aprende a reforçar a imagem cientificista impregnada na sociedade. Mas como educar para não se implantar ou reforçar esta imagem?

Em um sentido oposto à estreita visão reinante, algumas áreas do campo de pesquisa da educação científica têm nos mostrado que, para se educar em ciências e sobre ciências, faz-se necessária uma ampliação de horizontes, o que significa, por exemplo, transitar desde o mundo conceitual abstrato até situações que envolvam a tecnociência e sua presença nos produtos, nas conquistas, nas contaminações, nos riscos e nos perigos à vida, isto é, até situações em que se deve ser obrigado a colocar em dúvida a neutralidade e as certezas científicas. Nesse sentido, a partir de 1998, os documentos federais oficiais de diretrizes curriculares para o ensino médio passam a expressar a necessidade de uma educação científica que prepare os jovens para construir posicionamentos responsáveis, solidários, sobre questões que impactam a sociedade, o ambiente natural e o artificial (cidades). Ou seja, desde então se assumiu "oficialmente" a importância daquilo que a pesquisa em educação científica tem sido tratado nas áreas das relações CTSA (Ciência-Tecnologia-Sociedade-Ambiente) e QSC.

Uma das possibilidades metodológicas teoricamente mais contundentes de trabalho com as relações CTSA no ensino básico de ciências, manifestada na literatura nacional e internacional (NASCIMENTO, PLANTIN, VIEIRA, 2008; MARTINEZ, CARVALHO, 2012; DRIVER,

NEWTON, OSBORNE, 2000; JIMÉNEZ-ALEIXANDRE, BUSTAMANTE, 2003), é a situação de debate sobre uma QSC. Porém, a consideração desta possibilidade não pode significar desprezo ao trabalho com conceitos e teorias presentes em exercícios e problemas, pois, se os processos cognitivos envolvidos nestas atividades fossem de fato adequadamente valorizados, seria de se esperar que os alunos os evidenciassem, ainda que parcialmente, em outros contextos, ao enfrentarem problemas abertos ou debates sobre QSC. Em outras palavras, a proposição de ampliação de horizontes no ensino de ciências, acompanhada de metodologias adequadas a ela, não pode significar que se está desprezando conteúdos disciplinares.

Assim, ao contestarmos os modos tradicionais de trabalho com conteúdos disciplinares parece necessário indicarmos que a preocupação com o "como ensinar" é precedida de outras que devem ser lembradas, a exemplo de "por que ensinar ciências?".

Na história da pesquisa em ensino de ciências no mundo, a julgar, ainda que grosseiramente, pelas produções pós-década de sessenta do século passado, esta pergunta poderia facilmente ser considerada inadequada ou ter uma resposta baseada apenas nos ganhos cognitivos que os indivíduos, a princípio, deveriam adquirir. Porém, as respostas mais recentes a ela, que têm surgido na literatura mundial desde poucas décadas atrás, introduzem a importante vinculação deste aprendizado a uma dimensão importante da vida social. Assim, para o nível básico, não se trata mais de aprender para apenas "possuir" conhecimentos. Antes, o aprender define-se pelo discutir, pelo posicionar-se, pelo agir socialmente, pelo pleitear, pelo interferir com responsabilidade e de modo fundamentado em leituras críticas, e não repetitivas, submissas e previsíveis do conhecimento acumulado. Assim, o sentido do aprendizado como prática social definida por um amplo conjunto de ações na vida cidadã entra em cena enfaticamente.

Entretanto, o "por que" aprender não é uma ênfase que surge para substituir outras importantes preocupações como "o que", "quando" e "como aprender". Ao contrário disso, ao se refletir sobre ela, percebe-se a necessidade de ressignificação das demais. Um exemplo bastante ilustrativo disso são as discussões decorrentes da implantação do Exame Nacional do Ensino Médio (Enem), especificamente as relativas ao seu poder de indução de modificações dos currículos escolares.

Quando surgiu, em 1998, o Enem causou certo alvoroço no meio educacional porque, além do seu papel de "instrumento de aferição das estruturas mentais de construção do conhecimento", ele traduzia aquilo que era preconizado para acontecer no ensino médio, a médio e longo prazo, segundo a visão da Lei de Diretrizes e Base da Educação (LDB) de 1996, ou seja, o exame também tinha um efeito indutor que se acentuaria nos anos seguintes. Assim, afigurava-se que a predominante falta de preocupação sobre o sentido que os conteúdos disciplinares deveriam fazer para os alunos no momento da aprendizagem daria lugar a outra perspectiva: a contextualização dos conteúdos disciplinares.

As novas exigências formativas para o ensino médio implicavam encará-lo como etapa formadora para a cidadania, o que significou considerá-lo não mais como período de preparação para a formação superior específica apenas, mas também como preparação para o trabalho e para participação responsável na sociedade. Assim, um primeiro grande desafio para os formuladores das novas políticas educacionais foi a elaboração de documentos que traduzissem as pretensões formativas em componentes curriculares e balizadores do planejamento escolar, e de ações nas salas de aula. Os Parâmetros Curriculares Nacionais (PCN), na sua primeira versão, dirigida ao ensino fundamental, propuseram-se a levar aos professores os pressupostos filosóficos que os embasava, mas ao chegarem às mãos deles houve grande rejeição, país afora, devido à maneira como foi gerado, devido ao fato de ser visto como um produto que não havia contado com a participação de professores na sua elaboração, além de ser considerado uma imitação neoliberal de programas efetivados na Europa, e também, eventualmente, nas palavras do eminente professor José Mario Pires Azanha, *um desserviço à autonomia da cada docente e à autonomia de cada escola* devido à sua visão psicologizante e prescritiva (AZANHA, 2001; LOPES, 2002).

A incompreensão do documento foi generalizada, o que rapidamente gerou a necessidade de torná-lo acessível por meio do oferecimento de cursos, oficinas, minicursos, seminários e palestras nas escolas, ministrados por profissionais ligados às secretarias de educação dos Estados, diretorias de ensino e universidades. E, diante da persistência do problema, poucos anos depois surgiu a versão PCN+ que se propunha a:

> [...] explicitar a articulação das competências gerais que se deseja promover com os conhecimentos disciplinares e apresenta um conjunto de sugestões de práticas educativas e de organização dos currículos que, coerentes com aquela articulação, estabelece temas estruturadores do ensino disciplinar na área (BRASIL, 2002).

Embora este novo documento buscasse uma aproximação maior ao mundo das escolas por meio de exemplos e da discussão sobre a aquisição de competências e habilidades no trabalho com conteúdos disciplinares, a repercussão entre os professores continuou muito longe do que era desejado. A reclamação a respeito da incompreensão sobre os diferentes campos de competências, sobre as habilidades nelas envolvidas e sobre como enxergar isto no ensino, na aprendizagem e na avaliação dos conteúdos tradicionais pouco ou nada mudou desde então.

Um dos nós a serem desatados na questão da aquisição e manifestação de competências e habilidades no âmbito escolar diz respeito a, no mínimo, dois tipos de compreensão existentes: do ponto de vista teórico, elas podem ser encaradas como meios para se atingir finalidades como a de resolver corretamente os problemas propostos, tirar boas notas e ser aprovado nas disciplinas; ou podem ser encaradas como a finalidade maior da educação básica, e, neste sentido, as disciplinas são consideradas como meios pelos quais os alunos as adquirem, explicitam e as empregam em diferentes campos do conhecimento.

Assim, os preceitos dos PCN sobre a importância de se aprender ciências, por exemplo, até começaram a fazer parte dos discursos de muitos professores, mas, infelizmente, as suas práticas, em geral, seja por qual razão for, não têm estado em sintonia com aquele documento no que diz respeito ao desenvolvimento de competências e habilidades quando se "aprende" os conteúdos disciplinares.

Em outras palavras, as justificativas para acervos de pesquisas acadêmicas inseridas nos domínios CTSA e QSC, geradas nas últimas décadas, parecem convergir quanto à constatação de que a atuação profissional dos professores prescinde da compreensão do que existe no meio do caminho entre a resolução de um problema de física e a formação de um aluno, ao término do ensino médio, capaz de participar de modo responsável na sociedade. Diante de tal constatação, mostra-se legítimo assumir que este objetivo pode ser totalmente fantasioso, utópico. A prescrição decorrente é deveras evidente: não se pode ter altas pretensões formativas se as condições que as tornam possíveis não forem devidamente consideradas.

Mas, no firme propósito de delinear uma agenda de investigações com prioridades formativas, cumpre indagar: e quais seriam as condições? Do que elas dependem? Estaríamos diante da opção de considerá-las ou ignorá-las? Ou, em oposição, estamos diante da constatação de uma comprometedora lacuna em algumas modalidades de conhecimentos que definem a atuação profissional do professor? Diferentemente do extenso debate entre "saber" acadêmico/científico e "saber" escolar, mostra-se imperativo, enquanto repertórios profissionais da docência:

1. transformar conhecimentos científicos acumulados em formas de atuação docente orientada (ainda que mínima e consensualmente) para o desenvolvimento de ações (metas, objetivos, descritores) específicas;
2. propor instrumentos de avaliação suficientemente capazes de se constituírem em meios para a emissão de medidas correspondentes com tais ações; e
3. interpretar as correspondências entre, de um lado, as medidas das ações geradas nas interações dos alunos com as condições didáticas e os instrumentos de avaliação e, de outro, a redação objetiva das ações com a qual os professores entram em contato nas Matrizes de Referência dos sistemas de avaliação externa.

Formação para a participação responsável na sociedade

A literatura nacional e internacional na área de ensino de ciências tem apontado alguns aspectos que devem estar envolvidos na formação dos alunos para atuarem responsavelmente na sociedade. A utilização de termos como preparo para a tomada de decisão, busca de informações e capacidade de análise, entre outros, têm dado pistas sobre o entendimento do que seria necessário estar presente nessa formação. E por que "pistas"? Porque a nosso ver a pretensão de transcender o ensino tradicional, disciplinar, objetivado, descontextualizado e individualizado é tão grande e revolucionária que ainda temos de andar muito em termos de pesquisa educacional e de práticas na escola para termos sistematizações traduzidas em propostas curriculares.

Trabalhos que têm sido publicados sobre experiências em educação científica para a formação cidadã (JIMÉNEZ-ALEIXANDRE, PEREIRO-MUNOZ, 2002; RATCLIFFE, GRACE, 2003) enfatizam aspectos do ensino que necessitam ser articulados e contrapostos às crenças e práticas tradicionais dos professores, por exemplo: a necessidade de se criar situações em que os alunos se expressem mais; a abordagem de temas que exijam trabalho sistematizado entre professores de diferentes disciplinas; a busca por espaços nos currículos etc. No caso brasileiro, em particular, surge também o desafio de dar sentido àquilo que é apresentado nas questões propostas e nos resultados das avaliações de larga escala, isto é, desvendar os mistérios existentes no mundo da avaliação de competências e habilidades.

Admitindo, para efeito de ilustração, a Competência de Área 2 (Ciências da Natureza e suas tecnologias da Matriz do Enem; Mec/Inep, 2015; p. 38): "Identificar a presença e aplicar as tecnologias associadas às ciências naturais em diferentes contextos". Cabem as indagações:

- Quais são as ações, em interação com as condições didáticas (ensino e avaliação) dispostas pelo professor, que definem (ou seja, que são medidas para) a identificação e a aplicação das tecnologias associadas às ciências naturais em diferentes contextos?
- Quais seriam as principais características das condições didáticas capazes (i) de ensinar a identificar a presença e (ii) de ensinar a aplicar tecnologias associadas às ciências naturais?

Em sentido amplo, espera-se que tais condições didáticas, uma vez comprometidas com o desenvolvimento da Competência de Área 2, mostrem-se consistentes com o ensino das três habilidades (H5, H6 e H7) compreendidas na Área 2, com destaque para H7: "Selecionar testes de controle, parâmetros ou critérios para a comparação de materiais e produtos, tendo em vista a defesa do consumidor, a saúde do trabalhador ou a qualidade de vida" (MEC/INEP, 2015, p. 38).

Em outros termos, quais são as ações dos professores que traduzem a prioridade do desenvolvimento da H7? Quais são as ações dos alunos que, em interação com as condições dispostas pelo professor, se constituem em medidas da H7?

A redação que objetiva a aprendizagem preconizada em H7, tanto quanto a redação que define a Competência da Área 2, sustenta intersubjetividade com o modo de definir as aprendizagens dos professores que convivem com tal matriz? Ou seja, são modos de objetivação das aprendizagens familiares, próximos ou mesmo sobrepostos e redundantes com as definições expressas pelos professores ou estaríamos diante de realidades linguísticas distintas com possíveis comprometimentos no alcance das ações docentes para desenvolver as medidas das aprendizagens objetivadas?

Assim, recorrendo novamente a exemplos, dada a Competência de Área 5 – Ciências da Natureza, a saber, "Entender métodos e procedimentos próprios das ciências naturais e aplicá-los em diferentes contextos", quais seriam as diferenças críticas entre as práticas tradicionais e as estratégias de ensino consistentes com o desenvolvimento das habilidades inseridas em tal competência, como a H19: "avaliar métodos, processos ou procedimentos das ciências naturais que contribuam para diagnosticar ou solucionar problemas de ordem social, econômica ou ambiental" (MEC/INEP, 2015, p. 39)?

Como mencionado anteriormente, uma experiência formativa que se afigura teoricamente como altamente afinada com a pretensão de formação para a participação responsável na sociedade é a situação de debate. O exercício de explicitar aspectos que a literatura especializada nessa atividade valoriza, e de problematizá-los frente aos valores e práticas existentes nas escolas, principalmente à luz do desenvolvimento de competências e habilidades, parece um caminho interessante para a visibilidade aqui pretendida.

O debate é uma atividade que se for adequadamente realizada abrange uma grande variedade de competências e habilidades. Necessariamente, trata-se de uma situação de confronto de ideias e de disputa pelo melhor argumento, mas, ao contrário de situações em que os debatedores não buscam o entendimento, mas sim o convencimento de terceiros, como em um debate entre candidatos que disputam um cargo eletivo, ou como os advogados de defesa e acusação em um júri, o debate no âmbito educacional necessita estar relacionado a algo comum a ser conquistado pelo conjunto de debatedores, como a elaboração de propostas de intervenção solidária ou de pleitos para dar conta de uma questão sociocientífica ou socioambiental.

No âmbito escolar, a constituição de uma questão sociocientífica e a exploração de suas potencialidades é um desafio muito grande. Primeiro porque ela realmente tem de ser "fabricada", isto é, não está pronta em nenhum lugar, e segundo porque trabalhá-la adequadamente significa a inserção de professores e alunos em um processo que vai muito além das aulas expositivas, pois nele está implicada a participação dos alunos como atores principais.

Um professor que tenha tido a oportunidade de trabalhar com as QSC durante a sua formação terá base para perceber uma possível QSC quando ouvir e vir certas notícias veiculadas pela mídia envolvendo impactos sociais e/ou socioambientais provocados por algum produto científico-tecnológico. Porém, e de acordo com o que temos procurado sustentar neste texto, a abordagem das QSC não é um mundo novo a se descortinar, desconectado do aprendizado das disciplinas escolares; e é nesse ponto, o da articulação com os conteúdos tradicionais e com processos cognitivos, que reside a grande dificuldade.

Admitindo um novo exemplo, no âmbito das Matrizes do Enem (MEC/INEP, 2015), a Competência de Área 6 (Ciências da Natureza e suas tecnologias) define-se como "apropriar-se de conhecimentos da física para, em situações problema, interpretar, avaliar ou planejar intervenções científico-tecnológicas" (MEC/INEP, 2015, p. 39). A "fabricação" da QSC, além de considerar os aspectos teóricos e intrínsecos à área de conhecimentos das QSC, poderia priorizar duas habilidades específicas dentre as quatro habilidades (H20, H21, H22 e H23) compreendidas na Área 6: H22 – compreender fenômenos decorrentes da interação entre a radiação e a matéria em suas manifestações em processos naturais ou tecnológicos, ou em suas implicações biológicas, sociais, econômicas ou ambientais; H23 – avaliar possibilidades de geração, uso ou transformação de energia em ambientes específicos, considerando implicações éticas, ambientais, sociais e/ou econômicas.

Em que extensão as ações que os alunos deverão emitir e que se apresentam como evidências de H22 ("compreender fenômenos...") e de H23 ("avaliar possibilidades...") mostram-se incompatíveis com práticas tradicionais de ensino? Comparativamente, e talvez em oposição à H22 e H23, o que efetivamente ensinariam as práticas tradicionais considerando os processos cognitivos (AMER, 2006; KRATHWOHL, 2002) que definem a proposição de tais habilidades na Matriz? De que modo a especificação, pelo professor, das ações dos alunos que se mostram como evidências da ocorrência de H22 e de H23 são condições necessárias para o delineamento de estratégias de ensino e de avaliação? Ou seja, o planejamento e a especificação de situações de ensino e de avaliação que se mostrem mais consistentes com as orientações do domínio das QSC poderiam prescindir de condições dialógicas franca e abertamente comprometidas com o desenvolvimento de competências linguísticas que tornem o professor capaz de expressar a compreensão que ele elabora e valida acerca do que faz o aluno que desenvolveu as aprendizagens preconizadas em H22 e H23?

Muito possivelmente, as práticas de ensino que foram capazes de garantir a resolução de exercícios e de problemas de física mostraram-se, em termos de alcance de processos cognitivos, insuficientes para desenvolver as aprendizagens que definem H22 e H23.

Nitidamente, tais aprendizagens escapam, de modo notório, do alcance de práticas e de metodologias de formação, tanto inicial, quanto continuada, cuja denúncia, descrição, caracterização e oposição apresentaram-se como alvo permanente do complexo conjunto de ações que constituíram o grupo que, nesta ocasião, compartilha este livro, prioritariamente com comunidades e audiências educacionais e escolares.

Considerações finais

Em suma, parece-nos pertinente ressaltar que a vinculação entre os temas formação de professores, QSC e avaliação em larga escala, proposta pelo Grupo de Pesquisa AVFormativa, permitiu fomentar algumas proposições para uma agenda de trabalhos colaborativos entre a universidade e os professores e gestores da escola pública da educação básica.

De modo mais específico, a ampliação do escopo das habilidades que definem a educação científica pautada em valores reconhecidamente mais democráticos, participativos e relacionais deve se pautar na explicitação de ações que, por seu turno, orientarão a proposição de estratégias de ensino e de avaliação de conteúdos curriculares.

Mas, quais seriam as ações propostas a partir da consideração, em conjunto, dos temas formação de professores, QSC e avaliação em larga escala?

No campo das QSC, o Grupo de Pesquisa AVFormativa sustenta lastro e condições fundamentadas na produção de conhecimentos derivados de pesquisas nas últimas duas décadas que permitem e autorizam a explicitação de ações que os alunos devem emitir, como condições necessárias, para a consecução dos processos de educação científica advogados pelo grupo. As ações, listadas a seguir, expressam modos esperados e desejados de interação dos alunos com condições didáticas intencionalmente planejadas. Por seu turno, tais condições didáticas, em última instância, deverão documentar a tradução, no cenário da atuação profissional, de processos formativos que priorizaram um exercício profissional da docência assentado i) na defesa do diálogo como condição para o entendimento a partir de atividades coletivas, ii) na prioridade da construção de pontos de vista e da escuta de variados argumentos como bases para fundamentação de intervenções e de participações cidadãs e iii) na ampliação dos repertórios capazes de garantir negociações de significados gradativamente mais explícitas como medida de leituras críticas sobre a natureza e as fontes dos conhecimentos cotejados.

Em interação com situações didáticas que sustentam tais características, as aprendizagens priorizadas e passíveis de avaliação, interna ou externa, em escalas restrita (no âmbito da unidade escolar) ou larga (no contexto de uma rede de ensino), seriam definidas por:

- Reconhecer informações e explicitar critérios para a utilização de tais informações na argumentação.
- Reconhecer contradições (ideias e posicionamentos antagônicos, não conciliáveis) e tensões (fontes duvidosas, falta de sustentação em conhecimentos científicos, conclusões não convincentes, generalização indevida) entre dados e informações.

- Reconhecer fontes explícitas e implícitas de tendenciosidades, de interesses e de motivações na elaboração e na divulgação de informações.
- Acompanhar ativamente exposições, com interações marcadas pela solicitação de esclarecimentos, explicitação de dúvidas e de indagações, questionamentos sobre sentido e lógica da argumentação.
- Criar novas informações a partir de relações entre informações disponíveis, percepção de limites e dependência de contextos.
- Construir posicionamentos em relação a conhecimentos e informações existentes (pré-reflexivo, em que é visto como absoluto, certo; quase-reflexivo, em que se mostra relativizado; reflexivo, em que são consideradas diferentes perspectivas e as certezas são enunciadas em termos provisórios, probabilísticos e relacionais).
- Elaborar argumentos em linguagem acessível, com evidências dos suportes, amparados em exemplos, analogias e comparações e passíveis de validação intersubjetiva.
- Refutar de modo fundamentado argumentos evidenciando qualidade e compreensão na escuta das posições adversas.
- Caracterizar e julgar os processos argumentativos gerados sob contingências de debate, com identificação das dificuldades de enfrentamento das questões relacionadas com o tema escolhido, validação dos argumentos e indicação de argumentos falaciosos.

No limite, o expressivo acervo das construções sustentadas pelo Grupo de Pesquisa AVFormativa mostra-se robusto o suficiente para, de modo reiterado, salientar uma mensagem de alerta: prescindir das experiências formativas diretamente voltadas para problematizações quanto aos "conhecimentos" priorizados no "ensino" das escolas, para a consideração das dimensões relacionais do espaço escolar e da sociedade, para a crítica constante e sempre renovada ao predomínio das perspectivas tecnicistas no ensino e nas avaliações, poderá consolidar um entendimento equivocado e distorcido do alcance das habilidades da Matriz do Enem para a área de Ciências da Natureza e suas Tecnologias com prejuízos evidentes para políticas de formação de professores.

A imperativa necessidade da "fabricação" das QSC sobre temas de inconteste relevância para a garantia de intervenções participativas e cidadãs, a necessária tradução, pelos professores, do entendimento das medidas das aprendizagens pertinentes a tais QSC em condições de ensino avessas às práticas tracionais devem, em conjunto, impedir que as opções de alternativas dispostas para itens da prova (externa ou interna à unidade escolar) traduzam interpretações muito limitadas do alcance das aprendizagens preconizadas na Matriz do Enem. Tal ocorrência, se não evitada, poderá perpetuar práticas, tão superadas quanto condenáveis de tratamento do conteúdo científico, consolidando o descrédito e a incredulidade em reformas que, a despeito de um vocabulário "inovador", se prestam para certificação do imobilismo nos processos de formação e de atuação profissional.

Uma saliente contribuição da obra ora compartilhada por este Grupo de Pesquisa reside justamente em divulgar a documentação de parcela de um projeto de formação que, de modo concreto e participativo, assegura que a interdependência advogada entre os três temas constituintes desta seção, sob as bases teóricas que sustentam o grupo, configura-se como ocorrência necessária para as transformações e as superações urgentes no cenário da educação científica.

Referências bibliográficas

AMER, A. Reflections on Bloom's revised taxonomy. *Eletronic Journal of Research in Educational Psychology*, v. 4 (1), n. 8, 2006, p. 213-230.

AZANHA, J. M. P. Parâmetros Curriculares Nacionais e Autonomia da Escola. International Studies on Law and Education, v. 3, 2001. Disponível em: <http://www.hottopos.com/harvard3/zemar.htm>. Acesso em: 13 set. 2014.

BECK, U. *Sociedade de risco:* Rumo a uma outra modernidade. São Paulo: Editora 34, 2 ed., 2011.

BRASIL. Ministério da Educação. *Parâmetros Curriculares Nacionais para o Ensino Médio:* Bases Legais. Brasília: Mec/Semtec, 1999a.

______. *Parâmetros Curriculares Nacionais para o Ensino Médio:* Ciências da Natureza, Matemática e suas Tecnologias. Brasília: Mec/Semtec, 1999b.

GIDDENS, A. A vida em uma sociedade pós-tradicional. In: BECK, U.; GIDDENS, A.; LASH, S. *Modernização reflexiva:* política, tradição e estética na ordem social moderna. São Paulo: Unesp, 1997.

DRIVER, R.; NEWTON, P.; OSBORNE, J. Establishing the norms of scientific argumentation in classrooms. *Science Education*, v. 84, n. 3, 2000, p. 287-312.

JIMÉNEZ-ALEIXANDRE, M. P.; PEREIRO-MUNOZ, C. Knowledge producers or knowledge consumers? Argumentation and decision making about environmental management. *International Journal of Science Education*, n. 24, 2002, p. 1.171-1.190.

JIMÉNEZ-ALEIXANDRE, M. P.; BUSTAMANTE, J. D. Discurso de aula y argumentación em la clase de ciencias: cuestiones teóricas y metodológicas. *Enseñanza de las Ciencias*, v. 21, n. 3, 2003, p. 359-370.

KRATHWOHL, D. A revision of Bloom's taxonomy: An overview. *Theory into Practice*, v. 41, n. 4, 2002, p. 212-218.

LOPES, A. C. Os parâmetros curriculares nacionais para o ensino médio e a submissão ao mundo produtivo: o caso do conceito de contextualização. *Educação e Sociedade*. Campinas, v. 23, n. 80, 2002, p. 386-400.

MEC/INEP. Edital n. 6 de 15 de maio de 2015 – Exame Nacional do Ensino Médio. Disponível em: <http://www.download.inep.gov.br>. Acesso em: 07 jun. 2015.

MARTINEZ, L. F.; CARVALHO, W. L. P. Contribuições e dificuldades da abordagem de questões sociocientíficas na prática de professores de ciências. *Educação e Pesquisa*, v. 38, n. 03, 2012, p. 727-741.

NASCIMENTO, S. S.; PLANTIN, C.; VIEIRA, R. D. A validação de argumentos em sala de aula: um exemplo a partir da formação inicial de professores de física. *Investigações em ensino de Ciências*, v. 13, n. 2, 2008. Disponível em: <http://www.if.ufrgs.br/ienci/artigos/Artigo_ID181/v13_n2_a2008.pdf >. Acesso em: 06 nov. 2015.

RATCLIFFE, M.; GRACE, M. *Science Education for citizenship:* Teaching socioscientific issues. USA: Open University Press, 2003, 181 p.

SEÇÃO 2 – ELEMENTOS TEÓRICOS PARA UM PROGRAMA DE FORMAÇÃO DE PROFESSORES ALICERÇADO NA TEORIA CRÍTICA

Capítulo 5

Teoria crítica e formação docente: algumas contribuições fundamentadas nos pensamentos de Benjamin e Habermas

Daisi Teresinha Chapani[1]
Moisés Nascimento Soares[2]

Introdução

Nosso propósito neste capítulo é discutir algumas possibilidades oferecidas pela teoria crítica da escola de Frankfurt para a formação de professores de ciências, enfatizando as contribuições de Benjamim e Habermas.

Há hoje um intenso apelo, sustentado por discursos de diferentes origens, em prol de uma formação docente crítica. André et al. (1999) notaram, já na década de 1990, a relevância que abordagens crítico-reflexivas vinham ganhando na produção nacional sobre formação docente. Com relação especificamente à formação de professores de ciências, embora alguns levantamentos (CAMPOS et al., 2009; SLONGO, DELIZOICOV, ROSSET, 2010) tenham identificado a prevalência da dimensão reflexiva, não deixaram de notar também a referência a elementos críticos em pesquisas da área.

1 Doutora em Educação em Ciências. Professora adjunta do Departamento de Ciências Biológicas e do Programa de Pós-graduação em Educação Científica e Formação de Professores da Universidade Estadual do Sudoeste da Bahia, *campus* de Jequié. E-mail: dt.chapani@gmail.com.

2 Doutor em Educação em Ciências. Professor adjunto do Departamento de Ciências Biológicas e do Programa de Pós-graduação em Educação Científica e Formação de Professores da Universidade Estadual do Sudoeste da Bahia, *campus* de Jequié. E-mail: moiseshs@yahoo.com.br.

É possível que a disseminação de estudos que analisam e/ou apresentam propostas de formação docente embasadas na crítica esteja ligada a três fatores: i) necessidade de se fazer frente a uma suposta ineficácia dos processos formativos tendo em vista o que se espera da educação; ii) uma indefinição a respeito da própria finalidade da educação, o que leva ao aparecimento de diferentes propostas formativas que visam superar as existentes e iii) a polissemia do termo "crítica".

Crítica pode significar muitas coisas. Originalmente o termo referia-se à capacidade de fazer julgamentos ou ainda o ato de separar, decidir, discriminar. Mais tarde passou a significar também o julgamento do mérito de um livro ou obra de arte[3]. Atualmente, em português, o termo corresponde à análise cuidadosa, ao julgamento ou à condenação[4]. Na filosofia, Kant considera a crítica como o processo em que a razão conhece a si (KANT, 1983). Já Marx (1999) apresenta-nos a possibilidade de crítica social.

A partir da acepção marxista de crítica, Horkheimer (1980) traz a ideia de uma teoria crítica, que emerge da análise da teoria tradicional, pois ao contrário dessa, que é considerada a-histórica e neutra, uma teoria crítica seria reflexiva e historicamente situada:

> a gênese social dos problemas, as situações reais, nas quais a ciência é empregada e os fins perseguidos em sua aplicação, são por ela mesma [teoria tradicional] considerados exteriores. A teoria crítica da sociedade, ao contrário, tem como objeto os homens como produtores de todas as suas formas históricas de vida (HORKHEIMER, 1980, p. 155).

As possibilidades de crítica, no entanto, não se esgotam nas críticas epistemológica e social, mas pode abranger outras esferas da vida humana, como é o caso da crítica estética e da crítica terapêutica.

Habermas (2012a, 2012b) chama de discurso o processo de livre discussão das fundamentações das ações, no qual as proposições com intenção de se tornar generalizáveis têm suas pretensões de validades problematizadas. No entanto, em certos casos isso não é possível, por exemplo, quando se trata de justificar os padrões estéticos de dada cultura, nesse

---

3 http://www.etymonline.com/index.php?allowed_in_frame=0&search=critic&searchmode=none.

4 http://www.priberam.pt/dlpo/cr%C3%ADtica.

caso, ao invés de um discurso, os argumentos constituem-se como crítica estética. Já a crítica terapêutica é definida como "forma de argumentação voltada para o esclarecimento de autoenganos sistemáticos" (HABERMAS, 2012a, p. 55).

Essas diferentes concepções de crítica têm sido utilizadas por pesquisadores para análise de diversas questões relacionadas ao ensino de ciências. Henao Giraldo (2014), por exemplo, utiliza três tipos de críticas (imanente, ideológica e terapêutica) como categorias para analisar enfoques distintos da didática das ciências. Para o autor, a crítica imanente busca recuperar os saberes sociais que amparam o mundo da vida. Já a crítica ideológica aparece como juízo histórico que se realiza aos contextos sociopolíticos nos quais vivem os sujeitos, seu principal objetivo é desvelar as relações de poder. A crítica terapêutica pretende confrontar o projeto de vida de cada sujeito com a responsabilidade que cada um tem com sua própria vida, sendo seu principal objetivo a problematização da vivência em direção à autonomia e à autorreflexibilidade.

Com relação à formação de professores de ciências, Campos et al. (2011) apresentam diversos suportes teóricos de cariz crítico que podem ser utilizados para a compreensão e para a proposição de novas abordagens formativas. Embasados em filósofos como Habermas e Gramsci e pensadores da educação como Paulo Freire, Demerval Saviani, Newton Duarte, entre outros, os autores caracterizam uma perspectiva educacional crítica como aquela que, pela análise da ideologia hegemônica, constrói possibilidades contra-hegemônicas, entendendo que a resolução de problemas sociais depende da superação da organização social baseada na lógica do capital.

Para essa mesma direção aponta Souza (2012) ao defender uma formação mais crítica para aqueles que ensinaram ciências naturais na educação básica, pois:

> esta opção teórica nos permite a assunção das contradições existentes da sociedade capitalista atual, denunciando os interesses ideológicos tanto na produção do conhecimento quanto na formação docente. Além disso, a teoria crítica admite a historicidade dos fatos e fenômenos para o entendimento de situações atuais. E, por fim, defende a interconexão entre os fenômenos, [numa] relação dialética [...] (SOUZA, 2013, p. 21).

Assim, em torno do termo "crítica" tem sido construída uma gama de significações. À concepção mais simples de *análise em profundidade* foram agregando-se contribuições da filosofia, sociologia e psicanálise, tornando-o complexo e abrangente.

Nós também defendemos que a formação de professores deve ser fundamentada criticamente e, como formadores e pesquisadores, temos nosso entendimento de como isso deve acontecer. Para nós, uma formação docente profundamente crítica apresenta possibilidades de desenvolvimento concomitante da crítica ideológica, terapêutica e estética. Temos encontrado esses elementos nos teóricos da escola de Frankfurt.

Teoria Crítica da escola de Frankfurt

Relaciona-se aos trabalhos de um grupo de intelectuais marxistas não ortodoxos, que se reuniam em torno do Instituto de Pesquisa Social da Universidade de Frankfurt, a partir da década de 1920. Alguns representantes dessa escola são: Max Horkheimer, Theodor Adorno, Herbert Marcuse, Walter Benjamim, Erich Fromm e, mais tardiamente, Jürgen Habermas. De caráter interdisciplinar, sua produção utiliza instrumentos de diferentes fontes, como da sociologia e da psicanálise. Não se constitui como um grupo homogêneo, dedicando-se a vários assuntos, como

> temas filosóficos (*crítica à razão iluminista; dialética negativa; particular concreto; verdade inintencional*), culturais (*cultura e civilização; indústria cultural; semiformação*); sociais (*indivíduo e sociedade; sociedade unidimensional; sociedade administrada*); estéticos (*ensaio como forma; constelação; experiência estética; mimese e racionalidade na obra-de-arte*); psicológicos (*personalidade autoritária; preconceito; antissemitismo*). E mesmo permanecendo nos horizontes do pensamento marxista, dialogaram crítica e intensamente com Kant, Hegel, Weber, Nietzsche e Freud (PUCCI, 2001, p. 15, itálicos no original).

Uma das preocupações dos teóricos críticos era entender os motivos pelos quais o projeto iluminista, no qual a razão é pensada como esclarecimento, autofundamentação e crítica, não se realizou. Eles demonstraram que a consolidação da modernidade foi marcada pela instrumentalização da razão, que se formalizou, tornando-se incapaz de julgar as finalidades das ações, ou seja, foi se revestindo de um véu de neutralidade axiológica. Pela racionalidade instrumental, o mundo apresenta-se como um objeto manipulável de acordo com os interesses do sujeito.

Ou seja, esses pensadores consideravam que o iluminismo, que punha na razão a capacidade de proporcionar emancipação, mostrou-se, na consolidação da modernidade, um processo de instrumentalização para a dominação e repressão do homem. A ciência e a técnica foram perdendo seu caráter libertador e "a sociedade unidimensional, liderada pelos técnicos e pela ciência, se transformou em instrumento de produção e dominação" (PUCCI, 1994, p. 23).

Mesmo com essa breve descrição fica clara a importância desses estudos para a formação crítica de professores de ciências. Nesse trabalho, destacaremos algumas contribuições que o pensamento de Benjamin e de Habermas podem oferecer para esse propósito.

Experiência e narração: contribuições benjaminianas para a formação de professores de ciências

O desenvolvimento das ideias de Walter Benjamin no campo filosófico é amplo e fecundo. Seus ensaios sobre literatura, arte e história da cultura têm sido bastante explorados em diferentes campos das ciências humanas. No âmbito da educação, mais especificamente da filosofia da educação, sua teoria da experiência e da narração tem vicejado questões importantes no que diz respeito às discussões sobre o papel da educação e da formação cultural dos sujeitos, suas contradições e possibilidades na sociedade hodierna. Destacamos a seguir algumas provocações de tais estudos intercambiando seus achados com possíveis desdobramentos das ideias benjaminianas para uma discussão também no campo da formação de professores de ciências.

Larrosa (2002), em seu importante ensaio "Notas sobre a experiência e o saber de experiência", lançou um convite para professores e pesquisadores da educação para uma busca que considerasse alternativas nas investigações educacionais para além da relação entre ciência e técnica e teoria e prática. Ambos os pares têm sido trabalhados exaustivamente. O desafio colocado por ele é que se explore um terceiro par, qual seja, experiência e sentido. Uma possibilidade, segundo suas palavras, "mais existencial (sem ser existencialista) e mais estética (sem ser esteticista)" (LARROSA, 2002, p. 20).

A partir de uma tradução da palavra experiência em várias línguas e de um diálogo com a filosofia, mais especificamente com Benjamin e Heidegger, Larrosa (2002) vai revelando sua riqueza de significados. Elucida como estes se estendem para além daqueles atribuídos pelo senso comum e daquilo que convencionalmente temos chamado de "saberes da experiência"; isto é, aqueles decorrentes dos aprendizados da prática profissional, tal como em voga no movimento pela profissionalização da docência a partir das pesquisas sobre os saberes docentes (TARDIF, 2002; GAUTHIER, 1998).

O autor elabora duas notas sobre o "saber de experiência". A primeira realça sua qualidade eminentemente existencial. E as implicações disso são diversas: um saber tecido no sentido ou sem o sentido do que acontece aos sujeitos, configurando um caráter, uma sensibilidade, uma personalidade que se mobiliza para a práxis; saber que se dá na relação do conhecimento (não só daquele informado pela ciência e tecnologia) com a vida humana, para além de sua redução ao nível biológico; que revela o homem concreto, singular, elaborado pelo sujeito da experiência, aquele que se deixa tombar, derrubar, permeável ao que lhe acontece, sujeito visto como "território de passagem", como "espaço que dá lugar às coisas" e como "ponto de chegada". A segunda é a distinção com o experimento dentro da visão cartesiana de mundo, que conferiu um *status* menor à experiência (como aquilo que se apreende pelos sentidos), duvidando dela, embora considerando-a um caminho importante, dentro do método, para legitimar a racionalidade como faculdade que conhece, calcula, enumera e elabora verdades – daí o "penso, logo existo" como fundamento também da ciência moderna.

Ao apresentar contribuições do pensamento de Benjamin para a educação, Pereira (2006) investiga a relação entre os conceitos de tradição, experiência e narração em sua filosofia. Segundo o autor, poderíamos falar de uma tipologia da experiência em Benjamin de dois tipos: a Erfahrung (experiência), tecida no coletivo dos homens, prenhe de sentidos, com densidade e duração, elaborada em ritmos lentos e orgânicos próprios do trabalho artesanal, e a Erlebnis (vivência), outro modo de viver próprio da sociedade industrial, mecânica, com seu tempo vazio e homogêneo, remetendo os indivíduos à vida privada, isolada, solitária, traduzindo um sem sentido de ser e estar no mundo. Indubitavelmente que a educação ocupa-se da experiência, a questão é de qual tipo de experiência e de como distingui-la no processo pedagógico. Neste sentido, fica o desafio de transformar vivências em experiências pela via da educação.

Ao partir do pressuposto do empobrecimento e da impossibilidade da experiência no mundo moderno, tal como apresentado por Benjamin, Mitrovitch (2011) problematiza esse conceito considerando a viabilidade de uma experiência, ainda que diferente daquela que foi possível no período de uma sociedade pré-capitalista, a partir de uma rememoração do passado, de um mergulho nele, em suas ruínas, do que "poderia ter sido" e que não se concretizou, sugerindo sua superação pelo resgate dos elementos de esperança outrora truncados e não realizados. Sugere então um novo olhar para a escola e para o papel da educação no sentido de um compromisso ético de dizer o que poderia ter sido, de garantir uma palavra comum, o fortalecimento do sentido de comunidade e coletividade no enfrentamento das problemáticas, de abertura de sentidos para além da dimensão epistemológica "[...] de uma concepção de educação preocupada em atender às prerrogativas da ciência/tecnologia" (MITROVITCH, 2011, p. 170).

Aproximando essa discussão do campo da formação de professores, Diniz-Pereira (2010) lança o questionamento acerca do papel da epistemologia da prática, com sua concepção do professor reflexivo, como um meio real de superação da racionalidade técnica tão difícil de ser rompida. Ele elabora de forma ensaística as primeiras aproximações do que chamou de uma "epistemologia da experiência", como uma possibilidade para se pensar em estratégias mais amplas da formação profissional. Ancorado na obra de John Dewey, um dos primeiros a advogar uma teoria da experiência na educação, o referido autor explicita dois princípios da experiência deweyana, quais sejam, a continuidade e a interação, para se pensar em novos modos de abordagem das relações entre teoria e prática a partir do conceito de experiência.

A investida do referido autor é interessante, pois sugere um novo caminho para fundamentar o debate em torno de propostas, ações e estratégias para se pensar a formação de professores. Diferentemente dele, ainda que valorizando a perspectiva de sua análise para a experiência deweyana, entendemos que a perspectiva benjaminiana sobre a dialética da experiência-vivência pode revelar-se fecunda como teorização sobre a experiência capaz de fundamentar propostas de ação e formação de professores de ciências. Ela permitir-nos-ia problematizar a tensão dos sentidos elaborados pelos professores, as razões de ser do empobrecimento ou não de suas experiências de formação a despeito de elas se balizarem por princípios ditos críticos, ajudando-nos a compreender a relação das forças histórico-sociais mais amplas da totalidade do tecido social que interagem com os indivíduos, produzindo o depauperamento da experiência, convergindo-a em vivências; e a possibilidade de superação dessa condição no que poderia ser uma síntese dessa dialética na forma de laivos de uma experiência benjaminiana e, talvez, não mais que isso.

Giroux (1997) advogou por uma formação docente que buscasse compreender como o conhecimento, os discursos e o poder estão imbricados na produção de "políticas particulares de experiências" (p. 124) que, tanto silenciam e dificultam processos de aprendizagem importantes, quanto possibilitam a contestação e a construção de uma visão de mundo mais crítica a ser apreendida por parte dos estudantes. Ele conclui reiterando "[...] a necessidade de que os educadores críticos criem um discurso no qual uma política mais abrangente da cultura e da experiência possa ser desenvolvida" (p. 124). A compreensão dialética dentro da teoria da experiência benjaminiana converge para esta necessidade.

A partir da compreensão de narrativa de Benjamin e dos saberes de experiência apresentados por Larrosa (2002), Corradi (2005) empreende um modo de análise interessante para compreender os processos de identificação entre professora tutora do estágio curricular supervisionado de uma licenciatura em química e licenciandos do referido curso. Ela aponta a importância da rememoração das experiências, da problematização das mesmas considerando aspectos políticos, sociais e culturais, como elemento que produzem novas aberturas para o questionamento sobre o currículo de formação de professores de química e de diferentes identidades culturais que ali se movem.

Outro caminho que tem sido muito valorizado nas pesquisas de formação de professores, tanto no campo amplo da educação quanto no ensino de ciências, é a discussão em torno dos saberes docentes, incluindo os saberes da experiência. O trabalho de Campos e Diniz (2001) buscou compreender essa natureza dos saberes experienciais oriundos dos aprendizados da prática profissional de professores de ciências e de biologia. A reflexão elaborada pelos autores é de que, a partir de uma consideração sobre os contextos institucionais da prática dos professores, existem limites de tais saberes, como sua pouca sistematização, erros, confusões, fragmentos de uma aprendizagem semiconsciente, resultantes de uma incorporação acrítica. Isso acaba gerando não só possibilidades de inovação, mas de reprodução de elementos indesejados nas práticas escolares. Eles defendem ainda que é a preconização dos processos reflexivos na relação dialética entre os saberes da experiência e das ciências da educação que possibilita superações, a verdadeira práxis educativa, conferindo unidade, coerência, articulação e originalidade ao saber profissional dos professores.

Deste modo, os autores buscam justificar a compreensão do como e para que compreender a relevância de tais saberes. Neste sentido, as distinções entre saber, conhecimento e sabedoria, problematizados a seguir a partir da teoria da narração de Benjamin, podem constituir um referencial teórico promissor a ser cotejado com os debates sobre os saberes docentes na formação de professores de ciências.

A necessidade de tais distinções serem pensadas na educação foi colocada oportunamente por Pereira (2006), evidenciando as contribuições do filósofo da aura para este campo. Segundo ele, em Benjamin a experiência adensa a narração, sendo o narrador o personagem que dá sentido ao que lhe é contado, aglutinando um valor próprio, tornando-se um sábio em uma temporalidade diferente do tempo cronológico, vazio e homogêneo. Seu tempo de elaboração da tradição e das experiências é um tempo intensivo. Ele sabe na perspectiva que vai além de conhecer, isto é, ele é capaz de realizar a síntese de diferentes experiências que remetem a tradição, sugerindo a continuação da história que lhe é contada. Neste sentido seus conselhos são mais que um saber objetivo como uma resposta exterior. Eles são, antes de tudo, conselhos advindos de conhecimentos aprofundados dessa multiplicidade de experiências.

O narrador poderia ser vislumbrado como a síntese entre o "camponês sedentário" e o "marinheiro comerciante" como dois tipos arcaicos importantes (BENJAMIN, 1994b). Nesta síntese, a compreensão em profundidade do significado das tradições e da cultura local caberia ao primeiro, conferindo-lhe dignidade. A amplitude e extensão de saberes do segundo, oriundos de suas viagens por outros lugares, por outros mundos, enriqueceria a perspectiva do olhar local e da própria tradição. Deste modo, a sabedoria do narrador "[...] implica no conhecimento histórico de formação de si em meio a um coletivo", seja no âmbito mais local quanto na esfera mais global de sua inserção no mundo (PEREIRA, 2006, p. 69).

Assim, dentro da teoria narrativa de Benjamin poderia se anunciar o que Gagnebin (1994, p. 14) chamou de uma "teoria antecipada da obra aberta", na qual a narrativa tradicional, diferentemente do romance e da informação jornalística, possuiria uma profusão de sentidos, de textos chamando outros textos, de interpretações de uma história que suscitasse muitas outras, justamente pelo caráter de abertura da obra, de seu inacabamento e não de um fechamento em explicações globais que dariam o sentido final da história que se conta. E o narrador teria um papel fundamental nesse processo. Sobre a composição de sua obra, Pereira assim expressou: "A obra do narrador se compõe do acolhimento de experiências diversas que constituem a trama da tradição; a sua experiência, a experiência daqueles que ele ouviu e também a experiência daqueles a quem sua obra se dirige" (2006, p. 69).

Tal composição é o que torna o narrador um sábio e, consequentemente, possuidor de certa autoridade que não é apenas fundamentada no conhecer, mas que se tornou sabedoria. E o narrador conseguiria insuflar em sua narrativa uma marca distintiva dessa sabedoria tecida no coletivo, isto é, sua aura. Como bem pontua Pereira "[...] há sempre na narração uma dose de fantástico, de misterioso, justamente aquilo que lhe dá a ela sua aura. A marca do narrador é, pois, sempre impressa naquilo que é narrado" (2006, p. 68). Essa aura benjaminiana, continua o autor, é "[...] exatamente esse campo de aparecimento do autêntico, do real, a dimensão potencializadora da experiência, dado que nela se recupera o que há de misterioso, de admirável nos fenômenos" (p. 72).

O esforço de demarcar as distinções entre saber, conhecimento e sabedoria referidas acima nos permite repensar o debate em torno dos saberes docentes levando em conta uma perspectiva dialética da experiência capaz de compreender o professor como um narrador sábio, produtor de uma obra sempre aberta; que mobiliza saberes que não sejam apenas informações e conhecimentos legitimados cientificamente ou oriundos de uma mera vivência a-problemática (Erlebinis), mas uma sabedoria decorrente de sua capacidade de "intercambiar experiências" (BENJAMIN, 1994b) nos diferentes espaços-tempo de sua formação e atuação.

A sabedoria do narrador personificada na síntese do marinheiro comerciante e do camponês sedentário nos leva a pensar na identidade do professor de ciências forjada no confronto entre tramas locais e globais. A dimensão identitária camponesa demandaria um registro etnográfico minucioso da cultura da escola, de sua comunidade, com suas tradições, costumes, enfrentamentos e lutas particulares. O legado de Paulo Freire em torno da investigação temática, do levantamento de possíveis temas geradores (FREIRE, 2005) e a compreensão desse processo como uma forma de pesquisa participante tecida no coletivo parece interessante nessa formação dentro de outra compreensão da experiência e do ato educativo como uma narrativa nos termos que aqui estamos discutindo.

Já a dimensão do marinheiro permitiria problematizar duas distâncias.[5] Primeiro um "longe temporal", considerando aí a temporalidade na tradição e, por que não, da tradição da pesquisa no campo da educação em ciências que tivesse uma relação orgânica com a tradição tecida na história de vida pessoal e coletiva de professores preocupados com reconquistas de experiências coletivas. E segundo um "longe espacial", isto é, a possibilidade de um trânsito do narrador em outros mundos, em diferentes projetos dedicados à formação permanente na

5 Essa dupla distância é caracterizada por Pereira (2006) a partir da problematização que este faz da visão de temporalidade em Benjamin considerando a metáfora do narrador como marinheiro que viaja para outras terras, não apenas em termos geográficos, "o longe espacial", mas também de uma "distância" no legado da tradição, do tempo nessa tradição. Por isso um "longe temporal".

interseção universidade e escolas, enriquecendo assim sua visão de mundo, as possibilidades de inventar, criar e reescrever sua própria história como professor junto de outros professores em suas respectivas escolas.

A síntese dialética desses dois tipos permitiria ao coletivo de professores como narradores aquilatarem sua obra e evidenciarem a aura própria nela inscrita. Ao discutir as contrariedades possíveis na ideia do professor artista reflexivo e pesquisador, Contreras situa a metáfora da obra do artista no contexto social no qual este produz sua arte. Ele deduz que o artista, nesta perspectiva, se encontraria "[...] diante do problema da influência que a arte deveria exercer na sociedade, para a promoção de quais valores, quais experiências, e, finalmente, qual sociedade" (2002, p. 163-164). Indubitavelmente, esse tipo de influência a partir do que o professor produz, seja de práticas, projetos, saberes (isto é, sabedoria), só nos parece possível se de sua obra emanar a aura capaz de produzir assombro, espanto, incômodo e, assim, congregar tantos outros que se permitiram incomodar e espantar-se na experiência coletiva no espaço-tempo da escola.

No entanto, como falar de aura na obra do professor de ciências como artista e narrador, considerando que a reprodutibilidade técnica e os avanços do empreendimento científico e tecnológico contribuíram tanto para o processo de desauratização da obra de arte e como também para o depauperamento das experiências (BENJAMIN, 1994a, 1994b)? Isso nos coloca um grande desafio ao ensinar ciências. O saber de experiência é distinto do saber científico e do saber da informação, ambos atrelados a um pragmatismo e utilitarismo bem próprios dos desdobramentos dos usos da ciência e tecnologia na sociedade contemporânea (LARROSA, 2002). A experiência, com o advento da ciência moderna, torna-se objeto de desconfiança do sujeito do conhecimento. Ela é convertida em um elemento do método científico, que conduzirá à certeza, ao previsível, produzindo verdades e artefatos externos ao homem. Segundo Silva (2011), a experiência nesta perspectiva e a ciência estão de mãos dadas. Os saberes científicos não seriam mais suficientes em si, ainda que sejam necessários, a despeito de sua promessa de lograr êxito em todo agir humano.

O caminho incansável talvez seja problematizar continuamente essa condição gerada pelo empreendimento científico e tecnológico, com suas contradições, adentrando-nos nas discussões sobre a natureza da ciência e da tecnologia, com mergulhos na história, filosofia e sociologia da ciência, das relações entre ciência, tecnologia e sociedade (CTSA), com o trabalho das questões sociocientíficas (QSC). Não nos furtar a essa discussão, desde que apreendida e resignificada por uma comunidade de vida e discurso entre os professores, parece fecundo para potencializar a aura da produção de cada professor e pesquisador que veja sentido na compreensão da experiência no ensino de ciências para além do experimento do método científico. Seria uma das formas de resistir à lógica de "desauratização" da obra docente pela lógica da proletarização de seu trabalho, reduzido a um sem sentido de seu fazer e pensar, enfim, a uma vivência benjaminiana tantas vezes.

Contribuições das ideias de Habermas para a formação de professores de ciências

Habermas possui uma obra extremamente vasta, complexa e dinâmica, que vem sendo construída há mais de 50 anos. Nesse resumo, exporemos alguns aspectos discutidos em seu livro *Teoria do Agir Comunicativo* (HABERMAS, 2012a e 2012b) que julgamos produtivos para a formação de professores de ciências.

O projeto intelectual de Habermas busca restituir a capacidade emancipatória da razão, superando as limitações impostas por uma visão reducionista que a relaciona apenas com aspectos cognitivos-instrumentais. Sua insatisfação com "teoria crítica mais antiga" (HABERMAS, 2012a, p. 679) é justamente a identificação da razão com um tipo específico de racionalidade, a instrumental. Para superação das aporias advindas desse engano, ele defende a necessidade da mudança do paradigma da consciência (subjetivo) para o da linguagem (intersubjetivo), pois, dessa maneira, é possível ter uma concepção mais ampla de razão, na forma de racionalidade comunicativa.

A formulação do conceito de uma racionalidade comunicativa é possível porque para Habermas a linguagem não é um mero recurso de representação do pensamento, mas traz em si a possibilidade de entendimento, o qual, por sua vez, envolve a compreensão dos atos de falas por todos os envolvidos e o consenso buscado a partir da argumentação irrestrita e da prevalência do melhor argumento.

Com relação à coordenação de ações entre agentes diversos, Habermas admite duas formas de interação: estratégica e comunicativa. É possível melhor compreendê-las com a ajuda dos conceitos elementares de ação e discurso, os quais ocorrem de forma entrelaçada nas interações linguisticamente mediadas; nesse caso, as ações têm por propósito o entendimento, tratam-se, portanto, de ações comunicativas. Quando as ações visam apenas ao êxito, são chamadas de estratégicas. Em uma interação, um agente não pode pretender conseguir entendimento com um interlocutor (agir comunicativamente) e exercer influência sobre o mesmo (agir estrategicamente).

O que caracteriza o agir comunicativo é o fato de que suas pretensões de validade estão constantemente abertas a críticas, podendo ser questionadas por quaisquer dos agentes em qualquer tempo, seja no que se refere à sua própria inteligibilidade, seja com relação à verdade das proposições, à justeza das normas ou à autenticidade dos interlocutores. O entendimento buscado com relação à verdade, à justiça e à autenticidade que fundamentam as ações de cada um dos agentes, é intersubjetivamente compartilhado, apresentando-se na forma de consensos buscados discursivamente e sem impedimentos.

Outro aspecto importante da Teoria do Agir Comunicativo é a interconexão apontada por Habermas entre as teorias da racionalidade e da sociedade. Buscando superar as insuficiências dos paradigmas do sistema e da ação, ele concebe a sociedade moderna bidimensionalmente, por meio das categorias *sistema* e *mundo da vida*. O sistema é regido pela racionalidade instrumental e compreende dois subsistemas: o Estado e o mercado. O mundo da vida compreende as intersubjetividades dos atores inseridos em situações concretas de vida, constituindo-se no pano de fundo sobre o qual ocorrem as ações. No mundo da vida, os mundos objetivo (das coisas), social (das relações sociais) e subjetivo (das estruturas de personalidade) mantêm-se entrelaçados por meio da comunicação.

No desenrolar da modernidade, com o aumento da complexidade do sistema social, veio a ocorrer uma sobrecarga nos processos de obtenção de entendimento, o que possibilitou a existência de meios de controle independentes da linguagem: o dinheiro e o poder, de maneira que os processos mediados linguisticamente vão tomando uma posição secundária, sendo colonizados pelo sistema. Ou seja, a colonização do mundo da vida refere-se ao predomínio da racionalidade instrumental (própria do sistema) em instâncias em que deveria prevalecer a racionalidade comunicativa (própria do mundo da vida).

Outra categoria da teoria habermasiana é a *esfera pública*. Desde uma de suas primeiras obras (HABERMAS, 1984), ele vem discutindo o surgimento, desenvolvimento e declínio de uma esfera pública cujas características são: a universalidade e igualdade de participação, a racionalidade na busca de entendimento e a publicidade crítica. Com o desenvolvimento do capitalismo, há o enfraquecimento da esfera pública, o que possibilita que racionalidade sistêmica avance para além de seus domínios.

Uma contribuição importante do pensamento de Habermas para a educação e para a formação docente é o fato de ele colocar em evidência a tensão entre estrutura e ação, possibilitando dessa maneira que superemos tanto o determinismo, presentes em algumas vertentes críticas, quanto o voluntarismo ingênuo, das correntes liberais. As categorias sistema e de mundo da vida nos possibilitam identificar as condicionantes estruturais presentes nos processos educativos, sem que se ofusquem os movimentos dos sujeitos nesse contexto. Enquanto isso, a categoria esfera pública nos permite pensar em possibilidades de alargamento do raio de ação dos sujeitos individuais e coletivos em uma realidade concreta.

A ampla produção habermasiana tem sido apropriada de diferentes maneiras nas discussões a respeito da formação de professores. Carr e Kemmis (1988) utilizam a obra *Conhecimento e interesse* para desvelar as diferentes racionalidades que subjazem os processos de formação docente, estabelecendo a distinção entre abordagens técnicas, práticas e emancipatórias de formação. Giroux (1997) faz uso de diversas obras de Habermas, como *Mudança estrutural na esfera pública* e *Teoria do Agir Comunicativo* para defender a ideia de que os professores devem ser entendidos como intelectuais críticos, capazes de análise social e de formulação de propostas para superação dos problemas que a sociedade atual enfrenta. Mühl considera que a Teoria do Agir Comunicativo "apresenta elementos que podem contribuir positivamente para a formação de professores em todos os níveis" (1999, p. 320), pois ela não apenas nos permite perceber a importância do desenvolvimento de uma postura crítica ante as ingerências sistêmicas, mas também aponta para a necessidade da reconstrução das pré-compreensões que orientam o agir educativo.

Entendemos que a Teoria do Agir Comunicativo pode se constituir em um instrumento poderoso para nos ajudar a pensar a formação de professores, pois, assentada na racionalidade comunicativa, apresenta perspectiva emancipatória, uma vez que, a partir dela, podemos pensar em propostas que superem a concepção de formação docente apenas como um processo de socialização dos novos membros ou de constante "reciclagem" daqueles que compõem este corpo profissional, levando-nos a pensá-la como um processo no qual os professores em formação, na condição de indivíduos em interação, produzem e reproduzem a vida.

Com relação especificamente aos professores que ministram disciplinas relacionadas com as ciências naturais, essa perspectiva indica que o processo formativo deve contribuir para uma compreensão histórico-crítica da construção das ciências, que possibilite a discussão de seus pressupostos, de maneira que seja possível um entendimento mais claro das relações que se estabelecem hoje entre Sociedade e Ambiente (CTSA).

Devemos ter em mente que as ciências naturais desenvolveram-se no interior da tradição empírico-analítica, que, por sua vez, tem fundamentado não apenas as concepções de verdade e de conhecimento que circulam em nossos tempos, mas também em conexão com a técnica, orientado os fins da ação social. Habermas (1980), no entanto, nos adverte que o postulado de neutralidade axiológica dessa tradição científica é uma falácia, pois está contido em seu cerne um interesse técnico, com vistas à dominação da natureza. A transposição dessa racionalidade para as ciências que se ocupam da interação humana não poderá ter outro propósito senão a dominação de seres humanos. Por isso é tão necessário que os professores "em diálogo com os alunos [submetam] à crítica os conteúdos da tradição cultural e da ciência" (PRESTES, 1995, p. 167).

Dessa maneira, entendemos que os processos formativos relativos aos professores de ciências devem incluir debates sobre a natureza da ciência que levem a questionamentos sobre os critérios de cientificidade, proporcionando condições para um empreendimento crítico capaz de expor e rechaçar o dogmatismo.

Essas questões relacionam-se estreitamente com o tema do currículo, sendo essencial que se esclareçam as concepções de conhecimento que o embasam, pois

> o que conta como conhecimento, as formas como se encontra organizado, quem tem autoridade para ensiná-lo, o que conta como evidência verdadeira de o ter aprendido e – igualmente significativo – quem se encontra autorizado a perguntar e a responder essas questões, tudo isso está directamente relacionado com o modo como o domínio e a subordinação são reproduzidos e alterados nesta sociedade (APPLE, 1996, p. 51-52).

No entanto, para Habermas (2012a e 2012b), conhecimento, entendimento linguístico e ação constituem-se na totalidade do mundo da vida. Assim, o currículo não pode ser entendido apenas pela sua dimensão cognitiva, mas também pelas concepções das relações sociais que o embasam, bem como pelas condições que proporcionam para a constituição das identidades pessoais e coletivas, sendo que essas três dimensões necessitam igualmente de espaços para que sejam questionadas, construídas e reconstruídas. Ou seja, como nos coloca Mühl, "o desafio lançado por Habermas aos educadores é que se tornem críticos permanentes e incansáveis desse processo conflituoso, contraditório, contingente, que é a educação e que necessita, por causa desta sua natureza, de uma permanente reavaliação" (1999, p. 207).

Como vemos, os pensamentos de Habermas e Benjamin apresentam elementos para pensarmos a formação de professores voltada para uma educação emancipatória. Fenerich (2013) apresenta algumas possibilidades apresentadas por esses dois estudiosos para sustentar que a ética, a moral e a política são dimensões constitutivas do processo de formação humana, que não apenas ainda fazem sentido nesse momento histórico, como talvez sejam hoje mais atuais do que nunca. Apontando aproximações, distanciamentos e complementaridade entre os pensamentos desses estudiosos, a autora busca uma síntese entre liberdade (que, conforme Habermas, é inerente à razão comunicativa) e felicidade (própria da realização das formas de vida culturais, conforme Benjamin). Nesse sentido, a autora questiona:

> Afinal, o que pode constituir objeto de debate, questionamento e argumentação na esfera pública democrática, senão as pretensões de pessoas e grupos que se baseiam em convicções, valores, concepções de bem e de felicidade e que, por sua vez, constituem interpretações do sentido da vida, da existência? E como se forma a vontade racional autônoma, senão por meio dos debates públicos, movidos pelos conteúdos valorativos e ético de indivíduos e grupos? (FENERICH, 2013, p. 653).

Considerações finais

Segundo Kincheloe e McLaren (2006) carecemos de novas metáforas que possam traduzir as lutas educacionais dos tempos que vivemos. Duas metáforas da educação como engenharia e medicina, como exemplificações da teoria educacional vista como aplicação técnica, próprio do que tem caracterizado a chamada racionalidade técnica, foram apresentadas por Carr e Kemmis (1988) na caracterização que fizeram das diferentes correntes pedagógicas que influenciaram o currículo e a formação docente historicamente. A primeira como técnica educativa de aplicação dos conhecimentos científicos visando ao controle das aprendizagens a partir dos mecanismos de contingência de reforço e condicionamento operativo. A segunda como possibilidade de descobertas das leis científicas que regem a educação, tais como as leis que regem o corpo humano, concretizando diagnósticos dos problemas educacionais e a possibilidade de solução dos mesmos com maior eficiência possível.

A prevalência de tais perspectivas ainda é significativa na atualidade, até pelo modo como foram enraizadas nas instituições formativas e nas representações dos professores, definindo muito a compreensão do que seja o ensino de ciência, o papel da escola e da docência. As metáforas benjaminianas presentes em sua teoria da experiência e da narração, com a figura do narrador como marinheiro e camponês, de sua obra aberta detentora de alguma aura, são fecundas para pensarmos a crítica da experiência possível em nosso tempo e dos saberes mobilizados no trabalho docente. Elas permitem que contextualizemos aqueles diferentes tipos de críticas apresentadas na primeira seção deste capítulo, oferecendo desdobramentos interessantes para a formação de professores de ciências. Essas possibilidades também são visualizadas no pensamento habermasiano. Ao postular que no mundo da vida os mundos objetivo, social e subjetivo encontram-se comunicativamente entrelaçados, Habermas (2012a) nos indica que toda a crítica que vise à problematização e reconstrução constante dos valores e tradições que compõem nosso mundo vivido, encerra também, necessariamente, críticas de natureza ideológica, estética e terapêutica.

A experiência, no sentido benjaminiano, não é isolada e individual, mas histórica e social, assim, uma formação docente crítica só é possível "no calor da coletividade". No entanto, como isso é possível no contexto de nossa sociedade que, no atual estágio do capitalismo, sustenta-se justamente na satisfação dos desejos e necessidades individuais, no consumo solitário da cultura e no cumprimento irrefletido de regras técnicas? Parece-nos que isso seria possível no contexto de uma esfera pública, na qual os saberes da experiência pudessem ser intersubjetivamente construídos e reconstruídos.

A pretensão desse capítulo era apenas explanar alguns elementos da teoria crítica da escola de Frankfurt que julgamos pertinentes para fundamentar possibilidades de formação de professores de ciências de cunho crítico. Com esse propósito, avançamos brevemente nas possíveis contribuições de Benjamin e Habermas.

Nos capítulos que seguem, os leitores encontrarão outras possibilidades anunciadas por pensadores frankfurteanos, tomadas sob diversas perspectivas. Fica o convite para que os leitores possam apreender os "elementos auráticos da obra" dos diferentes trabalhos no campo da formação de professores de ciências gestados no contexto do grupo AVFormativa ao longo de seus quinze anos de existência. Em tais capítulos, ao se propor analisar as produções na forma de dissertações e teses, no contexto das licenciaturas com a formação inicial, dos trabalhos derivados do projeto Urubunesp e, mais recentemente, do projeto Obeduc, possibilitar-se-á um vislumbre de possíveis marcas distintivas, singulares, de unicidade das pesquisas no campo da formação de professores de ciências no contexto das perspectivas críticas. Acreditamos que, ao buscarmos evidenciar tais elementos, estamos primando por aquela profusão de sentidos de toda obra aberta, expressando, talvez, na forma de um programa de formação de professores sob a égide de tais referenciais, o nosso não fechamento da história, tendo em vista a multiplicidade de interpretações e outras histórias que podem ser tecidas e recontadas, considerando que nossos leitores, professores e pesquisadores vejam sentido no que aqui está sendo apresentado.

Referências bibliográficas

ANDRÉ, M.; SIMÕES, R. H. S.; CARVALHO, J. M.; BRZEZINSKI, I. Estado da Arte da Formação de Professores no Brasil. *Educação & Sociedade,* ano XX, n. 68, 1999, p. 301-309.

APPLE, M. W. *Políticas culturais e educação.* Porto: Porto Editora, 1996.

BENJAMIN, W. Experiência e pobreza. In: Benjamin, W. *Magia e técnica, arte e política:* ensaios sobre literatura e história da cultura. 7 ed. São Paulo: Brasiliense, 1994a, p. 114-119.

BENJAMIN, W. O narrador. Considerações sobre a obra de Nikolai Leskov. In: BENJAMIN, W. *Magia e técnica, arte e política:* ensaios sobre literatura e história da cultura. 7 ed. São Paulo: Brasiliense, 1994b, p. 197-221.

CAMPOS, L. M. L.; DINIZ, R. E. S. A prática como fonte de aprendizagem e o saber da experiência: o que dizem professores de ciências e de biologia. *Investigações em Ensino de Ciências,* Porto Alegre, v. 6, n. 1, 2001, p. 79-96.

CAMPOS, L. M. L.; SPAZZIANI, M. L.; DINIZ, R. E. S.; ALVES, G.; VIVEIRO, A. A.; SOARES, M. N.; et al. Produção científica sobre formação de professores de ciências em eventos científicos na área de educação: primeiras revelações. Encontro Nacional de Pesquisa em Educação em Ciências (VII). *Atas...* Florianópolis: Abrapec, 2009. Disponível em: <http://posgrad.fae.ufmg.br/posgrad/viienpec/pdfs/887.pdf>. Acesso em: 10 fev. 2015.

CAMPOS, L. M. L.; DINIZ, R. E. S.; SOARES, M. N.; SPAZZIANI, M. L.; FAGUNDES, A. V.; SILVA, C. S.; et al. Perspectivas críticas de educação e a formação de professores de ciências: um estudo teórico. Encontro

Nacional de Pesquisa em Educação em Ciências (VIII). *Atas...* Campinas: Abrapec, 2011. Disponível em: <http://www.nutes.ufrj.br/abrapec/viiienpec/resumos/R1220-1.html>. Acesso em: 10 fev. 2015.

CARR, W.; KEMMIS, S. *Teoría critica de la enseñanza:* la investigación acción en la formación del professorado. Barcelona: Martinez Roca, 1988.

CONTRERAS, J. *A autonomia do professor*. São Paulo: Cortez, 2002.

CORRADI, D. P. *Estágio supervisionado:* cultura (s) e processos de identificação permeando um currículo de formação de professores de Química. Dissertação (Mestrado em Educação). Faculdade de Educação, Unicamp, Campinas, 2005, 102 f.

DINIZ-PEREIRA, J. E. A epistemologia da experiência na formação de professores: primeiras aproximações. *Revista Brasileira de Pesquisa sobre formação docente*, v. 2, n. 2, 2010, p. 83-93.

FEBERICH, C. Razão, sentido e formação a partir de um diálogo entre Benjamin e Habermas. *Educ. Pesqui.*, v. 39, n. 3, 2013, p. 645-658. Disponível em: <http://www.scielo.br/scielo.php?pid=S1517-97022013000300006&script=sci_arttext>. Acesso em: 17 abr. 2015.

FREIRE, P. *Pedagogia do oprimido*. 46 ed. Rio de Janeiro: Paz e Terra, 2005.

GAGNEBIN, J. M. Walter Benjamin ou a história aberta. In: BENJAMIN, W. *Magia e técnica, arte e política:* ensaios sobre literatura e história da cultura. 7 ed. São Paulo: Brasiliense, 1994, p. 7-19.

GAUTHIER, C. *Por uma teoria da pedagogia*: pesquisas contemporâneas sobre o saber docente. Ijuí: Unijuí, 1998.

GIROUX, H. *Os professores como intelectuais*: rumo a uma pedagogia crítica da sociedade. Porto Alegre: Artmed, 1997.

HABERMAS, J. Conhecimento e interesse. In: BENJAMIN, W.; HORKEIMER, M.; ADORNO, T. W.; HABERMAS, J. *Textos escolhidos*. São Paulo: Abril Cultural, 1980, p. 155-164 (Coleção Os Pensadores).

HABERMAS, J. *Mudança estrutural na esfera pública:* investigações quanto a uma categoria de sociedade burguesa. Rio de Janeiro: Tempo Brasileiro, 1984.

HABERMAS, J. *Teoria do agir comunicativo:* racionalidade da ação e racionalidade social. São Paulo: Martins Fontes, 2012a.

HABERMAS, J. *Teoria do agir comunicativo:* crítica à razão funcionalista. São Paulo: Martins Fontes, 2012b.

HENAO GIRALDO, W. R. Analisis categorial de cinco enfoques de la Didáctica de las Ciencias Experimentales a partir de la didáctica criticoconstructiva propuesta por Klafki. *Revista Tecné, Episteme y Didaxis:* Número Extraordinario. Memorias, Sexto Congreso Internacional sobre Formación de Profesores de Ciencias, 2014.

HORKHEIMER, M. Teoria tradicional e teoria crítica. In: BENJAMIN, W.; HORKHEIMER, M.; ADORNO, T. W.; HABERNAS, J. *Textos escolhidos.* São Paulo: Abril Cultural, 1980a, p. 117-154 (Coleção Os Pensadores).

KINCHELOE, J. L.; MCLAREN, P. Repensando a teoria crítica e a pesquisa qualitativa. In: DENZIN, N. K.; LINCOLN, Y. S (org.). *O planejamento da pesquisa qualitativa:* teoria e abordagens. 2 ed. Porto Alegre: Artmed, 2006, p. 281-313.

KANT, I. *Crítica da razão pura.* São Paulo: Nova Cultural, 1983.

LARROSA, J. B. Notas sobre a experiência e saber de experiência. *Revista Brasileira de Educação,* Rio de Janeiro, n. 19, 2002, p. 20-28.

MARX, K. *Para a crítica da economia política.* São Paulo: Editora Nova Cultural, 1999.

MITROVITCH , C. *Experiência e formação em Walter Benjamin.* São Paulo: Editora Unesp, 2011.

MÜHL, E. H. *Racionalidade comunicativa e educação emancipadora.* Tese (doutorado em educação). Faculdade de Educação. Universidade Estadual de Campinas. Campinas: Unicamp, 1999.

PEREIRA, M. A. Saber do tempo: experiência, tradição e narração em Walter Benjamin. *Educação e realidade*, Porto Alegre, v. 31, n. 2, 2006, p. 61-78.

PRESTES, N. M. H. *Educação e racionalidade:* conexões e possibilidades de uma razão comunicativa na escola. Tese (doutorado em educação). Faculdade de Educação. Universidade Federal do Rio Grande do Sul. Porto Alegre: UFRS, 1995.

PUCCI, B. Teoria crítica e educação: contribuições da teoria crítica para a formação do professor. *Espaço Pedagógico*, v. 8, 2001, p. 13-30.

PUCCI, B. Teoria crítica e educação. In: PUCCI, B. (org.) *Teoria crítica e educação*: a questão da formação cultural na Escola de Frankfurt. Petrópolis: Vozes; São Carlos: EDUFISCAR, 1994, p. 11-58 (Ciências sociais e educação).

SILVA, D. J. Prefácio. In: Mitrovitch, C. *Experiência e formação em Walter Benjamin*. São Paulo: Editora Unesp, 2011, p. 13-19.

SLONGO, I. I. P.; DELIZOICOV, N. C.; ROSSET, J. M. A formação de professores enunciada pela pesquisa na área de educação em ciências. *Alexandria: Revista de Educação em Ciência e Tecnologia,* v. 3, n. 3, 2010, p. 97-121.

SOUZA, A. L. S. *A formação do pedagogo na UESB, campus de Jequié, para o ensino de ciências nos anos iniciais.* Dissertação (mestrado). Programa de Pós-Graduação em Educação Científica e Formação de Professores. Universidade Estadual do Sudoeste da Bahia, 2013.

TARDIF, M. *Saberes docentes e formação profissional.* 3 ed. Petrópolis: Vozes, 2002.

Capítulo 6

Sobre a constituição de um programa de formação de professores: a história de um grupo de pesquisa

Adriana Bortoletto[1]
Zulind Luzmarina Freitas[2]
Ernandes Rocha de Oliveira[3]
Lizete Maria Orquiza de Carvalho[4]

Introdução

Neste capítulo apresentamos alguns elementos constituídos a partir de trabalhos desenvolvidos no interior do grupo de pesquisa AVFormativa, percebendo-os como princípios estruturantes de um programa de formação de professores de ciências e matemática. Dedicamo-nos assim ao exercício de explicitação desses princípios e dos conceitos que subjazem os saberes e fazeres relativos à formação de professores que, defendemos, tem sido realizada nesse grupo durante os últimos quinze anos e, para isso, apresentamos uma síntese dos resultados das investigações que foram consideradas neste trabalho. A produção de pesquisas no grupo abrange diversos trabalhos todos sob uma perspectiva crítica e, embora muitos discutam aspectos de formação

1 Doutora em Educação para a Ciência, Grupo de Pesquisa: Educação Continuada de Professores e Avaliação Formativa. E-mail: adribortto@dfq.feis.unesp.br.
2 Doutora em Educação para a Ciência, Grupo de Pesquisa: Educação Continuada de Professores e Avaliação Formativa. E-mail: zulind@mat.feis.unesp.br.
3 Doutor em Matemática, Grupo de Pesquisa: Educação Continuada de Professores e Avaliação Formativa. E-mail: ernandes@mat.feis.unesp.br.
4 Doutora em Educação para a Ciência, Grupo de Pesquisa: Educação Continuada de Professores e Avaliação Formativa. E-mail: lemaorc@gmail.com.

de professores, elegemos alguns que estavam mais proximamente relacionados ao projeto Urubunesp (do qual falaremos mais adiante).

Nesta primeira parte, listamos alguns temas que estão relacionados à fundamentação dos trabalhos e cuja apresentação ajuda a compreender as tensões e dificuldades do exercício da docência e a redução da autonomia, a busca da autonomia docente na perspectiva dos modelos teóricos de formação de professores e a ideia de formação cultural; a natureza do grupo de pesquisa em educação de professores e avaliação formativa; o constructo teórico das pesquisas desenvolvidas no âmbito do grupo de pesquisa na perspectiva da formação de professores em exercício; a parceria universidade-escola.

As tensões e dificuldades do exercício da docência e a redução da autonomia

Na perspectiva de desvelar os conflitos e tensões que assolam a prática docente, compreendemos que a ideia da profissionalização/proletarização docente é um marcador que denuncia a redução do potencial de autonomia do professor. Segundo Contreras (1997) o conceito de autonomia profissional está diretamente relacionado à qualidade do ofício docente. Para o autor, o ofício docente deve ser contemplado não apenas como materialidade, mas também como aspiração formativa. Neste contexto, entendemos que a melhor maneira de explorar e entender o conceito de *proletarização docente* é compreender as características e as qualidades das práticas profissionais do ensino identificando elementos de negação que as desqualificam (CONTRERAS, 1997). Segundo o autor, a tese básica para a ideia de proletarização docente é que o ofício de ensino vem sofrendo constantemente uma subtração de qualidades que fornece condições para que o docente tenha a perda de sentido e controle sobre o próprio trabalho, gerando, assim, perda de autonomia. De acordo com Contreras (1997), o que ocorre é uma racionalização do trabalho docente. O fenômeno da racionalização é desvelado por três indicadores: separação entre concepção e execução, na qual o professor apenas executa tarefas que lhe são atribuídas sem espaço para reflexão crítica; a desqualificação como perda de conhecimento e de habilidades que o permitam criar e planejar ações; e, por fim, a perda de controle sobre seu trabalho. Desse modo, o professor perde o significado que a profissão docente tem para si próprio e também as aspirações naturais da profissão, tudo ficando submetido a determinações sistêmicas. Esses indicadores contribuem para uma degradação do ensino, uma redução da construção coletiva do conhecimento escolar em função das demandas do espaço escolar, facilitando o isolamento dos companheiros de ofício e a redução das trocas comunicativas quanto ao sentido e à validade.

Várias pesquisas têm se voltado para a questão da perda de autonomia do professor decorrente dos processos de burocratização e da proletarização. Destas, destacamos alguns modelos teóricos presentes na literatura no contexto da formação de professores, a saber: o técnico, o prático reflexivo e o crítico.

A busca da autonomia docente na perspectiva dos modelos teóricos de formação de professores

A literatura aponta que muitos professores entendem autonomia como o exercício da prática docente sem condicionantes externos e internos. Essa visão, baseada no senso comum, é contraditória àquela apresentada por pesquisadores em formação de professores que defendem que os condicionantes externos são o ponto de partida para qualquer busca de autonomia na formação docente e que o exercício da docência é permeado por condicionantes sociais, políticas e públicas. Exploraremos aqui os pontos principais que caracterizam os três modelos de formação, buscando elementos que os aproximam e distanciam da ideia de autonomia docente tal como defendemos.

Cada um desses modelos possuem características que procuraram responder a necessidades percebidas na formação docente. Neste sentido, o modelo técnico tem como características um exercício da atividade docente em que as atividades pedagógicas são orientadas por regras fundamentadas no pensamento positivista.

> A ideia básica do modelo de racionalidade técnica é que a prática profissional consiste na solução instrumental de problemas mediante a aplicação de um conhecimento teórico e técnico, previamente disponível, que procede da investigação científica. O instrumental,

> porque supõe a aplicação de técnicas e procedimentos que se justificam por sua capacidade de conseguir os efeitos os resultados desejados (CONTRERAS, 1997, p. 64, tradução nossa).

A prática do professor aparece como fundamentada em um agir instrumental, o qual se caracteriza pela aplicação de técnicas e procedimentos a fim de obter resultados desejados, traduzindo a ideia de que os meios justificam os fins. Nesta perspectiva, a escola, a comunidade escolar, os alunos, o processo pedagógico e os conteúdos são vistos como elementos de uma engrenagem. A relação conhecimento e prática docente são hierárquicas, pois os professores são vistos como técnicos que aplicam o conhecimento desenvolvido por especialistas, dessa forma, o professor fica reduzido a uma condicionante de técnico de aplicação dos conhecimentos escolares constituídos institucionalmente. A perspectiva tecnicista apresenta um olhar, a respeito dos saberes e habilidades do docente, no intuito de dar condições necessárias e suficientes, para aplicação do conhecimento escolar. Assim, consagra-se a concepção da prática de ensino que consiste em uma execução de procedimentos e meios técnicos para conseguir determinados fins.

O traço central dos modelos técnicos é a impossibilidade de uma discussão crítica a respeito dos objetivos, meios e fins que se buscam no contexto educacional, o que acaba por potencializar a aceitação das técnicas de aplicação (CONTRERAS, 1997). Estes modelos reduzem a dimensão formativa, despersonificam e naturalizam a ação docente em função da valorização do sucesso da prática.

Diferentemente do anterior, o modelo prático-reflexivo busca encontrar formas de enfrentamentos de situações imprevisíveis em sala de aula, de situações incertas, peculiares e carregadas por tensões que envolvem pontos de valores morais. Com base nisso, Donald Schön (2000) desenvolveu um modelo teórico tendo como pressuposto básico a maneira como agimos em situações cotidianas, o que se caracteriza por uma perspectiva tácita de conhecimento que conseguimos sistematizar no dia a dia. O conhecimento na ação advém de aprendizagens inconscientes e de ações espontâneas que percebemos tê-las aprendido no momento de sua execução diante de situações imprevisíveis em sala de aula.

O conceito de reflexão na ação está atrelado a um contexto conflituoso no decorrer do qual refletimos no intuito de analisá-lo de forma a reconduzir a ação da melhor maneira possível. Este conceito natural da vida cotidiana possui características particulares no âmbito da sala de aula, os quais aparecem no enfrentamento de situações, por exemplo, aquelas em que se evidencia a dificuldade do trabalho coletivo. Tais situações permitem que o docente constitua um conhecimento experiencial a respeito da forma de reconduzir suas ações pedagógicas com os alunos, tendo como base outras vivências semelhantes enfrentadas por ele anteriormente. Assim, podemos dizer que é essa experiência que oxigena o conhecimento na prática, de modo que, se surge uma nova situação imprevisível que a diferencia de outras que fazem parte do núcleo de situações estabelecidas, torna-se necessário que o professor reflita e contraponha os saberes constituídos no intuito de reconstruí-los em função da nova demanda. Nessa perspectiva, o exercício reflexivo acaba sendo fonte de novas controvérsias e de instituição de dúvidas a respeito das ações pedagógicas a serem tomadas em virtude da dimensão política e social da educação (CONTRERAS, 1997).

Ao reconhecer as incertezas da prática de ensino, o modelo teórico prático-reflexivo constitui uma evolução em relação ao modelo técnico na medida em que reconhece os conflitos de valores da educação. No entanto, embora o reconhecimento dos sentidos moral e pluralista da educação por meio da ação reflexiva seja condição necessária, ele não foi suficiente para reconduzir as tensões políticas, formativas e curriculares no contexto educacional.

Apesar de a ideia de reflexão ser uma condição necessária para o ofício do professor, não se tem muito claro qual o verdadeiro sentido desse termo, ou seja, algo que esteja além da ideia simplista do profissional que reflete de forma individualizada. As principais críticas a esse modelo teórico é que o professor identifica os problemas no âmbito da sala de aula, identifica os limites impostos pela burocracia, reconhece os dilemas morais da docência e tenta criar meios de ação de forma solitária. A dimensão de análise e transformação das tensões escolares não estão presentes nesse modelo.

Opondo-se aos modelos técnico e prático-reflexivo, o modelo crítico de formação de professores fundamenta-se nos pressupostos da teoria crítica advindas dos pensamentos da Escola de Frankfurt. A concepção crítica surge como um novo pensamento analítico que se contrapõe às fundamentações tecnocráticas que engessam a prática de ensino. Normalmente o professor reduz suas ações aos pequenos espaços de ação em sala de aula, mas, na maioria das vezes, isso não é suficiente para atender a todas as dimensões que compõem o processo de formação dos alunos e para poder receber *feedback* a fim de avançar na própria formação docente.

Para Contreras (1997) a compreensão por parte do professor da burocracia e normatizações das estruturas institucionais que podem engessar a sua prática é uma condição necessária, mas não suficiente. Há necessidade de avançar na compreensão de si mesmo e de ir além do reconhecimento por si só dessas estruturas, mas também é fundamental questionar normas, criticar seus limites no que tange à função política, cultural e econômica da educação na sociedade. Nesta perspectiva, a formação se torna um ato político de problematização das diferenças e da superação das tensões a cerca da autonomia docente.

Ao falarmos em formação, concentramos esforços em explicitar os modelos teóricos desenvolvidos nos últimos cinquenta anos. Dessa forma, os princípios teóricos que conduziram a pesquisa nesta área foram bastante discutidos e contribuíram no que se refere às concepções de formação e apontamento de necessidades formativas dos professores.

Formação cultural e semiformação

A constituição do pensar por si mesmo frente ao contexto político-social que o homem vive ocorre pelo esclarecimento, o qual, segundo Adorno e Horkheimer (1985) tinha por função libertar os homens do medo do desconhecido inserindo-o na dimensão de autocompreensão. A libertação do homem por meio da razão, proposição iluminista, é uma das formas de se pensar a modernidade. A racionalidade instrumental que se desenvolveu na égide da Ciência tinha como objetivo o controle da natureza. Desenvolver conhecimento científico que poderia ou não se vincular ao desenvolvimento de artefatos tecnológicos no intuito de facilitar a vida cotidiana. No entanto, a aliança entre Ciência e o capitalismo moderno alicerçou aquilo que era para ser uma situação de liberdade e acesso ao conhecimento, de uma formação política, para o aprisionamento do homem por ele mesmo.

Aquilo que era para ser a formação cultural de homens e mulheres, com o pacto entre ciência e capital, tornou-se semiformação cultural. A apropriação da ciência, e de outras áreas do conhecimento humano pelo sistema capitalista, potencializou um distanciamento do homem da sociedade no seu sentido mais amplo, o político, dificultando a leitura e o entendimento do mundo e promovendo a perda de sentido. Dessa forma, o conhecimento histórico apropriado pelo sistema capitalista tornou-se mercadoria, de modo que o que era um valor cultural para formação humana acabou por se constituir como valor de troca. Nesse contexto, o conhecimento apropriado pela indústria torna-se limpo, organizado e estruturado, sem deixar margens para dúvidas e/ou questionamentos, ou seja, encontra-se pronto para o consumo, que a luz da indústria promete ser rápido e eficaz para dar conta de uma necessidade imediata dos indivíduos. Enfim, a mercadoria, distancia o sujeito da cultura, a experiência da construção do conhecimento, o que é retratado no fato de que tensões, conflitos, dúvidas, curiosidade e criatividade tornam-se cada vez mais distantes e onerosos em termos de temporalidade.

A aceitação da cultura como mercadoria permite que homens e mulheres se tornem autodeterminados e trilhem o caminho da semiformação cultural.

> Os "homens" aderem pelos efeitos desta adesão: na sociedade que se reproduz destacam-se os que aderiram. O preço da adesão – a sujeição e a consequente regressão subjetiva à semiformação – revela-se uma determinação social autoimposta pelos homens (MAAR, 2003, p. 465).

Desse modo, a consciência da sociedade contemporânea é caracterizada por mercadorias com viés de verdade e produzidos por sujeitos cuja função é potencializar a sujeição das massas: "[...] o que se instala como 'cultural' remete à sociedade copiando a si própria, perenizando-a ao orientar-se pela interpretação retroativa da sociedade já feita" (MAAR, 2003, p. 468).

A formação no presente pauta-se pela adequação na continuidade do existente; é semiformação. É formação determinada em sua forma pela própria formação social, pela determinação social (modo) da produção. A negação determinada é o que podemos fazer no plano do já dado em direção ao porvir. Para Adorno essa negação seria efetivamente posta como "única possibilidade" que ainda resta à formação; isto é, o que se mantém de movimento real para além das imposições objetivas que se abatem sobre a formação e que pode ser circunscrito no âmbito do existente; o que seria o seu potencial dialético (MAAR, 2003, p. 469).

Os efeitos da semiformação trazem para o indivíduo uma percepção de estar bem informado. Porém, podemos perceber que há um limite, que é externalizado nas dificuldades de relacionar fatos, analisar e argumentar criticamente a respeito do que é consumido por meio dos produtos culturais massificados (BANDEIRA, OLIVEIRA, 2012).

Ao contrário da semiformação, segundo Adorno, a formação cultural é constituída pelo esforço de aproximação verdadeira do eu em relação ao objeto a ser conhecido, em que, portanto, é preciso haver interesse e disponibilidade de se abrir à investigação dos elementos do mundo (ADORNO, 2003). O exercício da investigação precisa estar vinculado ao comportamento crítico e que apenas com esse exercício pode vislumbrar a emancipação do sujeito social, ou seja, o pensar por si.

Ao olhar a educação com os óculos da teoria crítica, é possível observar como a assimilação cultural e os elementos que caracterizam a semiformação se apropriam do conteúdo escolar. São currículos predeterminados (não há nenhuma preocupação com a complexidade natural dos mesmos), avaliações em larga escala, projetos de ensino predeterminados pelas secretarias de educação, assim como cursos de formação continuada, que, muitas vezes, trazem um modelo de sequência de ensino a ser aplicada em sala de aula sem levar em consideração os processos de ensino e aprendizagem, a prática do professor e a cultura escolar, o que acaba por solapar o potencial criativo e naturalmente investigativo da prática docente.

A formação docente no contexto de um grupo de pesquisa

O grupo de pesquisa AVFormativa[5] originou-se a partir de iniciativas de um conjunto de professores da universidade (ciências

5 Grupo de Pesquisa cadastrado no CNPq: Educação Continuada de Professores e Avaliação Formativa.

e matemática) que possuíam o interesse de compreender as questões educacionais. Neste contexto, este grupo passou a se reunir semanalmente no Núcleo de Ensino de Ciências e Matemática (NAECIM) com o objetivo de discutir problemas inerentes à formação de professores e avaliação em sala de aula. As discussões foram fomentadas e guiadas pelo artigo de Paul Black e Dylan Willian: *Working Inside de Black Box: raising standards in the classroom*. No decorrer das discussões, o grupo sentiu a necessidade de estabelecer uma aproximação com a escola pública, que acabou ocorrendo no segundo semestre de 1999, a partir do convite dos professores da universidade aos professores da escola para reuniões quinzenais no horário de trabalho pedagógico coletivo (HTPC). A parceria entre universidade e escola se desenvolveu ao longo de cinco anos, sendo que, em metade deste período, recebeu financiamento da Fapesp, dentro do Programa Melhoria do Ensino Público. O grupo de pesquisa AVFormativa, vinculado ao Programa de Pós-Graduação em Educação para a Ciência, Unesp, *campus* de Bauru, tem seu início nesse contexto. A estrutura funcional da parceria, baseada no desenvolvimento de trabalhos voltados para a pesquisa do professor, possibilitou a construção de conhecimentos que foram analisados e sistematizados por meio da produção de duas teses de doutorado, uma tese de livre-docência e três dissertações de mestrado.

Atualmente, o grupo AVFormativa é constituído por pessoas com formação e interesses bastante diversificados, mas que se vinculam pela preocupação com a questão educativa. Todos, de alguma maneira, estão envolvidos na realização de pesquisas que, apesar de apresentarem propósitos e abordagens diversos, mantêm como fundamento uma compreensão crítica de sociedade, educação e pesquisa. Na próxima seção, apresentaremos algumas das pesquisas desenvolvidas, na linha de formação de professores, procurando destacar suas contribuições.

As pesquisas em formação de professores no contexto do grupo de pesquisa e a constituição de um programa de formação de professores

A tese de livre docência da professora Orquiza-de-Carvalho (2005) intitulada "A Educação de Professores como Formação Cultural:

a constituição de um espaço de formação na interface entre a universidade e a escola", analisa dados constituídos em um período de quatro anos durante os quais pesquisadores de uma universidade pública e professores de uma escola pública de educação básica lançaram-se em um projeto de *formação continuada de professores na escola básica.* Os referenciais teóricos basilares de sua investigação foram a Teoria da Semicultura, de Theodor Adorno (2003) e a Teoria da Ação Comunicativa, de Jürgen Habermas (1987), com destaque para os conceitos de *crítica, emancipação, formação cultural* e ação comunicativa. Além destes, com o intuito de evidenciar sua inserção na área de ensino de ciências, a autora buscou aporte em referenciais tradicionalmente validados nesta área, quais sejam, o construtivismo crítico e a tradição de pesquisa crítica sobre formação de professores.

Nesta tese, são descritos os caminhos que culminaram com o estabelecimento de um projeto de pesquisa, denominado *A prática da avaliação formativa em uma escola pública*, conhecido entre seus integrantes como Projeto Urubunesp, com financiamento de uma agência, a Fapesp, no qual a escola estabelecia uma parceria com a universidade, para a organização de práticas que levassem os professores à implementar processos formativos de avaliação. Inicialmente dezoito professores da escola, bolsistas, foram envolvidos na construção projetos individuais de investigação e no compartilhamento de propostas de ação na escola. Além dos professores bolsistas, um grupo crescente de professores da escola, não bolsistas, participou de vários momentos do desenvolvimento desse trabalho. Os trabalhos de investigações dos professores ocorreram dentro da escola no interior de grupos constituídos por interesses, tanto no que tange aos professores da universidade como aos da escola, denominados no projeto de *Pequenos Grupos de Pesquisa* que promoviam reuniões semanais para discussão de seus trabalhos, estudos e apresentação de textos de suporte teórico e discussões sobre a própria organização do projeto.

Orquiza-de-Carvalho (2005) apoia-se em Adorno para trazer o conceito de formação, que entende como um processo de "apropriação subjetiva da cultura", ou seja, o processo pelo qual os sujeitos, a partir de suas experiências, pesquisas e reflexões, começam a entender a cultura que o cerca, suas razões, seus processos e seus métodos e se torna passível de compartilhar essa cultura com outras pessoas. Essa formação não pode ser definida *a priori*, mas construída dependendo dos movimentos que ocorrem na totalidade social. Esta concepção de formação alicerça sua entrada na linha de investigação *Formação de professores no contexto da escola*. Sua questão inicial, "Como o entendimento do professor sobre o mundo que está imediatamente ao seu redor, a sala de aula, relaciona-se com o entendimento que ele tem sobre o que ocorre na escola como um todo e no sistema educacional, de forma geral? (ORQUIZA-DE-CARVALHO, 2005, p. 3)", especifica-se, mas não se reduz, a partir de suas reflexões para a questão "Como caracterizar o Projeto Urubunesp na sua pretensão de instância de educação de professores? (ORQUIZA-DE-CARVALHO, 2005, p. 4)". Embora desde seu início o projeto, por parte de seus integrantes tanto da escola como da universidade, fosse entendido como um trabalho de *formação continuada*, era necessária uma investigação mais aprofundada de como essa formação era possível e qual o seu significado. Nesse sentido, a tese busca primeiramente caracterizar o projeto do ponto de vista das estruturas que o sustentavam e depois os processos comunicativos ocorridos e como esses se relacionam com o contexto dos modelos críticos de formação de professores, que são modelos que, de algum modo, se fundamentam na Teoria Crítica da Escola de Frankfurt.

A opção metodológica de investigação no projeto foi a de Investigação Ação de vertente crítica, conforme Wilfred Carr e Stephen Kemmis (1988). A ideia de formação de professores no contexto de uma investigação-ação de vertente crítica é parte do conceito de formação empreendido nesta tese, pois se trata de um processo metodológico que, segundo a autora:

> é dirigida para um ideal educacional (representado por uma intenção pedagógica); focaliza-se na mudança da prática para torná-la mais consistente com aquele ideal; reúne evidência sobre consistente/inconsistente entre a prática e o ideal e procura explicações para as inconsistências, juntando evidência sobre influência do contexto; problematiza algumas das teorias tácitas que embasam e formatam a prática; e envolve os praticantes na geração e teste de hipóteses sobre como efetuar uma mudança educacional valiosa (ORQUIZA-DE-CARVALHO, 2005, p. 43).

Para poder compreender os modos pelos quais o projeto se estruturou, a pesquisadora, usando como fonte de dados cadernos de notas, um trabalho apresentado em congresso, mensagens veiculadas nas listas de e-mails e relatórios apresentados ao órgão financiador, fez um histórico do seu desenvolvimento por meio da identificação de dezesseis fases que se revelaram nas e foram reveladoras das "teias de relações intersubjetivas entre professores da universidade e professores da escola." Essas fases foram delineadas a partir das *aberturas de possibilidades*, que, segundo a autora, "acabaram sempre por engendrar fases seguintes, e a *constituição de necessidades*, que definiram cada fase". Ao final, revelou-se que o coletivo de professores da escola e da universidade fora aos poucos sendo distribuído em uma organização que abrangia quatro níveis de interação: Grupo de Orientação e Planejamento (GOP); Grupo Maior de Discussões (GMD); Pequenos Grupos de Pesquisa (PGP) e Pequenos Grupos de Apoio ao Ensino (PGAE). Do GOP participavam todos, incluindo professores da escola, que queriam discutir os destinos do projeto. Era uma instância exclusiva de discurso prático. Faziam-se aí interpretações do que, de um modo geral, tinha acontecido, visando a replanejamentos do projeto como um todo (engendrando as fases nas quais o projeto pode ser analisado). Do GMD participavam todos os envolvidos e era, por um lado, lugar de assembleias (discurso prático), para discutir problemas práticos entre universidade e escola, e, por outro, ciclo de seminários e discussão geral dos trabalhos individuais dos bolsistas (discurso teórico). O GMD então era, enquanto assembleias, lugar de enfrentamento de antinomias, ou seja, de tensões entre universidade e escola. O GOP tratava de heteronomias e delineava a autonomia (as criações do grupo diante dos percalços). Assim, enquanto o PGP é o lugar da instituição da investigação, o PGAE é o lugar da instituição da docência.

A segunda parte da análise dos dados foi realizada com base na análise de conteúdo (BARDIN, 1997) sobre 44 episódios eleitos a partir de uma seleção considerada representativa de momentos e níveis de interação do projeto, a partir de transcrições de reuniões dos PGP, reuniões de apresentação dos trabalhos individuais para todos da escola e reuniões de discussão dos encaminhamentos do projeto.

Orquiza-de-Carvalho (2005) mostra que, no desenvolvimento da relação universidade-escola em que se constituiu o projeto Urubunesp, houve um processo de aproximação de uma concepção de formação de professores como *formação cultural* no sentido proposto por T. W. Adorno, o que significa que o principal investimento conjunto foi o de inserção lenta e gradual dos professores da escola em uma perspectiva ativo-investigativa sobre a própria prática. Isso foi possível pelo fato de que a aproximação da Universidade com a Escola deu-se a partir de uma perspectiva crítica sobre múltiplos significados produzidos pelo termo *pesquisa do professor*. Esse conceito foi apropriado pelo grupo a partir do estudo de trabalhos de Kenneth M. Zeichner. Por um lado, nos momentos em que os pesquisadores da universidade apresentavam a ideia do desenvolvimento de investigações por parte dos professores da escola, eles não partiam de uma única posição, uma vez que os pesquisadores vinham de diferentes áreas de investigação e também possuíam diferentes experiências com o trabalho de formação de professores. Por outro, os professores da escola traziam suas próprias experiências para se aproximar do termo "pesquisa", que, para eles, era algo totalmente novo. Dessa forma, a riqueza de possibilidades de diálogo verdadeiro produzido entre participantes da escola e da universidade dependeu totalmente do caráter altamente polissêmico do termo "pesquisa do professor". É como se a junção das duas palavras, "pesquisa" e "professor", produzisse o grau de novidade (estranheza) necessário para que a expressão se constituísse como um objeto de conhecimento que conduzisse tanto os integrantes da escola como os da universidade diretamente para dentro do ato gnosiológico.

Importante também como destaque é que a as ideias de Adorno, a partir das quais além do conceito de formação também forneceram os conceitos de autonomia, heteronomia e antinomia, deram um suporte teórico para a compreensão das tensões existentes na relação entre pesquisadores universitários e professores da escola básica. Uma análise dos períodos em que se constitui o desenvolvimento histórico do projeto e de como as interações entre os membros do projeto participantes dessas instâncias (GOP, PGP e grandes grupos de pesquisa – GGP) contribuíram para os processos formativos pode ser vista no trabalho Orquiza-de-Carvalho (2007) bem como em Martinez (2009).

Martinez (2009) propõe investigar quais os aspectos do desenvolvimento do projeto Urubunesp, que busca uma possibilidade de parceria entre a universidade e a escola, contribuem com uma educação para formação de professores para a implementação da avaliação formativa (no sentido propugnado por Paul Black e Dilan Willian). No intuito de melhor constituir e procurar responder à sua questão de pesquisa, a autora se apoia teoricamente nas teorias críticas sobre formação de professores e em uma visão crítica de como os processos de avaliação e o trabalho com desenvolvimentos de projetos podem contribuir para o desenvolvimento profissional de professores em uma vertente crítica. Ao questionar-se sobre a importância do desenvolvimento de uma criticidade por parte do professor da escola sobre seu próprio processo de formação continuada e sobre as dificuldades de um projeto que busca uma parceria entre a universidade e a escola em fomentar atitudes que visam valorizar o potencial de construções de autonomias e o de emancipação nessa relação, a autora se nutre das ideias de Theodor Adorno e Paulo Freire para buscar a compreensão desses processos no projeto Urubunesp.

A metodologia de pesquisa envolveu a organização de vários textos, documentos, produzidos pelos participantes do projeto (professores da escola e pesquisadores da universidade) e de entrevistas reflexivas com professores da escola. A partir desse material, foram elaboradas pela autora narrativas (W. Benjamin) a partir das quais ela procedeu a análise. Assim, seu trabalho organiza a análise em dois capítulos: o primeiro narrando a história do projeto Urubunesp, procurando as contradições (ou as expressões de antinomia) vivenciadas pelos participantes no processo formativo dos envolvidos; o segundo capítulo utiliza um aspecto do chamado Paradigma da Avaliação Emancipatória[6] enfocando a consciência crítica que possibilita ao professor superar as dificuldades encontradas na implementação da avaliação formativa, proposta a partir do Projeto Urubunesp. A autora constrói, para a análise de seus dados, o que denomina de seis eixos integradores do projeto. Três que são fundamentais para sua análise: criatividade (autonomia), coletividade (trabalho individual e em grupo) e diálogo (comunicação e estudo); e três que indicam lócus a partir dos quais busca compreender as expressões de heteronomia, antinomia e autonomia: Unesp, escola e Fapesp. Martinez (2009) considera que um dos pontos mais marcantes do projeto consiste no constante

6 Saul, A. M. *Avaliação emancipatória: desafio à teoria e à prática de avaliação e reformulação do currículo*. São Paulo: Cortez e Autores Associados, 1991.

redimensionamento das ações, isto é, no permanente estado de tensão entre os seis eixos e nos movimentos de articulação entre esses eixos de modo a acertar pontos de vista divergentes e a construção de alternativas para situações contraditórias com os propósitos de formação para a construção de autonomias. No que se refere à análise de como essa parceria favoreceu o processo de formação para implementação da avaliação formativa, a autora apresenta a análise dividida em três momentos: descrição da realidade, crítica do material e criação coletiva.

No primeiro momento, Martinez (2009) procura revelar as atitudes dos participantes; a análise é feita a partir de expressões de três professores da escola constituídas a partir de entrevistas e de relatórios produzidos por esses professores, quando abordam as questões de ordem pedagógicas, de pesquisa e as questões críticas. A autora usa o conceito de *gaps* (lacunas) e considera esses posicionamentos como iniciativas na busca de seu autodesenvolvimento. Em determinadas situações de desenvolvimento do projeto havia os *gaps* ativos que demandavam do professor da escola ações que poderiam lançá-lo do ser ao ser-mais. Os *gaps* ativos dos professores poderiam ser do tipo *desafio*, ou de *reconstrução*, no qual ocorria uma reorganização de ações em relação a algum tema gerador; o *gap desafio debatedor*, no qual o professor desenvolvia uma ação política consciente e com compromisso histórico e, por fim, o *gap ativo de inserção crítica*, no qual o ator tem consciência das dimensões micro (relações aluno-professor), meso (relações entre os sujeitos da escola) e macro (relações institucionais: escola/universidade/Fapesp/Secretaria Estadual de Educação) e suas amarrações burocráticas de forma a coibir e reduzir o desenvolvimento de autonomia docente e compromisso político da mesma. Algo que a autora destaca é que os posicionamentos assumidos pelos professores estavam sempre relacionados aos três eixos: criatividade/autonomia; diálogo/estudo e comunicação; coletividade/trabalho individual e em grupo.

Segundo Martinez (2009) a principal característica do segundo momento de crítica do material expresso é o recuo crítico, assumido pelos próprios professores, quando realizam reflexão sobre a sua prática e tomam consciência, em grupo, das distâncias entre as propostas do projeto Urubunesp e as do próprio projeto de pesquisa, comparando-as com os projetos dos colegas e com as questões apontadas nos referenciais teóricos.

No terceiro momento, criação coletiva, Martinez (2009) analisa as expressões dos professores relacionadas à participação nos Ciclos de seminários dos PGP e nas reuniões coletivas na escola, ao desenvolvimento do relatório de pesquisa individual e à participação nos eventos Reuniões Técnicas e Simpósios organizados pelo projeto. Destacam-se neste momento lacunas referentes a tempo para dedicação à participação nas ações, porém também ações de superação dos possíveis obstáculos.

Martinez (2009) identificou elementos que contribuíram para o surgimento de situações-limites (P. Freire) que culminariam ou não em superações dos professores da escola, por meio da reflexão crítica, em direção à autonomia. Esses elementos seriam: a importância das reuniões para orientação do projeto, das apresentações das pesquisas do professor, dos acordos, das assembleias, e negociações entre os professores da universidade e da escola.

A autora considera que é importante contextualizar os movimentos de busca dos professores, no ambiente cheio de contradições da escola pública estadual de hoje, e que, nesse ambiente, o Projeto significou a denúncia da naturalização do estado de opressão e o constrangimento dos professores para conviver com heteronomias e antinomias, sem o que os processos de construção da autonomia nem sequer puderam ser iniciados. A autora ainda identifica sete formas por meio das quais a parceria universidade-escola pode apoiar os professores a superarem essas contradições do que denomina mundo escolar. A inserção histórica que se manifesta nos momentos de inserção dos professores no projeto e nos espaços em que se posicionaram como debatedores ou expositores de seus próprios investimentos em pesquisa. A inserção posicional que se manifesta nos momentos em que os parceiros procuram romper a tradicional relação vertical encontrada em algumas relações entre universidade e escola. A inserção ao rigor acadêmico, que se manifesta nos momentos em que os professores foram chamados a elaborarem relatórios científicos e apresentações nos eventos e seminários. A inserção emergente, que se manifesta nos momentos de aumento da quantidade e da qualidade de interações com outros sujeitos, tanto da academia quanto da escola, mas que pertencem a outros locais. A inserção temporalizada, que consiste em considerar que o processo formativo demanda tempo e continuidade. A inserção do discente, relacionada ao conceito que expressa mutualidade inseparável entre o educador e educando no processo de ensinar-aprender. As práticas da discência e da pesquisa são fundamentais nos dois momentos do ciclo gnosiológico expressos no início e no fim do processo como autonomia. A sétima e última inserção é a inserção utópica, na qual os participantes do Projeto Urubunesp assumiram uma posição de "denúncia" e de "anúncio", em um processo de conscientização a partir do desafio de se repensarem os dados concretos de duas realidades vividas: professores da escola e professores da universidade.

Chapani (2010) apresenta um estudo sobre como as políticas públicas de formação de professores são constituídas, ressaltando que a participação destes nessa constituição é essencial para o seu processo formativo uma vez que eles são parte importante no processo de elaboração dessas próprias políticas. Nesse sentido, a autora discute a necessidade de uma mudança na racionalidade do desenvolvimento de ações que influenciam a formação docente, ressaltando a racionalidade instrumental que fundamenta essas práticas e argumenta que, por um viés habermasiano, acredita ser possível pautar as ações de formação docente em critérios de racionalidade mais alargados.

A partir daí e considerando argumentos sobre a necessidade de os professores participarem da constituição dessas políticas de formação, apresenta o objetivo e as questões de pesquisa,

> pretendo, pois, analisar a construção das políticas públicas de formação docente, focalizando um grupo de professores de Ciências que atuam em escolas básicas de uma determinada região do interior da Bahia, a fim de clarificar os constrangimentos e influências que sofrem e que produzem nesse processo. Com isso espero contribuir para o alicerçamento de novas possibilidades de formação de professores para atuação política, capazes de levar ao estabelecimento de novas políticas para formação docente (CHAPANI, 2010, p. 19).

Para Chapani (2010) os professores são alvos de ações governamentais compensatórias e de habilitação, longe de políticas de valorização profissional. Por meio da análise de histórias de formação constituídas, a autora avalia que as implicações de políticas públicas estão mais direcionadas para diplomar os professores do que de fato para proporcionar-lhes condições de uma formação plena. Segundo ela, ações vêm sendo desenvolvidas em termos de políticas públicas várias, as quais geralmente são desvinculadas de uma política ampla de valorização profissional, fazendo com que permaneçam as condições que levaram a essa situação. Na perspectiva teórico-crítica de Jürgen Habermas, na qual Chapani (2010) se alicerça, a adaptabilidade é um dos sintomas do estrangulamento do manancial cultural, constituindo-se em um entrave para o encaminhamento de uma formação crítica.

No desenvolvimento de sua pesquisa, a autora apresenta a história das políticas públicas de formação de professores, caracterizando o Estado como agente dessas políticas e reconhecendo que o neoliberalismo na educação tem interferido nessas políticas públicas estatizadas de forma que a identidade dos professores tem sido prejudicada por esse processo. Ao caracterizar o papel do Estado na formação de políticas públicas, apresenta as tradições liberais clássicas e marxistas de Estado, defendendo que cada uma dessas concepções podem estar ligadas a condições impróprias para a criação de políticas públicas para formação de professores que favoreçam tanto o sujeito na elaboração de políticas quanto a arena de conflitos; a partir disso, para que possa tecer críticas às atuais políticas de formação de professores em condições de propor soluções. A autora percorre os caminhos de como as políticas públicas são desenvolvidas em países economicamente mais desenvolvidos e são distribuídas pelos países mais dependentes, tudo isso por meio dos órgãos financiadores internacionais (CHAPANI, 2010).

Ao desenvolver o capítulo da Formação de professores apresenta uma contextualização histórica da concepção grega de formação, a Paideia, considerando essa a raiz do que hoje se conhece por formação cultural no âmbito da Teoria Crítica. Neste capítulo pode-se perceber a uma concepção de formação como o desenvolvimento conjunto de características críticas, reflexivas, criadoras, de modo que seja possível que os professores alcancem a emancipação por meio da criação e sustentação de esferas públicas visando à participação nas políticas públicas de formação de professores.

A autora considera, por meio de suas análises, que os professores pouco participam da formulação das políticas educativas e daquelas relativas à sua própria formação, restando-lhes colocar em prática as ações determinadas pelas instâncias sistêmicas. Para ela, o processo de colonização do mundo da vida na formação profissional restringe-se à transmissão de conhecimento técnico-teórico, necessário ao cumprimento das recomendações sistêmicas tidas como fundamentais.

> A formação docente tem servido principalmente como socialização, eventualmente como expressão de alguma resistência, mas pouco tem colaborado para a construção de propostas contra-hegemônicas, radicadas no mundo da vida (CHAPANI, 2010, p. 202).

A pesquisa mostra que os professores não estão passivos em sua história formativa, sentem necessidade de espaços destinados a essa demanda, e que de alguma maneira investem na construção desses espaços, na maior parte das vezes solitariamente, porém, em algumas situações, em união com os colegas. Na luta por valorizar a escola como espaço de formação e de resistência à invasão das ações instrumentais e estratégicas advinda do sistema, a autora considera que é imprescindível que ocorra o fortalecimento da solidariedade entre os professores. Apoiando-se assim na Teoria da Ação comunicativa, a autora considera que o fortalecimento das relações sociais pelos atores sociais de uma comunidade, neste caso, os professores, se dá por meio do uso de processos comunicativos voltados ao entendimento. Salvaguardar a solidariedade, por meio do fortalecimento de espaços de discussão coletiva, é fundamento de liberdade e direito de indivíduos, o que viabiliza a construção da identidade coletiva docente, o exercício do pensamento crítico, a autocompreensão como ator histórico frente às dimensões teórica e prática do seu saber profissional, desvelando e redefinindo as finalidades social e política do processo educativo do qual faz parte. Para Chapani (2010), a formação autônoma dos professores está associada ao envolvimento crítico nas discussões das políticas da educação e da escola, livre de coerções, desenvolvendo interações cognitivas, morais e linguísticas, as quais se realizam em um espaço democrático, ou seja, as chamadas associações livres. O desenvolvimento de uma práxis comunicativa cotidiana é o meio que homens e mulheres possuem como elemento fundamental para emanciparem-se das ações administrativas radicais do sistema.

Desta maneira, destaca-se a concepção de formação plena defendida no corpo da pesquisa como sendo fundamental para os trabalhos que visem à emancipação do professor: formação crítica que envolva o professor nas discussões políticas da educação e da escola (formação politizada dos docentes). Como outras contribuições para a formação de professores destacamos, do trabalho de Chapani (2010), duas proposições. A primeira é a necessidade de criação de esferas públicas de professores e elaboradores das políticas públicas, com a finalidade de proporcionar aos professores discutir seus contextos de sala de aula para levantar problemas comuns e que deveriam ser debatidos na tentativa de proporem soluções e a segunda, a necessidade de elaboração de políticas públicas baseadas nessas esferas públicas entre Estado e professores, pois entende que a elaboração e execução dessas políticas públicas deve ser parte do processo de formação docente, segundo as premissas da teoria crítica de formação, porque essas atitudes devem promover a reflexão, criação e emancipação no sentido de identificar problemas e criar soluções que deveriam ser discutidas nos momentos de formação, tanto inicial quanto continuada de professores de ciências.

A despeito das invasões sistêmicas na escola, por meio de ações estratégicas e instrumentais, que organizam cursos de aperfeiçoamento, propostas curriculares, projetos e metas, a escola possui valores próprios do seu espaço. Genovez (2008) apresenta um estudo sobre as características do professor exemplar, conhecido e reconhecido pelos seus pares, partindo do que é considerado objeto de valor no campo escola. O autor utiliza de referencial sociológico, segundo Pierre Bourdieu, apropriando-se de conceitos como *espaço social*, *campo*, *habitus*, *capital cultural* e *capital social*. Para a elaboração de sua pesquisa, foram utilizadas diversas fontes de dados: conversas informais com professores e responsáveis pela educação no município, entrevistas, visitas *in loco* a pontos da cidade, observações do próprio pesquisador, registradas no diário de campo, acesso aos documentos oficiais como Atas de Atribuição de Aulas, classificação dos professores efetivos e professores do regime admitido em caráter temporário (ACT), Plano de Gestão da escola na qual a professora estudada (nomeada como M) leciona, acesso a álbum de fotos referente às atividades escolares do ano letivo de 2003 e gravações em vídeo de eventos festivos realizados pela escola em questão.

Na condução da sua questão de pesquisa, "Quais são as características de um(a) bem sucedido(a) professor(a) de ciências na visão daqueles que vivem e constroem o ambiente escolar?" (GENOVEZ, 2008), o autor caracteriza a docência enquanto objeto de valor e as disputas consideradas válidas no espaço escola são construídas a partir dos agentes que vivem e constroem o ambiente escolar.

O autor recorre a Pierre Bourdieu para dar sustentação à relação campo e objeto de valor, que só tem sentido para aqueles que participam e estão presos àquele jogo e, nesse sentido, conhecem e reconhecem os alvos do que está em jogo,

> [...] que um campo só pode funcionar se encontrar indivíduos socialmente predispostos a se comportarem como agentes responsáveis, a arriscarem seu dinheiro, seu tempo, às vezes a honra ou sua vida para perseguir os objetivos e obter os proveitos decorrentes, que, vistos de um outro ponto de vista, podem parecer ilusórios, o que afinal sempre são, na medida em que repousam sobre aquela relação de cumplicidade ontológica entre o hábito e o campo que está no princípio da entrada no jogo, da adesão ao jogo, da *illusio* (BOURDIEU, 2003b, p. 52, citado em GENOVEZ, 2008, p. 143).

Na investigação do campo escola, Genovez (2008) identificou o *habitus* de duas professoras, VP e M, enquanto princípio gerador unificador das práticas voltado para o acúmulo de capital docente, que as permitiram ocupar a posição dominante, em relação ao conjunto dos professores da escola.

A partir do trabalho de Genovez (2008) podemos perceber que, em comparação com o capital social, o capital cultural é o elemento de valor que determina o reconhecimento e a dominação do campo escola. Essa disputa e acúmulo de capital docente são caracterizados por interesses particulares e pela forma como as professoras líderes dos dois grupos incorporavam e aplicavam as orientações da coordenação pedagógica, os Parâmetros Curriculares Nacionais. A professora M, que tinha acúmulo de capital social, dirigia as suas ações para visitas, saídas de campo, realização de atividades experimentais de leitura, passeatas, cartazes em mural, afetividade com os alunos, aproximação dos pais dos alunos e outras ações integradoras socialmente. Suas ações culminavam em conhecimento e reconhecimento por parte dos outros agentes escolares, assim como dos alunos, ao prestarem homenagens nomeando-a paraninfa. Já a professora VP, que dispunha de maior capital cultural escolar e menor capital social, agia no desenvolvimento de peças de teatros, encontros culturais, leitura e interpretação de textos com caráter mais acadêmico trabalhados no HTPC.

Por outro lado, Genovez (2008) observa que há o reconhecimento de estratégias que foram desenvolvidas pela professora VP e que foram incorporadas pela professora M, como o uso da biblioteca e a elaboração de ações em relação a avaliações em larga escala. A professora M compreendia que havia necessidade de utilizar outras estratégias, mesmo que essas ações não estivessem próximas do seu gosto, como avaliações internas e externas, avaliação diagnóstica, provões (avaliação elaborada e aplicada pelos professores da escola com intuito de preparar os alunos para os exames externos como o Saresp – Sistema de Avaliação do Rendimento Escolar do Estado de São Paulo – e o Enem – Exame Nacional do Ensino Médio). Conforme o autor, a professora, "[...] ao realizar de modo exemplar tal prática, impõe aos seus concorrentes o conhecimento e o reconhecimento de sua posição de prestígio" (GENOVEZ, 2008, p. 162).

As análises efetuadas por Genovez (2008) nos fornecem indícios da importância da rede de relações estabelecidas na escola. Percebemos a grande importância do capital social, que a princípio se constitui em um crédito de gratidão, uma vez que esse se converte em parcerias de professores, agregando professores por meio de projetos ou redes de aprendizagem. Uma das redes estabelecidas converte capital social em capital cultural. Ou seja, em virtude da empatia e da afetividade da professora M com os outros agentes escolares, ela consegue iniciar discussões a respeito do conteúdo escolar, particularmente a matemática, no intuito de superar as próprias dificuldades de formação.

Após a leitura e análise do trabalho de Genovez (2008), percebemos que o campo escola possui elementos que o constitui em um espaço de formação. Esses elementos podem ser caracterizados como o desenvolvimento moral e da afetividade, que está associado ao capital social, de alunos e professores, assim como elementos associados ao capital cultural, provenientes de leitura das orientações da coordenação da escola, leitura e interpretação dos Parâmetros Curriculares Nacionais, a organização de eventos culturais etc. O processo de formação está associado a uma ação retroalimentadora dos capitais cultural e social dos agentes escolares.

Concordamos com Genovez (2008) que, para que ocorram um trabalho coletivo e uma travessia dos paradigmas diferentes entre o campo escola e campo universidade (científico), é importante que os professores da escola e os professores da universidade reconheçam os objetos de valor característicos de cada campo.

> A proposta de estabelecimento de um trabalho conjunto entre professores do campo escolar e pesquisadores do campo científico com divisão mais equitativa dos objetivos, tarefas, reflexões, práticas, conteúdos e avaliações oferecidas aos futuros professores, proporcionaria, além da valorização do professor da educação básica, novas oportunidades de produção de conhecimento para o pesquisador e, ainda, uma iniciação ao universo escolar mais condizente com a realidade, sem mencionar que isso poderia gerar novas formas de práticas voltadas para maior autonomização do campo escolar (GENOVEZ, 2008, p. 191).

Por fim, no intuito de desenvolver essa construção de conhecimento, o autor sinaliza para a criação de comunidades de estudo e planejamento de projetos voltados para a escola. Essa organização se daria por áreas, além do que os membros professores da escola seriam responsáveis por administrar um fundo de recursos fornecidos pela secretaria da educação, no intuito de subsidiar proposta que nasce na escola (GENOVEZ, 2008).

As análises efetuadas por Genovez (2008) mostram a importância da rede de relações estabelecidas na escola, sendo que uma delas converte capital social em capital cultural. Observamos então, por meio da análise, que há um processo de formação da professora de ciências com relação ao conteúdo de matemática. A professora tem dificuldade de ensinar esse conteúdo nas suas classes de matemática e essa dificuldade é encaminhada pela relação que mantém com a professora de matemática, uma vez que há, da parte da professora de ciências, o investimento em capital social que posteriormente se reverte em uma parceria para encaminhar as suas dificuldades. Nesse sentido, percebemos que essas relações contribuem para encaminhar o processo de formação dos professores. Conforme Genovez,

> o capital social que a professora M coloca em jogo, ou é acionado por seu esquema de percepção, quando escolhe uma determinada série de matemática, sabendo que pode contar com o auxílio da professora MI, para auxiliar-lhe em suas dificuldades com o conteúdo matemático, no momento de preparação ou realização das aulas diversificadas (GENOVEZ, 2008, p. 149),

o que por sua vez, lhe permite acumular mais capital e convertê-lo em capital cultural.

Assim, partindo dos resultados da tese, consideramos que o campo escola também se constitui em um espaço de formação e, principalmente, como objeto de valor a docência. Apoiamos a aposta de Genovez (2008) que considera relevante "a proposta de estabelecimento de um trabalho conjunto entre professores do campo escolar e pesquisadores do campo científico com divisão mais equitativa dos objetivos, tarefas, reflexões, práticas, conteúdos e avaliações" (GENOVEZ, 2008, p. 191) uma vez que essa prática proporcionaria aos futuros professores e docentes da Universidade, além da valorização do professor da educação básica, novas oportunidades de produção de conhecimento para ambas as comunidades e, ainda, uma iniciação dos docentes da universidade ao universo escolar mais condizente com a realidade, sem mencionar que isso poderia gerar novas formas de práticas voltadas para maior autonomização do campo escolar.

Na busca do entendimento de como ocorre o processo de aproximação universidade-escola, Freitas (2008) volta-se para o entendimento da formação do professor da universidade que atua nas licenciaturas em ciências e matemática, procurando compreendê-la a partir de uma situação em que pesquisadores em biologia, física, química, matemática e educação científica participam de um projeto de formação continuada de professores de uma escola pública, no qual coordenavam grupos de trabalho e assumiam a orientação de pesquisas realizadas pelos professores da escola.

O olhar analítico voltou-se para uma dupla interação, qual seja, entre acadêmicos que pesquisam nessas diferentes áreas da ciência e entre eles e os professores da escola. A tese consiste na seguinte proposição: situações caracterizadas pelo trabalho conjunto entre professores da universidade e professores da escola são potencialmente ricas para que os primeiros produzam conhecimento sobre objetos relacionados à docência.

Fundamentando-se em Pierre Bourdieu e Paulo Freire de maneira a capturar tanto as questões estruturais quanto as epistemológicas no processo de formação do professor da universidade, a autora apresenta as condições do Projeto que potencializam a formação desse professor centrando nos aspectos da interiorização e exteriorização das estruturas existentes.

O referencial bourdieniano foi útil para compreensão de como a estrutura, forjada pelo projeto, em sua interface na relação universidade-escola, corroborou para manutenção do *status quo* ou para uma dinâmica que possibilite novos encaminhamentos em uma perspectiva transformadora das relações entre os sujeitos envolvidos. A intenção da autora é introduzir na formação os aspectos tanto subjetivos quanto objetivos das condições desses sujeitos. Alguns conceitos são explorados de maneira a abordar como o sujeito incorpora, interioriza e exterioriza a estrutura dada, reproduzindo a visão dominante, sem que haja um afastamento para esse fim. A ideia de campo é de fundamental importância nesse trabalho uma vez que a ideia de formação estará associada ao campo de origem desse sujeito. No encaminhamento da perspectiva de formação construída no projeto, partindo da relação entre professor da universidade e professor da escola, a autora se apropria do conceito de relação apresentado por Pierre Bourdieu. Essa apropriação é articulada com a ideia de formação do professor da universidade na sua relação com o professor da escola, que, para a autora, não pode estar desvinculada da abordagem de questões relacionadas aos conceitos apresentados em Pierre Bourdieu de hierarquia e de violência simbólica. Segundo a autora, esses conceitos estão relacionados com o conceito de campo, com a visão dada pela classe dominante do que é legítimo, e é dessa forma produto de lutas e disputas ocorridas no espaço social pela classificação e ascensão de um grupo em relação ao outro. No seu estudo, a autora parte do que é considerado objeto de valor, de disputa, pela universidade e daquilo que é considerado objeto de valor, de disputa, na escola. Lançando mão de abordagem interpretativa, classifica os dados do ponto de vista da estrutura social e do ponto de vista da epistemologia procurando explicitar tanto os aspectos voltados para estrutura social (hierarquia e legitimidade) quanto os relacionado à legitimidade.

O referencial freiriano propiciou à autora lançar outro olhar focando no sujeito em processo de aprendizagem e, dessa maneira, apresentar categorias relacionadas à dimensão epistemológica do conhecimento explicitando as condições e a investida do professor da universidade e da escola nos seus processos formativo. Alguns conceitos são explorados para melhor compreender como se dá a construção do objeto de conhecimento pelos docentes, isto é, a questão epistemológica. A dialética entre a subjetividade do indivíduo e a objetividade da estrutura, a política da alienação, o compromisso com o rigor, pela liberdade, e a busca e compreensão dos espaços possíveis são algumas categorias do pensamento freireano exploradas ao longo da tese.

Para Freitas (2008), a formação está definida no sentido da "transformação", leva em conta que os sujeitos/agentes estão inseridos em estruturas estruturantes que são perpassadas por valores, os quais são assumidos pelos pontos de vistas tomados a partir de posições que ocupam no espaço social. Essa concepção de formação está relacionada ao questionamento das certezas, possibilitando o restabelecimento de uma nova leitura do campo, e está associada à interiorização e exteriorização da estrutura, daquilo e sobre aquilo que é assumido anteriormente como dado.

O nosso caminho em busca da definição dessa formação ocorreu por uma estrutura que privilegiava a *Escola*, enquanto possibilidade de diálogo com a cultura geral, o qual permite que todos, acadêmicos e professores, se sintam desafiados. Enquanto espaço *intercampos*, essa estrutura possibilitava aos acadêmicos (por meio do diálogo, da argumentação e da utilização do rigor) entender os limites e os condicionantes de sua ação, trazendo à tona sua *individualidade*, o que implica respeitar o seu próprio tempo e o seu grau de compromisso para com o Projeto. Além disso, suas investidas, nos vários fóruns, permitiam que o dinamismo dos arranjos do Projeto fossem sempre reavaliados, o que colaborava para que o ambiente permanecesse provocador (FREITAS, 2008, p. 136).

A autora na apresentação dos resultados explicita a ocorrência de processos de formação ocorridos, no percurso do processo de investigação e orientação, por meio do reconhecimento/conhecimento por parte dos integrantes, apontando que isso foi possível graças ao intercruzamento de olhares do que cada um desses grupos tinha como valor. A explicitação das relações ocorridas entre professores da escola e da universidade construídas por meio de situações dadas pelo projeto foram classificadas pela autora em dois tipos de movimento denominadas intragrupos e intergrupos, o primeira ressalta as investidas na produção da identidade, interesses, disposições, sinais de distinção, referentes a cada grupo; o segundo, por sua vez, ressalta e está relacionado com captar a interação entre essas diferentes identidades, constituindo os princípios subjacentes, implícitos, ao projeto como um todo. Esses movimentos ajudam a autora a elucidar a complexidade das relações existentes no projeto e a apresentar os princípios que fundamentaram as práticas construídas: interdisciplinaridade e a autoavaliação. A autora em sua análise busca situar as características do projeto que fomentaram a formação do acadêmico. Para isso, indica quatro argumentos. O primeiro argumento diz respeito ao reconhecimento dos princípios sustentadores do projeto, vistos como basilares e alvo do próprio jogo. Foram eles: a interdisciplinaridade e a autoavaliação. Ambos possibilitaram a crítica ao instituído, não sem a apropriação de uma cultura geral e sem que o sujeito assumisse compromisso individual e coletivo.

Por causa das características do projeto, a interdisciplinaridade foi uma novidade e privilégio desencadeados pela estrutura do projeto, proporcionando aos acadêmicos uma maior interação com todos os professores da escola, o que exigiu deles o enfrentamento de barreiras interdisciplinares. A autoavaliação, por sua vez, deveria contribuir com o desenvolvimento do projeto tanto na dimensão individual quanto na coletiva. Segundo a autora, o projeto, enquanto estrutura, conduzia os sujeitos a internalizarem os princípios a partir dessas três características:

> (a) o estabelecimento de princípios norteadores das normatizações para ação (por exemplo, apoio no trabalho dos grupos, necessidade de aprofundamento teórico e definição da autonomia

> individual); (b) a definição de um "espaço público" do Projeto, no qual as normatizações e todos os princípios já explicitados eram maximamente expostos e (c) o desencorajamento da cobrança de atitudes e ações sobre os participantes e entre participantes. Esse princípio permitia que os investimentos individuais a serem realizados e o modo de condução desses investimentos fossem matéria de foro individual. Isso significa que os acadêmicos e professores eram os responsáveis por decidir o quanto e como iriam se envolver e abraçar o projeto (FREITAS, 2008, p. 124).

O segundo argumento é o de que a coexistência de diferentes possibilidades de envolvimento com o projeto em diferentes níveis possibilitava seu caráter dinâmico. Nesse sentido, Freitas (2008) afirma que havia três formas de envolvimento dos professores da escola e da universidade em relação ao projeto: envolvimento e participação nas discussões a respeito das orientações e (re)orientações do projeto na escola; dedicação com as pesquisas individuais (professores da escola) e as orientações individuais (professores da universidade), ações voltadas pela manutenção do projeto, porém não necessariamente deliberativas a respeito do rumo a se seguir; e o interesse particularmente pessoal voltado a adquirir capital que fosse valorizado pelo subcampo de origem. Essa coexistência possível conferia uma liberdade relativa aos partícipes, justificando o aumento do grupo de pessoas que passaram a participar da primeira possibilidade de envolvimento. O terceiro argumento refere-se ao reconhecimento de que as melhores condições de haver formação dos acadêmicos estão associadas à sua participação efetiva nas decisões sobre os rumos que a ação conjunta devia tomar, a cada momento, o que se deu não somente ao investimento pessoal desses docentes, mas também às proximidades entre os diferentes atores, no espaço social. O quarto e último argumento é a perspectiva do sujeito que se relaciona com o objeto de conhecimento. Vinculando a perspectiva epistemológica com a estrutura, o fato de os acadêmicos terem tido a possibilidade de orientar "a pesquisa do professor" foi, de diferentes formas, determinante para que eles se aproximassem da docência enquanto objeto de conhecimento.

Interseções e perspectivas

As teses defendidas pelos membros do grupo AVFormativa fornecem elementos para introduzirmos e avançarmos na compreensão de um programa de formação de professores com base na relação universidade-escola em que se constituiu o projeto Urubunesp. O estudo de algumas das teses de doutoramento defendidas no interior do grupo de pesquisa possibilita reconstruir um percurso que, retrospectivamente, se constitui em um processo, ou programa, de formação de professores. As teses elencadas se apropriaram de uma concepção de formação de professores como *formação cultural* no sentido de T. W. Adorno e também utilizam-se de outros constructos teóricos que se apoiam nos estudos de Pierre Bourdieu e Paulo Freire e nos permitem estabelecer uma forte correlação entre as disputas, a violência simbólica pela determinação da ordem estabelecida e os processos formativos, o que oportuniza um olhar crítico das políticas de intervenção do Estado, do papel da universidade e da escola na condução dos processos de construção da identidade coletiva, da formação cultural e de emancipação.

Essa formação pode ser observada em episódios escolhidos para análise nos trabalhos e que permitiram a configuração das práticas que se organizavam como GOP, PGP, reuniões técnicas (RT), reuniões gerais e simpósios, o que já denunciava a perspectiva de que a formação cultural somente pode ocorrer em estreita cumplicidade com a formação de personalidade e com a formação de ordens de relações pessoais, as quais se solidificam em instituições sociais, conforme a perspectiva de formação de Jürgen Habermas.

Consoante a essa concepção de formação está a necessidade de que os sujeitos sejam produtores de cultura e conhecimento, o que significa que o principal investimento conjunto é o de inserção lenta e gradual dos professores da escola em uma perspectiva ativo-investigativa sobre a própria prática, aproximando-se de transformá-la em práxis. Conforme Martinez, os pesquisadores da universidade em conjunto com os professores da escola aproximam-se da perspectiva da docência abrindo-se para as possibilidades de relações que o termo "pesquisa do professor" pode proporcionar. Cabe ressaltar que o caráter altamente polissêmico do termo "pesquisa do professor" constituiu o "chão" a partir do qual foi possível identificar a riqueza de possibilidades de diálogo verdadeiro produzido entre participantes da escola e da universidade no desenvolver do projeto Urubunesp. O fato de os professores da universidade estarem centrados em lançar-se na problemática a respeito de qual seria a base da investigação conduzida pelo professor da escola, buscando de alguma forma apoio teórico de maneira a evidenciar em como ela se constituiria, possibilitou, de alguma forma, que assumissem o papel de protagonistas nas ações de compartilhamento com os professores da escola, os quais traziam, por sua vez, o cotidiano da sala de aula ou da escola construindo argumentações, apresentando seus pontos de vista de modo "livre de coerções", isto é, permitindo-se reformulações de suas hipóteses iniciais e buscando compreensões mútuas considerando-se os distintos interesses e diferentes disposições.

A aproximação do que é considerado objeto de valor na universidade, a pesquisa, com o que é considerado objeto de valor na escola, a prática de sala de aula e, de uma maneira geral, a docência, buscando compreensões mútuas, possibilitou a ambas vivenciarem processos comunicativos voltados ao entendimento. A partir dessa abertura, pode-se investir na busca pelo compartilhamento de valores pelo lado da escola e da universidade, o que não se apresenta como algo fácil de ser construído ou mesmo que não apresente problemas que possam contribuir para a não construção de autonomias. A possibilidade de imposição de hierarquias de valores não apenas é uma violência simbólica, pela imposição do que será objeto de valor, como também tal legitimação atua de maneira desfavorável aos encaminhamentos de processos formativos, permitindo que apenas alguns pontos de vistas sejam priorizados.

No que tange aos processos ocorridos no Urubunesp, observou-se que, ao ir à escola, os professores da universidade vinham com um conjunto de disposições que os levavam à escola e os professores da escola, por sua vez, também buscavam a melhoria do seu ensino por meio do contato com a universidade. O fato relevante é que nem os professores da escola assumiriam os valores da universidade em detrimento dos seus, nem os pesquisadores poderiam assumir os valores do campo escolar como incorporados pelos professores.

A possibilidade de compartilhamento desses valores é pressuposto para a construção do diálogo e a possibilidade de compreensão mútua possibilita a formação cultural no sentido de compreensão da cultura, não no sentido de assimilação mas sim de emancipação, um pensar conjunto que encaminha ações para a libertação no campo de origem. Nesse cenário, as relações são de parceria, de colaboração, reciprocidade e valorização das diferenças, o que se evidencia são os diferentes tipos de conhecimentos que não se submetem à hierarquia preestabelecida, constituindo-se em processos emancipatórios.

Para professores da universidade, embora a prática investigativa lhes seja cara, objeto de valor, essa prática, na maioria das vezes, está dissociada da sua docência. Pelo lado do professor da escola, embora a docência se constitua em algo de disputa, o isolamento do professor e o olhar não investigativo não o permitem avançar na crítica, na construção da autonomia, afastando-se assim do processo de emancipação. A aproximação desses objetos de valores que nos campos de origem são considerados objetos de disputa se constituiu, segundo as análises apresentadas nas teses de Orquiza-de-Carvalho e de Freitas, como formativo para ambos, professores da escola e da universidade.

Essa perspectiva de processo formativo apoiada em critérios de racionalidade críticos já anunciava, por um lado, a necessidade de lidar com os condicionantes externos, tanto os relacionados com as políticas de formação quanto os relacionados com a violência simbólica que não favorece que determinados grupos, estando em uma posição dominada dentro de uma estrutura social, se reconheçam enquanto produtores de objetos de valor, produtores de conhecimento. Esses condicionantes, conforme a teoria de Pierre Bourdieu, agem de maneiras implícitas e explícitas, por meio da interiorização e exteriorização da ordem estabelecida, de maneira a romper com instâncias de processos comunicativos, minando oportunidades relacionadas à construção coletiva e à busca da identidade profissional, tanto de forma a reconhecer-se como parte, quanto de assumir responsabilidades frente às próprias decisões tomadas no decorrer do processo de formação. Chapani e Genovez nos ajudam a elucidar esse processo.

Chapani (2010) retrata a importância de os professores participarem no decorrer do seu processo de formação da elaboração das políticas públicas de formação. Essa perspectiva já se mostrava necessária e fundamental no decorrer do Projeto Urubunesp que esbarrava nas influências e determinações das políticas de formação impostas pelo Estado rompendo com instâncias de processos comunicativos, relativos a oportunizar os professores a participar de processos de construção coletiva de sua identidade profissional, reconhecendo-se como parte e assumindo responsabilidades frente às próprias decisões tomadas no decorrer do processo de formação. Essa autora, denunciando as políticas de formação propostas quanto ao investimento solitário do professor no seu processo formativo, chama a atenção para o fato de que os professores não estão passivos em sua história formativa, eles sentem necessidade de espaços destinados a essa demanda e, de alguma maneira, investem na construção desses espaços. Esse modo de entender nos ajuda a elucidar os estudos relativos ao processo de formação dos professores no Projeto Urubunesp, que já indicavam a necessidade de estabelecimento de processos comunicativos em que os professores assumissem papéis de protagonistas de sua formação, explicitando o quanto os professores se tornam reféns de políticas de formação, em muitos casos assumindo-se como parte delas, defendendo-as, às custas de minar o fortalecimento de processos e espaços de produção coletiva voltado ao entendimento e construção da cultura, o que sinaliza a necessidade de uma formação docente pautada em critérios de racionalidade mais críticos. Nas práticas estudadas no âmbito do projeto Urubunesp, embora ainda não houvesse explicitamente uma intenção anunciada pelos pesquisadores, observa-se com esse novo olhar proposto por Chapani (2010) que os processos comunicativos ali existentes já permitiam retratar as práticas cotidianas com um olhar crítico, esboçado na comunicação de cada grupo e nas apresentações realizadas pelos integrantes, tanto dos PGP quanto nas RT, diferenciando-se da prática de formação solitária a que, na maior parte das vezes, os professores são submetidos. Isso sinaliza que o projeto Urubunesp também apresentou como marca a valorização da escola como espaço privilegiado de formação e local de onde, a partir de organização dos professores, se pode resistir às invasões sistêmicas.

Genovez (2008) apresenta seu estudo de maneira a defender que nos processos emancipatórios sejam incluídas perspectivas de valorização de grupos que se apresentam hierarquicamente em uma posição dominada, mostrando que essa hierarquia é produto de uma violência simbólica. Por meio desses estudos foi possível compreender a necessidade de processos comunicativos que tragam a baila valores considerados próprios a cada campo específico no sentido de articulação das ações dos professores na escola e na universidade e a perspectiva metodológica da pesquisa-ação como orientadora dos processos de tomadas de decisão. Nessa perspectiva, ambos os grupos (escola e universidade) estão em processos de formação, o que nos permite referir ao projeto Urubunesp apontando para as implicações da avaliação formativa em práticas emancipatórias, enquanto proposta de um programa de formação dos professores.

O trabalho de Freitas (2008), apoiando-se em teóricos como Pierre Bourdieu e Paulo Freire, trata de como essas práticas foram construídas e dos diferentes propósitos os quais possibilitavam que toda a ação fosse planejada. O seu estudo traz como contribuição a ideia do Projeto enquanto estrutura, o que possibilitava organizar e fundamentar as práticas em torno de princípios os quais permitiam, por meio da sua veiculação, agregar indivíduos possibilitando-os que enxergassem suas práticas como parte do Projeto. Esses processos se deram por investidas primeiramente na interação entre professores e alunos, reunindo, pelas investigações individuais, um conjunto de problemáticas que afetava as práticas dos professores na sala de aula; em segundo lugar, nas interações entre professores da universidade e da escola, compartilhando valores da escola e da universidade e os envolvendo por meio das investigações na geração de testes e hipóteses de como encaminhar uma mudança educacional valiosa; em terceiro lugar, nas interações ocorridas entre professores da escola; e em quarto lugar, nas interações ocorridas entre professores da escola, da universidade e professores de outras universidades e de outras escolas possibilitando compartilhar e ampliar o debate referente às investigações e encaminhar novas problemáticas. As práticas permitiam compartilhar as pesquisas individuais, unir e construir os grupos nomeando-os com os diferentes traços distintivos, isto é, identificando-os segundo características próprias a cada grupo e estabelecer vínculos entre a pesquisa, a sala de aula e o todo da escola. Permitiam lidar com as várias concepções de pesquisa existentes entre professores da escola e da universidade e entre esses e os professores da escola.

Para Orquiza-de-Carvalho (2005) e Freitas (2008), a ideia de formação no Projeto previa não apenas a vivência, mas o entendimento do papel das diferentes práticas, dos princípios nelas veiculados, por parte de todos os integrantes, e a possibilidade e chamada permanente para a participação dos indivíduos de maneira a transitarem nas diferentes práticas, abrindo-se cada vez mais para os diferentes processos ali ocorridos. A entrada e o compromisso assumidos pelo professor durante estes processos permitem o entendimento do professor sobre o mundo que está imediatamente ao seu redor, a sala de aula, abrindo a possibilidade do entendimento do professor sobre o que ocorre na escola como um todo e no sistema educacional de forma geral. Nesse processo de formação, pode ser observada a ocorrência de distintos processos de inserção em práticas sociais, PGP, RT, seminários em HTPC e simpósios, que possibilitaram ao professor se pronunciarem frente aos grupos, o que se caracteriza para o grupo da universidade como base para um programa de formação de professor.

Referências bibliográficas

ADORNO, T. W. *Educação e Emancipação*. 3 ed. Rio de Janeiro: Paz e Terra, 2003.

ADORNO, T. W.; HORKHEIMER, M. *Dialética do esclarecimento:* fragmentos filosóficos. Rio de Janeiro: Jorge Zahar, 1985.

BARDIN, L. *Análise de conteúdo*. Lisboa, Portugal; Edições 70, LDA, 1997.

BANDEIRA, S. B.; OLIVEIRA, R. A. Formação cultural e semiformação: contribuições de Theodor Adorno para pensar a educação hoje. *Educação*, v. 35, n. 2, 2012, p. 225-232.

CARR, W.; KEMMIS, S. *Teoría crítica de la enseñanza:* la investigación-acción en la formación del profesorado. Barcelona: Martínez Roca, 1988.

CHAPANI, D. *Políticas públicas e história de formação de professores de Ciências:* uma análise a partir da teoria social de Habermas. Tese (Doutorado em Educação) Programa de Pós-Graduação em Educação para Ciência, Faculdade de Ciências, Universidade Estadual Paulista, Bauru, 2010, 421 f.

CONTRERAS, J. *La autonomia del professorado.* Madrid: Ediciones Morata, 1997.

FREITAS, Z. L. *Um projeto de interação universidade-escola como espaço formativo para a docência do professor universitário*. Tese (Doutorado em Educação para a Ciência). Faculdade de Ciências, Universidade Estadual Paulista, Bauru, 2008, 140 f.

GENOVEZ, L. G. R. *Homo magister*: conhecimento e reconhecimento de uma professora de ciências pelo campo escolar. Tese (Doutorado em Educação para a Ciência). Faculdade de Ciências, Universidade Estadual Paulista, Bauru, 2008, 241 f.

GIROUX, H. *Os Professores como intelectuais*. Porto Alegre: Artes Médicas, 1997.

MAAR, W. L. Adorno, Semiformação e Educação. *Educação e Sociedade*, v. 24, n. 83, 2003, p. 459-476.

MARTINEZ, C. L. P. *Formação de professores e avaliação formativa:* análise de um projeto de interação universidade-escola. Tese (Doutorado em Educação para a Ciência). Faculdade de Ciências, Universidade Estadual Paulista, Bauru, 2009, 155 f.

ORQUIZA-DE-CARVALHO, L. M. *A educação de professores como formação cultural:* a constituição de um espaço de formação na interface entre a universidade e a escola. Tese (Livre Docência). Faculdade de Engenharia de Ilha Solteira, Universidade Estadual Paulista, Ilha Solteira, 2005, 255 f.

ORQUIZA-DE-CARVALHO, L. M.; MARTINEZ, C. L. P.; OLIVEIRA, E. R. Interação universidade-escola: autonomia, heteronomia e antinomia. *Revista Nodos y Nudos*, v. 3, n. 23, 2007, p. 27-48.

SCHÖN, D. A. *Educando o profissional reflexivo:* um novo design para o ensino e a aprendizagem. Tradução de Roberto C. Costa. Porto Alegre: Artes Médicas Sul, 2000.

Capítulo 7

A construção de processos de formação inicial de professores de ciências de vertente crítica: as licenciaturas em ciências como foco de pesquisa

João Ricardo Neves da Silva[1]
Cinthia Leticia de Carvalho Roversi Genovese[2]
Moisés Nascimento Soares[3]

Sobre as urgências da formação tecnicista e as necessidades de uma formação inicial de professores de ciências de vertente crítica

Um dos focos da segunda parte deste livro está na construção de uma concepção ampla sobre processos formativos de vertente crítica, baseando-nos principalmente em pesquisas desenvolvidas no grupo de pesquisa Educação Continuada de Professores e Avaliação Formativa, conhecido como AVFormativa. Neste capítulo, em particular, focalizaremos concepções de formação inicial de professores, mais especificamente em licenciatura em física, matemática, química e biologia. Estaremos interessados na reconstrução de relações e concepções que subjazem os fazeres das licenciaturas analisadas, bem como nas teorias, métodos e conclusões dos trabalhos.

1 Doutor em Educação em Ciências. Docente do Instituto de Física e Química da Universidade Federal de Itajubá (IFQ/Unifei). E-mail: jricardo.fisica@gmail.com.

2 Doutoranda em Educação em Ciências. Docente da Faculdade de Educação da Universidade Federal de Goiás (UFG). E-mail: cinthiaufg@gmail.com.

3 Doutor em Educação em Ciências. Docente do Departamento de Ciências Biológicas da Universidade Estadual do Sudoeste da Bahia (Uesb, *campus* de Jequié). E-mail: moiseshs@yahoo.com.br.

Ao iniciar uma discussão mais aprofundada sobre as relações e processos de formação que são e/ou deveriam ser desenvolvidos nas licenciaturas em ciências da natureza, é importante compreendermos em que contexto estas têm se desenvolvido e como as pesquisas na área de educação em ciências têm as considerado nas últimas décadas. Particularmente, é importante que adentremos a discussão sobre como referenciais críticos sobre a formação de professores de ciências, tais como aqueles utilizados no grupo de pesquisa AVFormativa, têm compreendido a atuação das licenciaturas.

Formação de professores por um viés crítico implica que, para além de propagar conhecimento historicamente construído, o processo formativo se dá ao longo de seu desenvolvimento. Entendemos que a constante dialética entre pensar e agir, ou, de outra maneira, entre teoria e prática, está no cerne da construção de conhecimento sobre a docência (ORQUIZA-DE-CARVALHO, 2005) e que, portanto, os modelos técnicos e práticos não sustentam uma ideia de formação que se dá no desenvolvimento da práxis do professor. Bastos e Nardi (2008) evidenciam a necessidade de questionamento em relação à totalidade social implicada nessa concepção.

> [...] como reação ao tecnicismo e ao modelo clássico do professor reflexivo, diversos autores vêm defendendo a ideia do professor como intelectual crítico. O professor concebido em tais vertentes tem como ponto de partida de seu trabalho o questionamento das ideologias e das estruturas econômicas, políticas e sociais vigentes, vislumbrando, em última instância a transformação da situação de desigualdade e opressão em que vive a maioria da população humana (CONTRERAS, 1997; MARCELO GARCÍA, 1999; GIROUX, 1997).
>
> Nesse caso, a reflexão, não especificada em outras abordagens, é substituída por uma reflexão crítica, a qual só se torna possível com o auxílio dos instrumentos teóricos adequados (que desvelem os processos de geração e manutenção das desigualdades e da opressão) (BASTOS, NARDI, 2008).

Nesse sentido, defendemos que o professor que leciona ciências necessita estar preparado para compreender as relações existentes entre os inúmeros fatores sociais, políticos, econômicos, históricos e epistemológicos que envolvem o desenvolvimento da ciência que ensina e, com isso, poder decidir, planejar e agir em uma aula de física. Desse modo, para compreender a formação de um professor de ciências, por exemplo, precisamos considerar que são vários os seus condicionantes e que nem sempre todos eles dizem respeito ao conhecimento único e exclusivo da disciplina de ciências que lecionam.

Muitos dos teóricos críticos desenvolveram reflexões e teorias que contribuem para a discussão da formação de professores e, consequentemente, para as licenciaturas. Com as pesquisas que se apoiavam e propunham uma vertente crítica de formação de professores, foram feitas propostas de práticas e reflexões que buscaram considerar uma totalidade de aspectos (CARR, KEMMIS, 1988). Estas trazem características tais como "formação para a ação social", sendo então defendida uma formação de professores como intelectuais críticos e transformadores da realidade social na qual se inserem (GIROUX, 1997).

Nessa forma de pensar, a busca da relação dialética entre teoria e prática surge como "potencial emancipador do sujeito em formação" (Sutil, 2011), em que o conteúdo específico não é visto de uma forma separada dos questionamentos do professor sobre a validade das teorias, as formas de construção desses conceitos e formar também alunos críticos. De fato, o conteúdo específico é entendido como parte essencial e insubstituível de um conjunto de conhecimentos em estudo.

> Conforme Diniz-Pereira (2002), modelos de formação de professores podem ser compreendidos nas perspectivas técnica, prática e crítica. Na perspectiva técnica, se sobressai a teoria em relação à prática. Na perspectiva prática, as reflexões centram-se na prática dos professores, enfatizando o pensar sobre essa prática. Na perspectiva crítica, a pesquisa adquire caráter mais abrangente, sendo voltada à transformação social. Nessa modalidade, uma das possibilidades é a investigação-ação (pesquisa-ação) educacional de perspectiva emancipatória (SUTIL, 2011, p. 15).

Ao assumirmos uma postura crítica de formação de professores, levantamos várias perguntas no que diz respeito aos reflexos desse modelo sobre as práticas dos professores, por exemplo: Como formar futuros professores que sejam capazes de compreender a relação teoria-prática em sua natureza dialógica? O que é necessário no processo de formação inicial de professores para que se assuma uma formação de vertente crítica? Que responsabilidades recaem sobre os professores universitários formadores de professores quando se assume essa necessidade? De que maneira a universidade e o contexto atual de produção da ciência pode influir no processo de formação nas licenciaturas?

Para a universidade, no contexto de progresso da era da industrialização, as ciências da natureza perderam seu poder de manutenção de uma imagem do mundo em favor de um saber tecnicamente aplicável, o que não é muito diferente do cenário em que se encontra a universidade hoje. Goergen (1998) afirma que a ciência, no século XX, começou a ser vista como símbolo do progresso e, em consequência, uma das maiores preocupações do homem passou a ser "fazer ciência" (p. 1). Ou seja, na análise deste autor, o desejo da sociedade de produzir ciência está bastante ligado ao fato de esta ser considerada combustível do progresso. Contudo, essa ciência passou a ser avaliada por uma perspectiva técnica, ou seja, "segundo o seu maior ou menor sentido prático" (p. 4), e isso se estabeleceu na universidade:

> A universidade foi paulatinamente incorporando esse sentido prático do saber. Dela se espera, cada vez mais, que produza conhecimentos úteis e também forme pessoas capazes de atender aos quesitos de um mundo laboral moldado pelas mesmas ciência e tecnologia (GOERGEN, 1998, p. 1).

Nesse sentido, desencadeou-se uma separação muito intensa entre as áreas do conhecimento – ou das ciências –, de modo que as lógicas investigativas de cada área passaram a ser quase que completamente distintas. Aos poucos, principalmente a partir da revolução industrial, a ciência ganhou uma autonomia de pesquisa tão grande que a universidade passou a ser um órgão regulador e administrativo da formação técnica, perdendo muito de sua concepção inicial.

Particularmente, desde o início da década de 1970, a universidade brasileira sofre um processo de esvaziamento de sua função social, rendendo-se às formas de administração, que são estreitamente ligadas ao mercado e ao progresso político-econômico (FREITAS, 2008). Nesse contexto, o processo de formação de pessoas parece ter sido muito brevemente a veia ideológica da universidade brasileira, que já logo foi impregnada por uma ênfase na "formação de profissionais para o mercado". Nas palavras de Chauí (2001), isso fica bem delineado quando afirma que:

> A universidade brasileira está encarregada dessa última forma de instrumentalização da cultura. Reduz toda a esfera do saber à do conhecimento, ignorando o trabalho do pensamento. Limitando seu campo ao do saber instituído, nada mais fácil do que dividi-lo, dosá-lo, distribuí-lo e quantificá-lo. Em uma palavra: administrá-lo (CHAUÍ, 2001, p. 59-60).

A autora ainda afirma que as reformas proporcionadas pelos últimos governos da década de 1990 transformaram definitivamente a universidade em uma organização, a qual difere de uma instituição "por definir-se por uma prática social determinada de acordo com sua instrumentalidade" (CHAUÍ, 2001, p. 51). Assim, como organização, a universidade não está mais ligada a ideais de legitimação interna e externa de conhecimentos, mas a estratégias traçadas segundo objetivos que se quer cumprir. E esses objetivos são econômicos e de poder no campo das ciências, em sua maioria.

Retomando a questão da formação inicial de professores neste contexto, na estrutura universitária da modernidade, os cursos de licenciatura em física tem sido vitimados por uma invasão de pressupostos segundo os quais a formação do estudante é pensada de forma a atender às necessidades da pesquisa em ciência e do desenvolvimento tecnológico aplicado ao mercado. Nesse cenário, o preparo do professor universitário passa a um segundo plano, e isso mesmo nos cursos de licenciatura, nos quais a grande maioria dos docentes têm formação em bacharelado e desenvolvem pesquisa em áreas que não se envolvem com o ensino de física.

A partir desse cenário, podemos compreender as possibilidades de o futuro professor participar, durante a licenciatura, de processos diversos que sejam estruturados com base em uma perspectiva crítica. Nesse viés, apresentamos, neste capítulo, uma sistematização de trabalhos de pesquisa desenvolvidos para e na licenciatura em ciências e matemática, com base nos referenciais críticos condizentes com o escopo do Grupo de Pesquisas AVFormativa.

Os processos formativos desenvolvidos no contexto da pesquisa na e sobre as licenciaturas

Uma série de pesquisas no âmbito do grupo de pesquisa AVFormativa procuraram compreender processos e situações da formação inicial de professores, ou seja, tiveram como situações de pesquisa aquelas ocorridas nos cursos de licenciaturas. Dessa maneira, é importante compreender quais são os problemas investigados nessas pesquisas no intento de construirmos o conjunto de temáticas que são oriundas dos modos e proceder na licenciatura. Assim, apresentamos os problemas construídos nas pesquisas do grupo AVFormativa e que se desenvolveram nas licenciaturas em ciências.

No trabalho desenvolvido por Sutil (2011), a temática principal é a das negociações, elaboradas principalmente a partir dos referenciais de Habermas (2003) e Freire (1979a). A autora apresenta a problemática formal da pesquisa como se tratando das possibilidades de desenvolvimento de relações de comunicação dialógica em sala de aula com alunos da licenciatura em Física por meio do desenvolvimento de negociações. Para isso, apresenta algumas concepções iniciais a partir do quadro teórico de pesquisa.

> Ação dialógica e comunicativa se insere nessa perspectiva crítica, situando a pesquisa em ensino de Física em âmbito formativo. Humanização e libertação. Formação de cultura, sociedade e personalidade, de responsabilidade e autonomia. Formação inicial e continuada de professores de Física, de formandos e de formadores em problematização da prática educacional em Física. Ação dialógica e comunicativa, inserida nesse modelo crítico de formação de professores, estrutura o desenvolvimento desta pesquisa (SUTIL, 2011, p. 17).

Então, recorre à teorização sobre investigação temática, em Freire, para propor ações de formação dos licenciandos em suas pesquisas individuais. As investigações temáticas, como referencial freireano, conduzem os trabalhos da autora.

> A investigação temática possibilita a abertura do diálogo e o desvelamento do pensar dos envolvidos na atividade educativa, suas situações-limites, buscando a vivência de atos-limites. Tais situações-limites viabilizam a proposição de temas geradores. Interdisciplinarmente, os temas geradores analisados e discutidos passam a constituir perspectiva de diversas áreas de conhecimentos sistematizados, a redução temática, e são representados em situações, a codificação. A descodificação constitui o processo analítico, em que o tema representado na situação codificada é decomposto em partes, em movimento de ida das partes ao todo, e vice-versa (SUTIL, 2011, p. 19).

Assim, com base nessas compreensões teóricas sobre as possibilidades da comunicação dialógica na formação inicial de professores, a pesquisadora construiu uma análise buscando evidenciar as negociações empreendidas pelos alunos ao longo do planejamento e execução de uma pesquisa em ensino de física, objeto de estudo dos licenciandos em seus trabalhos de conclusão de curso (TCC).

Segundo a autora, as questões de pesquisa que nortearam sua investigação são expressas da seguinte maneira: Que negociações podem ser identificadas em uma concepção de formação de professores de física, como ação dialógica e comunicativa, abrangendo estágio curricular supervisionado e pesquisa em ensino de física como atividades formativas, em processo de problematização da prática educacional em Física? Que implicações essas negociações podem trazer para a formação inicial e continuada de professores de física? (SUTIL, 2011, p. 22).

A partir daí, foi possível também teorizar sobre o conceito de negociações, norteador da pesquisa. Como conceito integrador das concepções teóricas apresentadas, a autora sustenta a ideia de negociações de significados, nas quais há a possibilidade de empreender construções conjuntas de acordo com as perspectivas dialógica e comunicativa. A autora apresenta uma definição de Druckman (2008), evidenciando um caráter controverso que caracteriza o conceito.

> Negociação é uma forma de troca social que contrapõe motivos opostos de *cooperação e competição*, um contra o outro. Muitos negociadores buscam alcançar um acordo com o outro; eles também aspiram um *acordo* que sirva seus próprios objetivos. Este conceito dual é refletido em um processo que consiste de ambos: barganha e *resolução de problemas*. Um bom negócio da literatura de pesquisa e prática concentra-se nas formas para desempenhar tais atividades efetivamente (DRUCKMAN, OLEKALNS, 2008, p. 2, apud SUTIL, 2011, p. 87, grifos nossos).

E complementa a definição trazendo-a para a compreensão do processo formativo em educação de vertente crítica.

> Em ação dialógica e comunicativa, negociar se associa a formar e transformar; significa formação de cultura, sociedade e personalidade, coletivamente, em comunicação livre de coerção; traduz a realidade como espaço e tempo de possibilidades; constitui base da pronúncia do mundo, em ação e comunicação. Dessa forma, negociação pode ser compreendida como processo colaborativo, crítico e criativo, de resolução de conflitos e construção/reconstrução de acordos, respeitando as diferenças dos sujeitos envolvidos; serve à libertação e humanização (SUTIL, 2011, p. 90).

Assim, ao analisar detalhadamente as construções conjuntas de negociações de significados por licenciandos em Física ao longo da elaboração e discussão de suas pesquisas de TCC e de suas práticas de Estágio Supervisionado, a pesquisa de Sutil (2011) debruçou-se sobre o papel dessa metodologia de ação da disciplina em questão no desenvolvimento de uma formação crítica, na perspectiva dialógica e problematizadora desses futuros professores de física. Ou seja, a temática nesta pesquisa é a das possibilidades da construção de negociações na formação crítica dos licenciandos.

Já o trabalho de Alves (2010) se volta sobre a constituição da identidade do docente durante o desenvolvimento dos estágios disciplinares obrigatórios. A justificativa da pesquisa dá-se principalmente a partir das constatações dos aspectos pouco formativos que os estágios têm cumprido na formação dos professores de física na licenciatura e da disparidade entre o discurso acadêmico sobre as necessidades do estágio curricular e sua prática nas licenciaturas.

> Diante disso tudo, o discurso acadêmico defende que o professor reflita sobre sua prática, que a (re)planeje, que compreenda bem a sua função social no processo ensino-aprendizagem (levando em conta questões como avaliação, violência, indisciplina, consumo de drogas, questões socioambientais etc.). Mas durante a sua formação inicial foram/são garantidas condições de investigar a sua prática e o que a envolve (KINCHELOE, 1997)? Por um lado, nega-se a possibilidade de iniciar a construção da identidade de *professor e pesquisador* na formação inicial do professor de Física, mais especificamente durante a vivência no Estágio Curricular Supervisionado; mas por outro, o mesmo o discurso defende esse espaço como privilegiado à construção de identidades. Esse discurso acadêmico se contradiz! (ALVES, 2010, p. 17, grifo nosso).

A partir disso, é uma reflexão sobre as potencialidades do estágio na formação do professor de física que conduz todo o trabalho, uma vez que o autor defende a tese segundo a qual "a vivência da interlocução entre teoria prática – práxis – no desenvolvimento de uma proposta educacional na formação inicial de professores de Física é condição imprescindível para a construção de uma identidade – a de professor e pesquisador em ensino de Física" (ALVES, 2010, p. 18).

Então, delineia uma pesquisa que tem por objetivo "Analisar o processo de construção de uma identidade – de professor e pesquisador em ensino de Física - em uma proposta educacional desenvolvida na formação inicial de professores de Física" (ALVES, 2010, p. 19), desenvolvida em uma proposta de estágio supervisionado.

Ao apresentar os termos e conceitos dos referenciais críticos de formação de professores, o autor aprofunda sua compreensão do que seria um processo de formação e desenvolvimento da identidade docente em uma disciplina de estágio fundamentada nos princípios da investigação-ação de vertente emancipatória, como expresso:

> Com isto, é possível afirmar que o processo social em evidência nesta tese – de uma identidade coletiva – se trata do desenvolvimento da proposta educacional na formação de professores de Física em um curso de licenciatura, focado nas relações objetivas e intersubjetivas estabelecidas na formação do professor e pesquisador em ensino de Física. Ou seja, enquanto processo social ela envolve a participação de diferentes sujeitos, como alunos e professores da licenciatura; professores de Física que atuam na Educação Básica; bem como alunos da Educação Básica das escolas públicas envolvidas com o Estágio (ALVES, 2010, p. 72).

Então, tendo a investigação-ação de vertente emancipatória como orientação teórico-metodológica para o desenvolvimento de suas ações de pesquisa, dedica-se a apontar as necessidades de formação que podem ser contempladas com esta fundamentação. Faz isso apoiando-se, principalmente, em Carr e Kemmis (1988), Freire (1979b) e Giroux (1997) e Mion (2001).

Para a compreensão a compreensão teórica do referencial metodológico adotado, o autor argumenta que a investigação-ação: proporciona uma condição para que os aprendizes superem entendimentos próprios distorcidos, por meio da análise de como suas próprias práticas e os entendimentos destas estão/são configurados por condicionantes ideológicos bem amplos; estabelece a veiculação entre a reflexão e a ação, permitindo aos professores e aos demais envolvidos a possibilidade de compreensão de como podem superar aspectos de natureza social que inibem mudanças; e é determinada por comunidades autocríticas de investigadores. Com isso, o autor assume que o estágio supervisionado baseado em um processo de investigação-ação é analisado em sua pesquisa no intento de compreensão de seus efeitos. Assim, a investigação-ação de vertente emancipatória é "[...] uma forma de investigação autorreflexiva feita em situações sociais, pelos participantes, no sentido de melhorar a racionalidade e justiça de suas próprias práticas, seu entendimento sobre essas, e situações que essas acarretam" (CARR, KEMMIS, 1986, p. 162). Em adição, Angulo Rasco (1990, p. 40) entende que a investigação-ação "é um processo epistemológico de indagação e conhecimento, um processo prático de ação e mudança, e um compromisso ético de serviço para a comunidade social e educativa" (ALVES, 2010, p. 73).

O planejamento dos estágios supervisionados de ensino de física, então, é realizado nessa perspectiva, de modo que a atividade de estágio passa a ser uma atividade de pesquisa e problematização da própria prática como professor. Como descrito pelo autor, nesse momento do estágio, o licenciando passa por um processo dialógico problematizador da própria prática.

> Após, o foco passa a ser a *"Problematização de conceitos e práticas"*, com a sustentação do estudo já empreendido acerca da *concepção educacional dialógico-problematizadora* centra-se o trabalho no desenvolvimento de atividades educacionais, dando início ao processo de formação *do professor e pesquisador* em ensino de Física. Para tanto, o esforço se dá em torno do ato educativo, tendo como método científico da investigação-ação de vertente emancipatória a espiral autorreflexiva em exponencial, fundamentada em Kurt Lewin, composta por momentos de *planejamento, ação, observação e reflexão* (ALVES, 2010, p. 76, grifos nossos).

A proposta de estágio, contemplada nas disciplinas de Estágio Supervisionado de Física I e II, descrita pelo autor e analisada durante a pesquisa, ainda aborda com os licenciandos em física temas que vão desde "Prática de transformação de um objeto técnico em um equipamento gerador", "Reinvenção da ideia de temas geradores proposta por Paulo Freire" e "Modalidades de avaliação na Educação Básica", até situações mais conceituais ou filosóficas do ponto de vista do ensino, tais como "Concepções educacionais vigentes no ensino de Física" e "Investigação da realidade educacional".

Ainda, baseado na espiral da investigação-ação, os licenciandos desenvolvem seus estágios passando pelas etapas de planejamento, ação, observação e reflexão, ou seja, elaboram o plano de estágio, desenvolvem este plano nas escolas e realizam uma coleta de dados com uma metodologia elaborada por eles próprios, por fim participando de um momento de reflexão coletiva sobre os relatos da prática do estagiário. Os momentos de reflexão coletiva são realizados em seminários nos quais são confrontados os resultados e as concepções elaboradas pelo licenciando com as vivências dos colegas na mesma situação de estágio em outras escolas. A docência nesses estágios tem duração de um ano letivo, pelos motivos apontados pelo autor:

> Também há a justificativa epistemológica, fundamentada na intenção em mudar a concepção de formar professores. Dentre outras coisas, formar diferente o professor implica uma vivência do aprendiz de professor e pesquisador em ensino de Física durante um ciclo completo, pautado por início, meio e fim. Ou seja, a vivência de um ano letivo completo, vivenciando a realidade educacional (ALVES, 2010, p. 84).

Considerando que a construção da identidade de professor e pesquisador em ensino de física parte de muitas demandas, contradições e situações-limite, as quais são fundamentais ao estudo da formação inicial do professor de física no Brasil, o autor salienta: a necessidade de formar quadros, pois o cenário atual dá conta de que o que dispôs de recursos humanos está aquém da demanda; a necessidade de fortalecimento dos quadros já existentes via profissionalização dos professores, inclusive em nível *stricto sensu*; bem como o rumo que a formação docente no Brasil tem tomado, desde a vigência das diretrizes curriculares nacionais para a formação docente.

Guimarães (2011), em sua tese intitulada "Raciocínio informal e a discussão de questões sociocientíficas (QSC): o exemplo das células-tronco humanas", buscou compreender como licenciandos em Ciências Biológicas da Universidade Federal de Sergipe entendem as pesquisas com células-tronco humanas e como defendem seus argumentos. O autor também investigou as concepções destes graduandos sobre o início da vida humana. O problema principal da tese desse autor está concentrado nos aspectos sociocientíficos desse tipo de discussão com os licenciandos, na medida em que o tema não se encerra apenas com os conhecimentos científicos sobre o assunto.

Assim, na tentativa de promover um espaço de discussão formativa que levasse em conta todos os aspectos da formação de opiniões sobre a pesquisa com células-tronco, foi desenvolvida uma pesquisa em que o próprio autor diz: "Sendo assim investiguei a argumentação manifestada por professores de ciências e biologia em formação em relação ao tema 'pesquisas com células-tronco'" (GUIMARÃES, 2011, p. 49).

Como a interação entre os estudantes era importante para os objetivos da pesquisa, Guimarães (2011) utilizou o grupo focal como estratégia metodológica de constituição dos dados.

Para a realização do grupo focal, foram selecionados dez licenciandos em ciências biológicas que já haviam concluído a disciplina de embriologia para que pudessem participar de discussões sobre células-tronco (GUIMARÃES, 2011).

Antes da discussão foi solicitado, de modo facultativo, que os participantes assistissem a dois programas de TV: uma entrevista realizada pelo programa Roda Viva da TV Cultura, com a pesquisadora doutora Mayana Zatz, e um debate promovido pelo programa Opinião Nacional, da mesma emissora. Participaram deste debate a Dra Alice Teixeira Ferreira, professora de biofísica da Unifesp, a integrante da ONG "Católicas pelo Direito de Decidir" e socióloga, Dulce Xavier, o geneticista do Hospital Albert Einstein, Carlos Alberto Moreira Filho, e o Padre Vando Valentini, coordenador do Núcleo Fé e Cultura da PUC/SP (GUIMARÃES, 2011). Os vídeos tiveram o objetivo de aproximar os participantes do debate que a sociedade brasileira estava vivenciando naquele momento. O autor também solicitou que os integrantes do grupo lessem um texto desenvolvido pelo próprio autor, intitulado "As células-tronco como questão sociocientífica", que continha informações sobre as pesquisas com células-tronco. O grupo focal durou aproximadamente oitenta minutos. Após um mês, o autor realizou uma entrevista com cada participante, com duração aproximada de oito minutos. Na entrevista, Guimarães (2011) buscou obter informações a respeito da opinião de cada participante sobre quando ocorre o início da vida humana e qual a importância de participar de um grupo que discutiu uma questão controversa para a sua formação docente.

Com esta atividade desenvolvida, foi possível analisar todas as discussões em sua íntegra e analisar as argumentações desenvolvidas pelos futuros professores, em busca de compreender como e com base em que se sustentam essas argumentações. Todo esse processo se deu com base na ideia de *layout* argumentativo, de Toulmin (2006).

Em suas conclusões, Guimarães (2011) destaca que um importante produto da interação entre os participantes foi a construção coletiva de seus argumentos. O autor também salientou o papel da mídia como um elemento mediador que, ao entrevistar pesquisadores e demais pessoas que exercem alguma influência na sociedade para promover a discussão de temas polêmicos, auxiliou os participantes a levantarem pontos importantes de interesse ético e social.

Com relação à formação crítica por meio das QSC, Guimarães (2011) defendeu que a argumentação em sala de aula permite "resolução racional de desacordos e disputas e, assim, pode contribuir para o desenvolvimento da racionalidade e do pensamento crítico" (p. 147). Destacou também uma ligação entre a discussão de QSC e a aprendizagem de conceitos científicos, defendendo que os professores precisam estar preparados para promoverem tais discussões.

O problema de pesquisa investigado por Soares (2009), em sua dissertação de mestrado, têm bases também na perspectiva crítica de formação de professores. Ou seja, ainda com outras possibilidades para ver a formação de professores, em sua dissertação de mestrado intitulada "Sentidos sobre o Ensino de Biologia e sobre a trajetória formativa: as vozes dos licenciandos sob a égide da perspectiva crítica", a pesquisa buscou referenciais críticos para refletir sobre a formação inicial de graduandos que cursavam a licenciatura em ciências biológicas de duas universidades públicas. O autor analisou os sentidos educativos que se revelaram na trajetória formativa dos graduandos e seus possíveis "porquês".

O autor caracteriza o objetivo principal da sua pesquisa da seguinte maneira:

> O presente estudo teve como problemática investigar os sentidos educativos que os formandos dos cursos de Licenciatura de Ciências Biológicas de duas universidades públicas possuem sobre o ensino de Biologia e sobre a trajetória formativa obtida na graduação. Bem como os possíveis porquês destes sentidos, com vistas à obtenção de subsídios para se repensar a formação inicial de professores à luz da perspectiva crítica (SOARES, 2009, p. 2).

Com esses objetivos em mente, Soares caracterizou o "cenário teórico" de justificativas de sua pesquisa a partir da constatação de que o ensino de ciências e de biologia cada vez mais tem se distanciado das possibilidades de formação crítica. Então, anuncia as possibilidades formativas para a formação inicial do professor de biologia com base nesses referenciais, como no seguinte:

> Diante desta perspectiva de um novo olhar para o ensino de Biologia, agregando também as contribuições da Teoria Crítica, inevitavelmente somos impelidos a nos debruçar sobre a insubstituível demanda por uma formação docente em Biologia e Ciências que seja igualmente crítica e transformadora. Sendo assim, acreditamos que a noção do educador visto como um intelectual crítico, tal qual Giroux (1997) desenvolve, bem como as matizes do pensamento freireano e adorniano em torno das questões formativas se coadunam com esse viés de uma Biologia circunscrita nas tramas histórico-sociais e político-culturais (SOARES, 2009, p. 17).

A pesquisa, caracterizada como um estudo exploratório, obteve informações por meio de questionários com perguntas abertas e entrevistas com graduandos que cursavam o terceiro ano do curso de Licenciatura em Ciências Biológicas, em dois campi da mesma universidade estadual, ambas localizadas no Estado de São Paulo. Para realizar a seleção dos formandos que seriam entrevistados, Soares (2009) elencou quinze critérios que se coadunavam direta ou indiretamente aos referenciais críticos que balizavam a pesquisa, como o ensino para a formação humana e cidadã, a problematização dos conteúdos científicos e visualizar a própria formação docente como necessária para promover a autonomia e a criticidade, entre outras.

Por outro lado, o autor também observou que os discursos escritos poderiam ser simples reprodução de um suposto "pensamento crítico", resultante de ideologias voltadas para a racionalidade técnica e instrumental, presentes tanto em escolas como em universidades.

> [...] não descartamos a possibilidade de que a incorporação de um discurso aparentemente crítico que fala de autonomia, de cidadania, de criticidade, de qualidade de vida, de ação, possa estar impregnada por todos estes mecanismos que alienam as consciências dos formandos e que não as emancipa no processo (SOARES, 2009, p. 123).

Assim, em suas análises, identificou diferentes visões sobre o ensino de Biologia e o papel do professor. Interessante pontuarmos que, durante as análises, nas respostas ao questionário, prevaleceu o posicionamento mais utilitarista e pragmático do professor, em detrimento de uma perspectiva voltada para a autonomia, reflexão, com valores humanísticos. Em contrapartida, os dados das entrevistas possibilitaram uma análise mais acurada, que permitiu ao pesquisador investigar os sentidos educativos presentes nas falas dos formandos.

Neste sentido, o autor valoriza em seu trabalho a grande contribuição do diálogo, por ter proporcionado conhecer um pouco a trajetória de vida dos licenciandos, pois suas falas, na ação dialógica, proporcionaram maior reflexão e aprofundamento sobre a importância da defesa de um ensino de biologia emancipatório, voltado para a atuação política do professor, à luz dos referenciais críticos.

Soares (2012), em sua pesquisa de doutorado intitulada "O estágio curricular supervisionado na licenciatura em ciências biológicas e a busca pela experiência formativa: aproximações e desafios", investigou as contribuições e limitações do conceito de experiência formativa, propondo uma reflexão aos modelos críticos de formação de professores, inclusive para a reestruturação dos projetos de estágio supervisionado, tanto nas universidades como nas escolas.

Ao pensar em uma formação de professores na perspectiva crítica, Soares fundamentou sua pesquisa a partir dos teóricos Theodor Adorno, Walter Benjamin, Henry Giroux e Paulo Freire. Suas contribuições à compreensão do conceito de experiência formativa culminaram na elaboração de uma proposta de estágio curricular supervisionado, da qual participaram, como sujeitos da pesquisa, 37 estudantes do curso de licenciatura em Ciências Biológicas de uma universidade pública do Estado de São Paulo.

Atuando como professor-bolsista da referida disciplina, o pesquisador constituiu seus dados a partir de diversos instrumentos: questionários, reuniões de grupo focal, seminários, além de registros escritos autobiográficos, relatórios e projetos colaborativos de estágio (SOARES, 2012).

Os dados obtidos tiveram o propósito de atender a três objetivos: averiguar, a partir da implementação da proposta de estágio, como os licenciandos percebem sua experiência formativa; refletir como essa percepção se aproxima da perspectiva do professor como intelectual transformador; e, por fim, pensar em uma reconstrução do modelo crítico de formação de professores de ciências biológicas.

A proposta de uma disciplina de estágio supervisionado que tem como pressuposto a formação crítica de professores teve grande influência da participação de Soares (2012) no grupo AVFormativa, do qual o autor participa desde 2007.

Soares (2012) estruturou sua proposta em cinco eixos formativos: Escola, comunidade e ambiente; Currículo e ensino de ciências e biologia; Planejamento de projetos colaborativos; Estratégias formativas para a reflexão crítica da prática pedagógica; e Socialização da produção curricular em outras esferas públicas.

Em suas análises, o autor percebeu que a formação inicial crítica de professores pode ficar um pouco limitada, pois os graduandos ainda não estão atuando em sala de aula. Assim, ainda não vivenciam a importância de pensar e refletir sobre a própria prática questões como o autoritarismo, o bancarismo e os preconceitos, além do reconhecimento sobre a "importância de os professores se organizarem como uma coletividade que toma decisões" (SOARES, 2012, p. 226).

Por isso, o estágio curricular supervisionado torna-se tão importante na formação inicial. É essa disciplina que tem a possibilidade de proporcionar uma formação de melhor qualidade política e social. É claro que uma proposta isolada não é o suficiente, é preciso unificação no curso (SOARES, 2012). No entanto, os conhecimentos e aprendizagens oriundos de sua tese permitiram a configuração de nove aspectos que podem ser considerados na elaboração e na implementação das disciplinas de estágio supervisionado:

1. Utilizar referenciais teóricos que tenham uma concepção crítica de educação, como mediadoras das ações formativas.
2. Garantir a formação dos grupos de trabalho, para que eles enfrentem os confrontos pessoais e profissionais de forma a elaborar estratégias de superação dos diversos desafios que a prática educativa impõe.
3. Manter o contato com a teoria, para que as ações possam ser identificadas e refletidas, ao perceber que a educação está imersa em um processo econômico, político e social.
4. Possibilitar a criação de condições para que os estagiários considerem as características de cada comunidade escolar na elaboração de seus projetos.

5. Promover um conjunto de estratégias formativas que auxiliem os graduandos a refletirem criticamente sobre suas ações e seu papel na sociedade. Algumas estratégias utilizadas por Soares (2012) foram os seminários, narrativas autobiográficas e reuniões de acompanhamento, por exemplo.
6. Discutir os entendimentos que os sujeitos têm sobre o papel social da educação, do professor, do currículo e as interações que existem entre a sociedade e a escola.
7. Trabalhar os entendimentos que os graduandos possuem sobre a sua identidade como docentes, a partir de sua própria história de vida e do estudo e compreensão dos conceitos de semiformação e bancarismo.
8. Buscar sempre o compromisso ético nas ações e reflexões do formador, a fim de proporcionar o fortalecimento coletivo e pessoal dos futuros docentes.
9. Participar de forma articulada e intencional de outras esferas públicas, sendo "[...] crucial para que os futuros professores se conscientizem da vitalidade do senso de organização coletiva, do calor dessa coletividade para uma práxis transformadora" (SOARES, 2012, p. 230). É importante salientar que o grupo de trabalho formado por Soares, na disciplina de estágio supervisionado, também participou do evento Encontro de Prática de Ensino de Física de Ilha Solteira, de cuja organização o grupo AVFormativa também participou.

Por fim, o autor concluiu que é preciso e possível repensarmos o objeto do estágio supervisionado como uma disciplina que tem potencial para auxiliar o processo da permanente construção das identidades dos licenciandos e dos docentes, tanto nas escolas quanto nas universidades, já que todos estamos em constante transformação.

Azevedo (2011), em seu trabalho de mestrado intitulado "Competência comunicativa de futuros professores frente à diversidade religiosa na abordagem do tema Origem do Universo", buscou investigar as posturas adotadas por futuros professores de física diante de modelos não científicos (religiosos) apresentados por alunos da educação básica sobre as origens do universo. Para isso, alicerçou-se no referencial habermasiano, buscando indícios de competência comunicativa em assuntos que se relacionam com a religiosidade, como no caso de sua pesquisa, na discussão da temática "Origem do Universo" entre professores e alunos da educação básica. O autor defende a pertinência deste tema da seguinte maneira.

> Uma questão que emerge ao constatar-se a necessidade da abordagem dessas questões socioculturais em sala de aula diz respeito ao modo pelo qual essa inserção se dará. Afinal, como incluir, nos currículos já superlotados das aulas de ciências, questões socioculturais como estas? Certamente um tópico a mais a ser abordado no currículo não seria bem recebido. E no caso específico deste trabalho, seria o caso de se inserir na grade curricular dos cursos de licenciatura um tópico do tipo "A questão religiosa acerca do início do Universo"? (AZEVEDO, 2011, p. 34).

A pesquisa de Azevedo se baseia, então, nos referenciais que estudaram a relação entre ciência e religião na história da ciência, mas se pontua no contexto da formação inicial de professores para o trabalho com estes assuntos em sala de aula. Dessa maneira, o trabalho se desenvolve a partir de entrevistas com os alunos formandos de um curso de licenciatura em física, a fim de compreender como a formação científica do futuro professor tem influências sobre as competências desse futuro professor no trabalho com o tema citado. O critério de escolha baseou-se no fato de que alunos formandos teriam maiores condições de avaliar o impacto do curso em suas ideias e formação sobre as relações entre a temática e o tratamento dela em uma perspectiva de pluralidade cultural.

A pesquisa também se baseia em um ponto especifico do referencial habermasiano para defender a ideia de que os professores de ciências devem manifestar características de "Competência Comunicativa" (HABERMAS, 2003) para estarem em condições de debater os temas de ordem científica e religiosa em sala de aula.

Segundo o autor do trabalho, os posicionamentos dos licenciandos vão ao encontro das características defendidas teoricamente, na medida que conclui que a maioria dos futuros professores de física participantes das entrevistas manifestam possibilidades de diálogo entre as duas concepções aparentemente conflitantes sobre o tema "Origem do Universo".

Essas questões são também importantes na formação dos professores nas licenciaturas, que deve se preocupar com a formação de seus licenciandos para o desenvolvimento dessas competências comunicativas desejadas. Veremos que outros trabalhos se debruçaram sobre a questão da forma de abordagem de assuntos relativos à história e filosofia das ciências na formação inicial em ciências, como é o caso da tese de doutorado de Portela (2014).

Portela (2014) investigou o processo vivido por licenciandos de Física dentro de uma proposta que visava à construção da cultura científica na escola dentro de um "espaço" criado na interface de duas disciplinas do curso de licenciatura em Física, da Unesp, *campus* de Ilha Solteira. As disciplinas foram Estágio Supervisionado II (ESII) e História da Física (HF), ambas realizadas no ano de 2011, a primeira durante todo o ano e a segunda no primeiro semestre deste. O pesquisador fazia seu estágio de docência nas referidas disciplinas.

Os dados foram constituídos por meio de: transcrições de áudio de aulas das disciplinas ESII e HF; anotações e observações do próprio pesquisador; gravações de atividades de planejamento das aulas realizadas pelos licenciandos; os textos de cunho histórico elaborados pelos licenciandos durante a regência no estágio; e relatos de alunos sobre suas aulas de regência realizados na lista de e-mails.

A proposta foi desenhada da seguinte maneira. Na disciplina ESII, a professora responsável solicitava aos estagiários que realizassem, em bases regulares, relatos livres, orais e escritos, sobre situações ocorridas nas quarenta horas de regência na escola, os quais eram recorrentemente discutidos, constituindo-se a matéria principal das aulas na universidade. Além disso, no segundo semestre, os estagiários realizavam, em pequenos grupos de discussão e também na aula na universidade, uma análise de conteúdo desse material, como um exercício de autocompreensão tanto de si mesmos como da realidade de imersão do grupo de estágio na escola, a fim de que constituíssem experiência coletiva de investigação-ação.

Já na disciplina HF, sob a responsabilidade da mesma professora de ESII, eram estudados textos que buscavam enfatizar as ideias, os conceitos e as teorias científicas enquanto inseridos nos contextos sócio-histórico em que foram elaborados, abrangendo assim as grandes sínteses da física, como a pré-científica (aristotélica), a física clássica (paradigma newtoniano) e a física quântico-relativística.

O desafio estava posto na criação de possibilidades de articulação entre as duas disciplinas em uma perspectiva de problematização do conhecimento científico, isto é, de sua natureza, e também de questões sociais, pedagógicas e práticas da atividade profissional, bem como verificar o impacto disso na formação dos licenciandos. Embora não tenha conduzido as disciplinas, o pesquisador contribuiu em grande parte para o seu desenvolvimento na medida em que manteve todo o tempo intenso diálogo com a professora responsável.

Neste "espaço" de interseção, o pesquisador realizou inicialmente duas apresentações convidando os alunos ao desafio de explorarem a cultura científica na escola na direção de superarem os obstáculos da herança cultural da física vivenciados durante o estágio, desafiando-os também a produzirem materiais histórico problematizadores para serem levados aos alunos por meio de diálogo.

O que se deu nesse espaço pode ser sintetizado na forma de quatro momentos. O primeiro foi constituído por debates e reflexões durante o ESII, sobre as influências da formação inicial nas concepções sobre física e seu ensino, sobre o contexto escolar e sobre o planejamento realizado previamente, antes da entrada em sala propriamente dita.

O segundo momento, também na disciplina ESII, foi sustentado por reflexões coletivas com base nos primeiros relatos escritos das aulas dos licenciandos em torno dos desafios de implementarem o trabalho com a cultura científica dentro da escola e pensarem em possíveis soluções para os problemas encontrados na prática pedagógica. Na disciplina HF, por meio da discussão de texto, foram apresentados subsídios didático-pedagógicos para com episódios da história da física no ensino médio. O pesquisador também sugeriu encontros fora da disciplina (que foram doze) para auxiliar os grupos na preparação de aulas tendo em vista compreensão das potencialidades da história da física para o trabalho nas escolas com as turmas do ensino médio.

O terceiro momento deu continuidade aos debates em torno das potencialidades da história da física para compreensão da natureza da ciência e sua transposição para o ensino médio, bem como da visão dos licenciandos sobre o impacto da história da física em seu processo formativo. Em tais debates, as reflexões foram subsidiadas por textos em duas direções: daqueles que explicitavam a relação da história da física com o ensino e daqueles que sinalizam relações entre história da física e cultura científica. As reflexões subsidiaram a elaboração de textos histórico-problematizadores por parte dos licenciandos, que escolheram certas temáticas da física que tinham relações com os conteúdos que vinham sendo trabalhados nos debates na universidade. Os textos seguiram um enredo que foi elaborado coletivamente, para, em ocasião oportuna, serem trabalhados em sala de aula. O enredo foi constituído pelos quatro momentos pedagógicos de Delizoicov, Angotti e Pernambuco (2002).

No primeiro momento, denominado problematização inicial, os licenciandos foram instigados a mobilizarem episódios históricos para que confrontassem as visões de senso comum dos alunos da escola sobre a temática. No segundo momento, outros elementos da cultura científica, como os contextos socioeconômicos das diferentes épocas, as experimentações e os formalismos matemáticos, foram apresentados para ajudar os alunos a perceberem as diferentes interpretações possíveis para os fenômenos físicos levando em conta tais elementos. Na aplicação do conhecimento, como o terceiro momento, os licenciandos eram desafios a mobilizarem as teorias científicas mais atuais para as problematizações lançadas no primeiro momento e como elas ajudavam a interpretar outros fenômenos e situações. Por fim, o quarto momento foi de avaliação da proposta considerando os enfrentamentos na produção e aplicação de tais textos em sala de aula.

Com estas construções de atividades e ações, Portela (2014) pôde construir uma possibilidade de relação dialética entre duas disciplinas da formação inicial que comumente não costumam se relacionar: o estágio supervisionado e a história da física. As construções teóricas sobre o processo formativo resultante desse processo serão vistas mais detalhadamente no transcorrer do texto.

O trabalho de Monteiro Junior (2012), intitulado "Educação sonora: encontro entre ciências, tecnologia e cultura", consistiu em investigar potencialidades dos estudos de paisagens sonoras como meio no desenvolvimento de autonomia na formação de consciências críticas na educação sonora de licenciandos em ciências e matemática.

A pesquisa teve como instrumentos de coleta de dados questionários e transcrições dos áudios e vídeos dos encontros presenciais realizados entre o pesquisador e os licenciandos durante o desenvolvimento de uma disciplina-piloto no curso de física da Unesp, *campus* de Ilha Solteira, ministrada de julho a agosto de 2010, em três períodos, cada um de vinte horas. Essa primeira ação de pesquisa foi seguida de um curso denominado "Ciência e cultura do som e da música", com a participação de dez licenciandos em matemática da Unemat, *campus* de Barra do Bugres, uma professora de artes, outra de matemática e uma terceira de línguas da educação básica.

O primeiro período dentro da primeira ação foi constituído de uma ação dialógica primeiramente sobre ciência do som e da música. Foram temas de conversa os tubos sonoros e o violão, os quais permitiram o tratamento de uma série de conceitos físicos como timbre e série harmônica. Os licenciandos tiveram também oportunidade de conhecer e utilizar programas editores de áudio no ensino de acústica, tais como o oscilador de Melde. Em seguida, a ação dialógica versou sobre paisagens sonoras naturais e aquelas produzidas pelo homem no contexto de desenvolvimento tecnológico da sociedade ocidental, tanto no campo quanto nas cidades. Era pedido então aos licenciandos para que localizassem historicamente as paisagens sonoras trazidas por eles.

Em seguida, os licenciandos, em grupos, escolheram uma paisagem sonora do seu interesse para fazer, ao longo do curso, relações entre os conceitos de física e as questões do mundo da educação sonora. Eis as diferentes paisagens sonoras eleitas por eles: caixa eletrônico de uma agência bancária; sirene da caixa d'água da Praça dos Paiaguás na cidade de Ilha Solteira/SP; sirene de uma escola da cidade de Ilha Solteira/SP; e músicas clássicas em desenhos animados. Foi também proposto que construíssem um texto para o ensino de acústica evidenciando tais relações que seriam construídas pelos grupos.

O segundo período foi iniciado com uma avaliação coletiva sobre o andamento do trabalho com as paisagens sonoras. Foram, em seguida, discutidos conceitos e fundamentos importantes sobre as paisagens sonoras, por meio da consideração de alguns textos lidos previamente, e da análise de aulas de música do telecurso ensino médio e de uma audição do coral da Unesp, *campus* de Ilha Solteira. Também neste momento foram apresentados os processos de gravação, edição e sintetização de áudio do programa Sonar, com uma série de atividades práticas no uso do programa e a relação dele com conceitos dentro das paisagens sonoras.

O terceiro período se deu nas dependências do departamento de educação da Universidade Federal Rural de Pernambuco, em Recife, após uma longa viagem desde Ilha Solteira. Foi uma parte muito importante da pesquisa, pois os licenciandos foram instigados a dialogarem melhor sobre a relação entre a culturalidade da música nordestina e a formação de um futuro professor de física. Fizeram apresentações indicando a proposta de análise das paisagens sonoras que vinham sendo desenvolvidas desde o início da disciplina. Em seguida, apresentaram críticas e sugestões para melhoria da disciplina e relataram os sentidos e marcas dessa experiência para sua formação.

Na segunda fase de desenvolvimento da pesquisa, a perspectiva foi a de construir, dialogicamente, a inserção dos indivíduos enquanto seres culturais na interseção da educação sonora com a educação científica, criando condições para melhor desenvolvimento da autonomia dos sujeitos, bem como o refinamento na condução mais dialógica e problematizadora do processo, das experiências, das produções dos sujeitos, buscando superar situações-limites encontradas na primeira etapa da pesquisa. É importante ressaltar que esta segunda fase é planejada como decorrência de uma análise do primeiro momento de cursos, na qual a própria pesquisa aponta para a pertinência da construção e análise da perspectiva dialógica dessa relação.

O referido curso ocorreu em oito encontros presenciais no mês de outubro de 2011, totalizando 24 horas. Na primeira fase, foram constituídos três eixos de investigação, que podem ser compreendidos em: "ciências e tecnologias do som e da música", "cultura do som e da música (paisagem sonora, cultura nordestina)", e "formação de professores (autonomia dos grupos na condução de trabalho, análise destes trabalhos por meio de ação dialógica)". Nesta etapa, o curso se desenvolveu por meio de cinco momentos neste curso. O primeiro foi o que o autor denominou de "diferentes exercícios de limpeza de ouvido", nos quais os partícipes realizaram exercícios de percepção e classificação dos sons a fim de poder distinguir diferentes paisagens sonoras presentes em suas vidas cotidianas. No segundo, ocorreram debates e discussões em torno de alguns elementos da acústica física e da acústica musical e suas possíveis relações com a matemática. O terceiro constituiu-se pela construção de um "diário de sons" com todas as tarefas realizadas ao longo do curso e que deveriam ser entregues no final deste. O quarto foi a construção de um mapa sonográfico considerando o *campus* da Unemat em Barra do Bugres, situando as mudanças paisagem sonoras em diferentes locais do *campus*. Por último, no quinto momento, desenvolveu-se um teatro sonoro apresentado por cada grupo no final do curso. Foi aplicado um questionário depois de um mês do curso para que os participantes sinalizassem as contribuições deste e como a educação matemática poderia contribuir para a educação sonora e vice-versa.

Um cenário mais específico no que se refere à formação do licenciando em física foi explorado pela pesquisa de Neves da Silva (2014), quando se dedicou à temática da interação entre os docentes que lecionam disciplinas de cunho específico no curso de licenciatura. O autor apresenta, no argumento de sua pesquisa de doutorado, que há um cenário de pouca ou nenhuma interação sobre conteúdos e práticas nas suas disciplinas entre docentes da licenciatura em física. Ele parte do argumento de que não há planejamento conjunto nem entre as disciplinas que versam sobre os mesmos temas nem entre disciplinas específicas e disciplinas de caráter formativo do professor.

No argumento inicial da tese, o autor apresenta a ideia de que a racionalidade, no contexto da modernidade, invadiu e corrompeu os pressupostos formativos da educação, e traça os impactos dessa racionalidade técnica na constituição das universidades e da formação de professores de ciências no Brasil, como quando diz:

> Agora, em conexão com as considerações apresentadas no inicio deste capitulo, temos o fato de que, na estrutura universitária da modernidade, vemos os cursos de licenciatura em física serem vitimados por uma invasão de pressupostos que fazem com que a formação do estudante seja pensada de forma a atender às necessidades da pesquisa em ciência e do desenvolvimento tecnológico aplicado ao mercado. Nesse cenário, a formação do professor passa a estar em segundo plano mesmo nos cursos de licenciatura, nos quais a grande maioria dos docentes têm formação em bacharelado e desenvolvem pesquisa em áreas que não se envolvem com o ensino de física (NEVES DA SILVA, 2014, p. 60).

Ao apontar, com o apoio de pesquisas que estudaram o processo de relação entre disciplinas na graduação, que há essa cisão entre a forma como os conteúdos e as práticas das disciplinas são desenvolvidos em sala de aula nas licenciaturas, Neves da Silva (2014) propõe que esse problema diz respeito à própria sobrevalorização da formação em conteúdo específico do licenciando, como vemos quando diz:

> Estas relações entre as disciplinas não são tidas como importantes ou não são mesmo levadas em consideração, pois na maioria dos casos os docentes responsáveis pela concretização desses projetos sequer percebem a melhoria da licenciatura como um passo que deva ser dado ou então não se implicam nessa problemática (NEVES DA SILVA, 2014, p. 27).

Assim, o autor considera a licenciatura em física como um ambiente em que necessitamos, por um lado, desenvolver a formação de um professor de física mais voltada para a crítica e, por outro, ressignificar a relação entre os conteúdos e entre as disciplinas bem como o papel das disciplinas na concretização de um projeto de formação de professores de física.

As bases teóricas a partir das quais a pesquisa de Neves da Silva (2014) sustenta o argumento da necessidade de comunicação entre os docentes que lecionam disciplinas específicas para a licenciatura estão ligadas principalmente às denúncias sobre a crise da racionalidade no contexto da modernidade e sua influência na licenciatura em física. Nesta interpretação, no contexto da modernidade, ao longo dos anos, a universidade passou de uma concepção relacionada à formação de conhecimento e de homens emancipados para produtora de profissionais e produtos ditados pelos interesses do mercado. Essa definição é relevante no sentido de pintar o pano de fundo no qual, nos dias atuais, se firmam os cursos de licenciatura em física, que são importantes na compreensão de sua proposta.

Nesse sentido, o trabalho parte da denúncia de que a invasão do sistema (HABERMAS, 2012b) no mundo da vida (HABERMAS, 2012b) da universidade faz com que as características comunicativas e emancipatórias da formação se percam para então anunciar possibilidades advindas do debate comunicativo durante planejamento conjunto ocorrido em um grupo de docentes da licenciatura em física. Seu intento era o de responder à seguinte pergunta: "Como os docentes das disciplinas que envolvem os conteúdos de Física Moderna e Contemporânea em cursos de licenciatura em Física interagem entre si em um grupo de planejamento conjunto?" (NEVES DA SILVA, 2014, p. 30).

Para isso, foram convidados a compor um Grupo de Planejamento Conjunto (GPC) os professores de dois cursos de licenciatura em física que lecionavam disciplinas que se envolviam com os conteúdos de física moderna e contemporânea, a saber, "Estrutura da matéria", "Laboratório de estrutura da matéria" e "Instrumentação para o ensino de física". Ou seja, em um mesmo grupo, estiveram professores de disciplinas específicas teóricas, experimentais e de uma disciplina relativa ao ensino de física. Dessa forma, foram compostos dois grupos durante um ano letivo todo da disciplina.

Sob as recomendações de uma metodologia de análise das interações intersubjetivas baseadas nos conceitos de "força ilocucionária dos discursos" (HABERMAS, 1996, p. 36) e "pretensões de validade" (HABERMAS, 2012), o autor analisou todas as reuniões do GPC em questão em busca de compreender quais são as possibilidades desse tipo de grupo nas compreensões práticas e teóricas dos docentes sobre as necessidades formativas do licenciando e das relações entre os conteúdos de suas disciplinas.

Ao estudar as interações possibilitadas neste grupo de docentes – que o autor compreendeu como um GPC –, a pesquisa vai apontar principalmente na direção de um dos conceitos apresentados por Habermas (2012a) e Habermas (2012b) como potencialmente desenvolvedores de ações comunicativas: a coordenação de ações.

Como os docentes se envolvem com os GPC e promovem mudanças efetivas de sua práticas docentes como professores das licenciaturas, é possível concluir que, quando há a figura de um coordenador de ações, os grupos se dispõem a mobilizar suas vontades de ação (preocupações temáticas) e suas práticas, quando partícipes de uma ambiente "oportunizador" de ação comunicativa. A formação continuada do docente universitário que leciona na licenciatura como um constante processo de tematização da prática é a conquista teórica mais importante do trabalho, como veremos no decorrer deste texto (NEVES DA SILVA, 2014, p. 383).

Os conceitos de formação de professores de ciências e o programa de formação a partir das constatações das pesquisas na licenciatura: Sistematização de referências teóricas

Apresentamos a seguir um resumo analítico dos referenciais que fundamentam os trabalhos aqui analisados, buscando evidenciar os elementos dessas compreensões que são fundamentais para compor o conceito de formação inicial de futuros professores que aqui buscamos construir.

Na tese de Sutil (2011), o conceito de formação é elaborado a partir das fundamentações de Freire (1979a) e Habermas (2001, 2003, 2004) com respeito à Problematização e Comunicação. A estratégia da autora é compreender a relação que é possível de ser construída entre a Educação Problematizadora e Emancipatória de Freire e a Ação Comunicativa, de Habermas, no desenvolvimento do que fica estabelecido como Negociações (SUTIL, 2011). Nesse sentido, a autora conceitua a formação a partir de seus referenciais teóricos.

> Formação, na perspectiva de Paulo Freire, agrega a concepção de mundo como realidade passível de ser problematizada, criada e recriada. Implica a concepção de seres humanos em busca de conclusão, de libertação, de pronúncia do mundo – de humanização [...] Formação, portanto, compreende os seres humanos em comunhão, em diálogo. Representa busca por construção conjunta, articulando visões de mundo diferentes [...] Formação possui compromisso com a resistência à desumanização. Demanda problematização (SUTIL, 2011, p. 29-31).

Nas três referências ao conceito de formação, é possível expressar a ideia de que a autora busca fundamentar tanto suas ações como docente quanto as dos alunos na constituição de uma formação voltada à ação dialógica, que está sempre aberta à revisão e à crítica.

> Nesse sentido, Freire entende a educação em termos de pesquisa, crítica e criativa. Educação que o colocasse em diálogo constante com o outro. Que o predispusesse a constantes revisões. À análise crítica de seus "achados". A uma certa rebeldia, no sentido mais humano da expressão. Que o identificasse com métodos e processos científicos (SUTIL, 2011, p. 32).

A compreensão desenvolvida na tese sobre a presença do referencial de Habermas em seus estudos se dá pela caracterização de aspectos comunicativos da formação inicial dos professores, o que resulta na proteção do mundo da vida por meio da inseparabilidade entre a formação cultural da formação de sociedade e de personalidade.

> Na perspectiva de Jürgen Habermas, formação abrange 03 (três) âmbitos distintos, porém complementares: cultura, sociedade e personalidade, fundamentadas em responsabilidade e autonomia.

> Tal formação se desenvolve em ação comunicativa e racionalidade comunicativa, abrangendo contextos e sujeitos diversos e diferenciados, pluralismo cultural (SUTIL, 2011, p. 33).

Habermas (2001) concebe como característica do participante da ação comunicativa a capacidade que este pode assim aprimorar de responder por seus atos. O debate argumentativo sustenta-se na busca incansável do "entendimento" pelos diversos participantes de um processo de interação linguística. Assim, são as características intersubjetivas do uso da fala que permitem o processo formativo de cada um. Em Habermas (2001), extraído de Sutil (2011), percebemos que a capacidade de responder pelos seus atos também se refere aos âmbitos cognitivo e subjetivo, e não somente ao ético-moral.

> La relación reflexiva consigo mismo funda *la capacidad* que tiene el actor *de responder de sus actos*. El actor responsable de sus actos se comporta *críticamente frente a sí mismo* no sólo en sus acciones directamente moralizables, sino también en sus manifestaciones cognitivas y expresivas. Aunque la responsabilidad, la capacidad de responder de los propios actos, es esencialmente una categoría práctico-moral, también se extiende al conocimiento y al ámbito de lo expresivo, pues también éstos caen dentro del espectro de validez de la acción orientada al entendimiento (HABERMAS, 2001, p. 110-11, grifos nossos).

A partir da busca de uma relação de complementaridade das concepções de formação expressas nos dois referenciais, a pesquisa de Sutil se estabelece, então, na luta pela manutenção da tensão entre a apropriação dos modelos teóricos pelo formandos e compreensão das ações humanas envolvidas, pois,

> compreender a ação dialógica e comunicativa demanda a vivência dessa ação. A interpretação é coletiva, o entendimento é coletivo. A reprodução cultural, a integração social e a socialização não concernem a uma instância diversa, desconectada da construção de modelos teóricos e proposições de compreensão das ações humanas empreendidas – pressuposição propícia à investigação-ação educacional de perspectiva emancipatória (SUTIL, 2011, p. 74).

A autora dedica, então, um espaço às aproximações teóricas ente Habermas e Freire a respeito do delineamento de uma concepção de formação.

> As aproximações entre as propostas freiriana e habermasiana, estabelecidas neste trabalho, constituíram-se no delineamento de uma concepção de formação. Como ponto de partida de uma análise ampla, propõe-se estabelecer fundamentação em 03 (três) conjuntos de pressupostos. Paulo Freire norteou suas proposições, primordialmente, em horizonte educativo. Jürgen Habermas vislumbrou o desenvolvimento em sociedades. Eles não perderam de vista, contudo, o ideal de *construção conjunta, em comunicação livre de coerção, envolvendo sujeitos diferentes* – primeiro conjunto. Reconhecem as *situações de dominação que ameaçam os processos formativos* e propõem *alternativas de resistência* – segundo conjunto. Entendem essa *construção conjunta nos âmbitos objetivo, social e subjetivo* – terceiro conjunto (SUTIL, 2011, p. 40, grifos nossos).

As concepções de formação de professores e as contribuições teóricas do trabalho de Sutil para a reflexão sobre a formação de professores se somam às propostas de Alves (2010) sobre a constituição da identidade docente do professor pesquisador em ensino de física, na medida em que esta última passa pela construção coletiva de elementos de interação entre sujeitos. Como afirma o próprio autor, a constituição da identidade docente nesse processo ocorre pelo compromisso pedagógico do licenciando com pessoas e instituições, o que depende da sua participação em trabalho e em lutas.

> Por exemplo, a conquista do espaço de atuação de um licenciando-estagiário é algo que precisa gerar significado a ele, pois ao escolher uma determinada escola para estagiar e tendo sido aceito nela, pela condução sem equívocos de um processo de negociação (SUTIL, 2006). Isto implica que esse aprendiz de professor passa a assumir oficialmente um compromisso pedagógico com pessoas e instituições, o que norteará seus passos e muitas de suas relações com alguns sujeitos dessa Escola, mas também da Universidade. Com isto defendo que essa construção – da identidade de professor e pesquisador em ensino de Física – resulte do trabalho e da luta contra formas opressoras e condicionantes que têm balizado a Educação nacional, manifestadas no aligeiramento e barateamento da formação docente (MORAES, TORRIGLIA, 2000); nas condições limitadas de trabalho nas escolas; no mal uso de livros didáticos pela sua reprodução (ALVES, 2010, p. 93).

Com este conceito de identidade construída na coletividade por meio da investigação-ação, a concepção de formação de professores na pesquisa de Alves abrange também a "interlocução entre teoria e prática" (2010, p. 98), desenvolvida pela análise crítica e coletiva das experiências desenvolvidas nos estágios supervisionados.

> Assim, o conhecimento necessário para formação do professor e pesquisador em ensino de Física é resultado de duas grandes vertentes de conhecimento: o conhecimento científico, específico da disciplina de Física; e, o conhecimento científico-educacional, que ainda detém algumas nuances do anterior, porém necessita de um "algo a mais" – o conhecimento construído pelas ciências humanas (educação, filosofia, sociologia etc.). Portanto, a construção de projetos de pesquisa, além de resultar em uma proposição de ações, deve demarcar o comprometimento com a rigorosidade metódica tanto para ensinar Física, quanto para pesquisar o que e como ensinar em Física (ALVES, 2010, p. 210).

Essa concepção de formação de professores contempla uma ideia de formação inicial de professores de física na licenciatura que passa necessariamente pela pesquisa sobre a própria prática desenvolvida nos estágios supervisionados. Esse programa de formação se estabelece, principalmente, na proposta de uma investigação-ação de vertente emancipatória desenvolvida nos momentos de "ir e vir" do estagiário entre os momentos de "planejamento-ação-reflexão" das construções teóricas desenvolvidas por esses licenciandos.

Assim, as concepções de formação de professores de Sutil (2011) e Alves (2010) estão igualmente assentadas na investigação-ação de vertente emancipatória, inspirada em Paulo Freire, o que implica reconhecimento e luta diante de situações de dominação bem como valorização igual de aspectos individuais e coletivos da formação. No entanto, nas definições, há diferença de matizes. Sutil (2011) elabora seu pensamento a partir do caráter intersubjetivo da realidade, o que significa que as construções conjuntas, feitas por indivíduos diferentes, são continuamente contrapostas a um horizonte ideal de uma comunicação livre de coerção, em que se mantém o pressuposto do não esfacelamento dos âmbitos objetivo, social e subjetivo da realidade. Alves (2010), por sua vez, elabora seu pensamento a partir do caráter subjetivo do professor, na medida em que busca ver nas construções conjuntas um processo de construção de identidade que se dá por meio da pesquisa. Em suma, se, por um lado, ambos focalizam construções conjuntas nos processos de formação, por outro, diferem pela abordagem delas, o que para nossos propósitos é um aspecto bastante interessante e enriquecedor.

Para que o professor tenha condições de promover atividades que fomentem o desenvolvimento da argumentação de seus alunos,

Guimarães (2011) propõe a atividade situada como ponto de partida para a formação de professores.

> A aprendizagem situada tem três dimensões que são a interação social, a dependência de atividades autênticas e a criação de uma comunidade de aprendizagem (UTLEY, 2006 apud GUIMARÃES, 2011, p. 148).
>
> Dessa maneira, a aprendizagem ocorre por meio de interações sociais nas quais as ideias podem ser trocadas e modificadas e um sistema de crenças é desenvolvido e apropriado por meio da conversação (BROWN, COLLINS, DUGUID, 1989 apud GUIMARÃES, 2011, p. 148).

As atividades autênticas são aquelas que ocorrem comumente em uma sala de aula e uma comunidade de aprendizagem é aquela que permite que os participantes tenham uma identidade comum (GUIMARÃES, 2011). Guimarães defende que "[...] os referenciais da teoria da atividade e da aprendizagem situada podem ser profícuos para cursos de formação de professores de ciências" (2011, p. 148).

Dessa forma, entendemos que, a despeito de a constituição de dados de Guimarães não ter sido realizada por meio da investigação-ação, como nos casos de Sutil (2011) e Alves (2010), sua perspectiva caminha na direção da valorização equânime de aspectos cognitivos, individuais e coletivos da formação, distinguindo-se pela visibilidade conferida ao caráter situacional das atividades desenvolvidas.

Com Sutil (2011) e Alves (2010), Soares (2009, 2012) compartilha a crítica a uma formação apolítica e descontextualizada dos professores de ciências, a qual reflete a sociedade em que vivemos. O autor defende que o utilitarismo presente nas licenciaturas leva à semiformação dos docentes. Em seu texto, o autor compreende a semiformação a partir de comportamentos que demonstram a busca pelo imediato, prático e, portanto, mais fácil meio para aprender algo. Como exemplo, o autor menciona a leitura superficial, mecânica e burocrática de textos, o que demonstra aversão à leitura e à teoria.

Ainda, ao citar Maar, Soares explica que "o sujeito semiformado tem a falsa noção de que é educado e culto, sustentando uma postura regressiva com implicações éticas indesejadas na relação com o outro"

(MAAR, 2003, citado por SOARES, 2012, p. 168). Isto porque, ao se julgar superior, o semiformado não consegue perceber suas próprias falhas, além de não aceitar pontos de vista diferentes dos seus.

> Indubitavelmente, em virtude da colonização, não apenas de nossas escolas, mas das próprias universidades, nos cursos de formação de professores, com as ideologias desumanizantes escamoteadas no bancarismo, na racionalidade instrumental e técnica presente nas licenciaturas, no modo de ser e viver a experiência formativa dos formadores de futuros professores, corroborando e engendrando sujeitos cada vez mais engolfados pela semiformação [...] (SOARES, 2009, p. 123).

Ainda, para que a atuação do professor não fique apenas restrita ao conhecimento científico, Soares (2009) defende sua atuação política, modelando-o como intelectual crítico na sociedade. Para isso, propõe o incentivo à interlocução da formação de professores de ciências com as pesquisas sobre os movimentos sociais na Educação.

Dessa forma, no que se refere à valorização equânime dos aspectos cognitivos, individuais e coletivos da formação, o pensamento de Soares vai ao encontro das demais pesquisas, diferenciando-se delas pela visibilidade que conseguiu imprimir ao caráter político da formação de professores.

Baseado nas ideias de Garcia (1995), Azevedo (2011) pontua a relevância de uma formação que leve em conta uma análise intercultural mediada entre professores e alunos:

> Nesse sentido, García salienta a importância do papel dos formadores de professores no desenvolvimento das competências e atitudes dos professores em formação. Para ele, além da responsabilidade de incluir conteúdos relativos a temas culturais quanto à diversidade, as diferenças religiosas etc., é mister aos formadores de professores o desenvolvimento de metodologias de ensino que permitam a reflexão e a análise intercultural (AZEVEDO, 2011, p. 32).

Por outro lado, a partir de matizes habermasianas, com ênfase nos conceitos de competência comunicativa e ação comunicativa, Azevedo (2011) expressa uma concepção de formação que incorpora o diálogo sobre questões sociais polêmicas relacionadas à ciência, como é o caso da interface entre ciência e religião. O autor defende que o professor deve estar preparado para conduzir uma conversação com os alunos da escola básica sobre o assunto, de modo a permitir que eles percebam pressupostos científicos e de suas próprias crenças. Não se trata, portanto, de acrescentarmos ao currículo das licenciaturas um novo tópico sobre a questão religiosa, mas permitir-lhes trabalhar comunicativamente com seus alunos não apenas esta, mas todas as demais questões controversas em sala de aula (AZEVEDO, 2011, p. 118-19).

Dessa maneira, a ideia habermasiana de Competência Comunicativa é destacada aqui como uma das características que, com base nesses trabalhos, é importante de ser desenvolvida na formação inicial dos professores de ciências, uma vez que está contida na ideia de formação para o debate livre de coerções e com vistas ao entendimento. Neves da Silva (2014) também busca uma compreensão desse conceito, como a seguir:

> Contudo, a análise pragmática do argumento também se mostra importante no processo de entendimento, definindo-se então competência comunicativa, como a capacidade de o falante expressar atos de falas considerando o contexto, ou seja, situando sua expressão linguística em relação a si mesmo, ao ouvinte e ao mundo (NEVES DA SILVA, 2014, p. 137).
>
> Então, o sucesso comunicativo de uma interação se dá quando os debatedores podem ser considerados competentes linguísticos, pelo uso correto dos elementos da língua, e também competentes comunicativos, por meio da intenção explícita de busca pelo entendimento, pelo uso ilocucionário da língua (NEVES DA SILVA, 2014, p. 121).

Outro conceito que faz parte da ideia de formação e que é bastante presente no texto de Soares (2012) é o de "experiência formativa". Soares (2012) explica o conceito de experiência ao relacioná-lo com o de vivência. O autor menciona Ramos-de-Oliveira (1998) para explicitar que a vivência está presente no imediatismo, nas facilidades e praticidades da vida moderna. Ela é sentida, mas o sujeito, na vivência, não modifica o mundo, por isso não ensina e não aprende. Dessa forma, a permanência no mesmo não traz contribuições à sua transformação e formação.

Para explicar a experiência, Soares traz a concepção benjaminiana, que a caracteriza como a "recepção ativa e crítica do sujeito daquilo que lhe chega e lhe acontece. Ela ensina, modifica, altera, possui densidade e duração, constituindo uma vida que se vive de fato, tanto em profundidade quanto em extensão" (2012, p. 52). Por meio dela o sujeito valoriza a coletividade e a cultura, por isso, ela "permite aos indivíduos não só se informarem, mas se constituírem como sujeitos culturais, que se formam e transformam, ou seja, que alteram sua identidade, saindo da mesmice" e conseguindo superar "as padronizações e homogeneizações impostas pela sociedade hodierna".

Em outro campo filosófico, a concepção de formação em Portela (2014) é alicerçada na perspectiva adorniana, com ênfase nos conceitos de formação cultural e de semiformação.

> Devemos reconhecer que processos formativos baseados exclusivamente na racionalidade técnica têm se mostrado insuficientes para a abordagem dos problemas educacionais. A ausência de crítica, de consideração da totalidade dos fatores impactantes na atuação dos professores caracteriza o que Theodor W. Adorno (1903-1969) chama de processo semiformativo. A esse respeito, este filósofo denuncia a "crise da formação cultural" que se instalou na sociedade capitalista no início do século 20 e se tornou mais forte ainda nos dias atuais. Segundo ele, a formação se converteu em uma "semiformação", uma forma de dominação cultural que suprime a autonomia e a liberdade (PORTELA, 2014, p. 18).

A partir dessa consideração, o referido autor sinaliza que:

> O potencial analítico do posicionamento crítico remete-nos, inevitavelmente, à necessidade de uma atuação diferenciada na formação dos futuros professores, em que o exercício da criticidade possa ser uma ferramenta para avaliar os impactos e os motivos que dão origem e continuidade às situações dadas, de modo que o professor possa se compreender como agente do processo educacional, alguém capaz de vislumbrar outros caminhos possíveis do ponto de vista das estratégias curriculares e pedagógicas (PORTELA, 2014, p. 19).

A concepção freireana de diálogo de problematização ofereceu o substrato pedagógico de uma formação critica nos termos de uma perspectiva emancipatória de formação e educação, balizando assim o planejamento e ações de intervenção no espaço de interseção no qual foi constituída a pesquisa.

> Nesse trabalho, a concepção freiriana de problematização e de diálogo como elementos estruturadores do processo educativo balizaram as duas disciplinas de formação consideradas nesse trabalho. Tais estudos foram referenciais, também, nas etapas de planejamento de atividades nas escolas, bem como nos materiais instrucionais elaborados e aplicados e nas problematizações em torno de episódios da História da Física (PORTELA, 2014, p. 19).

Ainda mais ligados à concepção de formação que emana da tese de Portela (2014) estão os conceitos de imanência e transcendência, conceitos esses que, para o autor, são o seio de uma busca pelos aspectos formativos e emancipadores do trabalho com as questões da história da ciência. São enfatizados os aspectos da cultura das ciências como elemento emancipador nesta abordagem, como quando diz que:

> Ao encarar a cultura como algo independente dos indivíduos, desconsideram-se as potencialidade individuais de intervenção em sua cultura, há um desencorajamento que abre portas para o conformismo. Fazendo coro à crítica de Horkheimer, Adorno (1962, p. 23) afirma que nas ações irracionais, as quais, a priori, não são focadas ou são desprezadas pela transcendência analítica da cultura, residem muitas explicações que poderiam indicar o sentido e as tendências de um determinado grupo (PORTELA, 2014, p. 41).

Ou seja, com a pesquisa deste autor, é possível trazer para a discussão um elemento do conceito de formação que está ligado aos aspectos da cultura. Na discussão dos elementos de resultado da pesquisa, enfatiza-se sobremaneira as potencialidades de uma compreensão do desenvolvimento da ciência como aspecto cultural, que tem relações com a construção de competências da comunicação das elaborações científicas como construção humana.

A partir da apropriação dos conceitos de autonomia, diálogo e problematização também dentro do referencial freireano e dos fundamentos da educação sonora para a formação de consciências ecológicas acústicas críticas, Monteiro Júnior sintetiza sua visão de formação que sustentou as ações de ensino e pesquisa em seu trabalho:

> O ideal da formação de um indivíduo capaz de reconhecer-se enquanto ser histórico, ser ecológico e, assim, agir politicamente em sua comunidade no sentido de melhorar as suas paisagens sonoras. Esta formação mais ampla na qual parece inserir-se esta

> proposta de formação em muito se contrapõe à educação bancária tradicional, onde a valorização exacerbada do conteúdo, dos exames vestibulares, da formação dos especialistas acaba sufocando a construção de valores como cidadania e de uma consciência ecológica acústica (MONTEIRO JÚNIOR, 2012, p. 292).

Nessa perspectiva, as produções teóricas dessa pesquisa no que se refere à conceituação dos aspectos formativos está muito ligada aos aspectos culturais permitidos pela educação sonora. Ao elaborar todas as ações de sua pesquisa pautadas em construção de diálogos sobre os aspectos da cultura musical e das paisagens sonoras estudadas pelos licenciandos participantes, o que mais se evidencia é o poder do diálogo na compreensão da cultura musical. Ou seja, da tese de Monteiro Jr., trazemos os aspectos culturais do diálogo como elemento de um conceito de formação de professores de ciências. O autor sintetiza esta ideia da seguinte maneira:

> Parece-nos razoável admitir que os exercícios de sensibilização da audição transportaram os alunos para uma condição que permitiu perceber os conceitos da acústica musical como necessidades formativas importantes na construção de um diálogo entre matemática de cultura do som, muito embora, naquele momento, a incursão não tenha sido bem sucedida. A percepção de que eles, enquanto professores de matemática, precisam dialogar com o mundo da vida parece ter sido o grande mérito alcançado (MONTEIRO JÚNIOR, 2012, p. 238).

Em outra perspectiva no que se refere ao conceito de formação, da pesquisa de Neves da Silva (2014) emergem aspectos teóricos relacionados às possibilidades da ação comunicativa nos GPC. Um dos aspectos destacados pelo autor é o processo, definido por ele, como "Tematização da Prática", um processo de construção conjunta de entendimentos que é possível quando os temas considerados importantes para os docentes são apresentados e debatidos no contexto de um grupo de planejamento conjunto.

> O que pudemos identificar da inserção ampla em cada episódio de análise sobre este aspecto está principalmente relacionado ao fenômeno que caracterizamos como "tematização da prática". No nosso entendimento, os momentos de tematização da prática se dão quando a existência de preocupações temáticas de cada docente se encontra com a oportunidade de busca por esclarecimento sobre estas em contexto de ação comunicativa (NEVES DA SILVA, 2014, p. 383).

No texto, o autor caracteriza esses momentos de encontro entre as preocupações temáticas comuns com a oportunidade de interações linguísticas intersubjetivas entre os docentes como tematizações da prática, e o aponta como um elemento necessário na reflexão sobre as formações de docentes da licenciatura em física.

Por fim, torna-se importante ao longo das compreensões das interações entre os docentes o conceito habermasiano de "coordenação de ações" como parte do processo formativo. O autor salienta que a busca por coordenações de ações no planejamento conjunto e nas ações tematizadas no GPC são parte fundamental do desenvolvimento de ação comunicativa entre os participantes.

Em Habermas, as coordenações de ações se caracterizam como o processo de racionalização das ações individuais e coordenação dessas ações em vista da manutenção do processo de ação comunicativa, ou seja, trata-se da forma como os participantes de um grupo coordenam suas ações individuais no intento de manter as possibilidades de entendimento e progresso das discussões.

> Dessa maneira, caracterizamos as Construções Conjuntas como um processo no qual os saberes docentes, incluindo preocupações temáticas, são "tematizados" em um ambiente de busca constante por uma entendimento dos conteúdos proposicionais e pragmáticos dos atos de fala de todos os participantes, o que somente pode ocorrer na ação comunicativa. Esse elemento também contribui na conceituação do Grupo de Planejamento Conjunto, ao lado da do envolvimento em processo de "coordenadores de ação" (NEVES DA SILVA, 2014, p. 388).

Essas são, então, as proposições teóricas de conceitos que, segundo os autores dessas pesquisas, compõem elementos de um conceito de formação, no sentido crítico, voltado à formação inicial de professores de ciências.

Decorrências possíveis para um programa de formação de professores de ciências no contexto das perspectivas críticas

Todos os trabalhos relatados e discutidos até aqui se baseiam em propostas de ações de formação inicial de professores crítica, ou seja, desenvolvem-se no âmbito dos cursos de licenciaturas. Assim, reunimos aqui as principais contribuições dessas pesquisas no que se refere a seus resultados e possíveis propostas de ações de cunho crítico na formação dos futuros professores de ciências.

Na pesquisa de Sutil (2011), como relatamos, é realizada a análise da construção de um processo de negociações de significados por licenciandos em física em um processo de planejamento de pesquisas em educação desenvolvidas durante seus estágios supervisionados. Em suas análises, a autora conclui que o investimento em momentos de negociação durante a prática da pesquisa podem resultar na construção de elementos ditos importantes pela pesquisa em Formação de Professores nesses licenciandos. A autora aponta que "Nessa perspectiva, é possível compreender as negociações inseridas nos processos formativos. Negociação se relaciona com formação; formação de professores de Física, inicial e continuada, de formadores e formandos" (SUTIL, 2011, p. 200).

Ou seja, delineia-se a argumentação de que proporcionar aos estudantes de licenciatura espaços de pesquisa sobre o ensino de física no qual se trabalhe pela possibilidade de negociações pode surtir efeitos formativos tais como: formação de competências argumentativas e comunicativas, planejamento de situações temática e esclarecimento sobre conceitos e práticas comuns no trabalho do professor, como vemos a seguir:

> Possibilidades formativas se estabelecem no *desenvolvimento de racionalidade comunicativa* e de *competência linguística e comunicativa*, na *busca por entendimento*. Possibilidades formativas significam-se em trabalho coletivo e colaborativo, de sujeitos que se educam em comunhão (FREIRE, 1979). "Não há, portanto, na teoria da ação dialógica da ação, um sujeito que domina pela conquista e um objeto dominado. Em lugar disto, há sujeitos que se encontram para a pronúncia do mundo, para a sua transformação" (SUTIL, 2011, p. 211, grifos nossos).

A formação de professores, delineada em termos das proposições freiriana e habermasiana, assume caráter de processo coletivo, comunicativo, livre de coerção. Implica construção conjunta nos âmbitos objetivo, social e subjetivo. Demanda a busca pela vivência de ação dialógica, comunicativa. Demanda o desenvolvimento de racionalidade comunicativa (SUTIL, 2011, p. 48).

Se é possível extrair uma contribuição maior sobre as possibilidades apontadas pelo trabalho de Alves para a reflexão sobre a formação de professores de ciências, está na elucidação de um programa de formação baseado na construção da identidade docente por meio da pesquisa sobre a própria prática no encaminhamento dos estágios supervisionados:

> Constato que a vivência de uma práxis – interlocução entre teoria e prática – no desenvolvimento de uma proposta educacional na formação inicial de professores de Física é condição imprescindível para a construção da identidade de professor e pesquisador em ensino de Física (ALVES, 2010, p. 9).

Dessa maneira, torna-se possível e necessário refletir a formação de professores de ciências com base nas recomendações dos referenciais teóricos de vertente crítica. Tanto em Sutil (2011) quanto em Alves (2010), as estratégias planejadas para o contexto da pesquisa são desenvolvidas sob o arcabouço da formação para a crítica e para a emancipação. Encontramos nestes trabalhos uma série de planos de ação fundamentados nesses referenciais que prezam pela formação crítica. Então, o que podemos refletir sobre estes trabalhos é principalmente que as ações nas disciplinas voltadas à formação de professores devem ser desenvolvidas pelos docentes dessas disciplinas visando à formação dos alunos para a pesquisa sobre as próprias práticas e sobre suas ações de planejamento e ação de aula. A pesquisa das situações e conteúdos de ensino, nesses trabalhos, é compreendida como instrumento de planejamento-ação-reflexão, fundamental na formação crítica dos professores.

> A vivência em uma escola desenvolvendo um projeto de pesquisa em ensino de Física implicam olhar mais atento e compromissado com aquele espaço (inicialmente centrado no aprendizado na formação inicial e depois como campo de trabalho) e na atenção dos demais envolvidos, por vezes citados (ALVES, 2010, p. 220).

A pesquisa de Azevedo (2011) permite-nos pensar em uma formação de professores que problematize as questões socioculturais de diferentes naturezas, incluindo aí a diversidade cultural e religiosa na interface com a ciência dentro de uma sociedade democrática.

Eis algumas decorrências de seu trabalho que expressam potencialidade para um programa de formação:

1. reconhecimento de elementos racionais no posicionamento de cidadãos religiosos e que, por isso mesmo, podem vicejar o diálogo na busca pelo entendimento de dilemas e conflitos sociais decorrentes das interpretações de temas científicos que estabelecem fronteira com a religião, por parte tanto dos professores quanto de seus alunos;

2. necessidade de um espaço formativo regulado por práticas pedagógicas comunicativas alicerçadas por referenciais teóricos dentro de uma perspectiva crítica na compreensão de conceitos como diálogo, comunicação, tolerância e respeito; e
3. um trabalho cuidadoso que refine a habilidade de escuta por parte do professor na relação com seus alunos, reconhecendo um valor real na perspectiva do diferente e que deve ser, portanto, devidamente considerada em todo diálogo e em toda análise que trabalhe com questões socioculturais nas aulas de ciências.

Já a pesquisa de Monteiro Júnior (2012) trabalhando na interface educação científica, educação sonora e formação de professores de ciências sugere os seguintes elementos-chaves para um programa de formação:

1. fomentar um trabalho interdisciplinar tendo como eixo integrador as premissas da educação sonora e da perspectiva freireana, no qual o diálogo permanente e a autonomia dos futuros professores sejam sustentados continuamente ao longo do processo formativo;
2. problematizar as paisagens sonoras escolhidas e refletidas pelos sujeitos, permitindo a comunicação entre ciência, cultura e tecnologia, sugere avanços entre o "estar sendo" para o "ser mais", viabilizando a formação para uma consciência política capaz de se engajar na transformação de paisagens sonoras de sua comunidade ampliando a qualidade de vida desta; e
3. trabalhar diferentes exercícios de sensibilização para a escuta e os teatros sonoros são instrumentais pedagógicos importantes que, articulando ludicidade, motivação e racionalidade, podem viabilizar a criticidade e autonomia na formação de cidadãos auditivamente inteligentes; fortalecer os movimentos de ação, reflexão e ação nas atividades de ensino e pesquisa implicadas no trabalho com a educação sonora como tema transversal como parte das proposta das licenciaturas em ciências.

No trabalho de Portela (2014), os elementos de um programa de formação poderiam ser dois. Primeiro a necessidade de problematizar continuamente na formação inicial os condicionantes da prática pedagógica nas escolas por parte dos licenciandos, tais como as forças sistêmicas, as heranças culturais do ensino de física, os conhecimentos específicos e os problemas de ordem sócio-organizacionais que perpassam a dinâmica escolar ao se trabalhar na perspectiva da construção da cultura científica na escola. O segundo é trabalhar de forma dialógica e problematizadora no tratamento da natureza da ciência, ajudando os sujeitos a ressignificarem a ciência, atribuindo outros sentidos aos conteúdos específicos. A produção e aplicação de textos histórico-problematizadores constitui uma forma promissora de encorajamento dos futuros professores a repensarem as amarras pedagógicas de sua prática e o desafio do exercício da autonomia definindo o autodirecionamento dos futuros professores nas conduções de suas práticas.

Da pesquisa de Neves da Silva (2014), fica evidente que a defesa é a das possíveis influências de um planejamento conjunto e da busca por entendimento entre docentes sobre os conteúdos e práticas de suas disciplinas na formação do licenciando. Para o autor, a formação de GPC para a melhor proposição e discussão sobre as relações entre as disciplinas é vital para que as ações voltadas para a formação de professores também sejam pensadas e exercidas no âmbito de disciplinas de conhecimento específico, por exemplo.

Nesse sentido, a formação, nesta pesquisa, está balizada na busca por um ambiente de ação comunicativa do qual possam partilhar os formadores de professores de ciências e por uma relação dialética dos docentes com os componentes "sistêmicos" dessa formação, na figura dos currículos e conteúdos das disciplinas.

Subsidiados pelas argumentações, pelas reflexões teóricas e pelos resultados das pesquisas apresentadas neste capítulo, é possível apreender uma série de informações que podem contribuir com novas investigações que se proponham à abordagem da formação de professores de ciências a partir de uma vertente crítica.

Podemos perceber, por meio dessas pesquisas analisadas, que há diversas possibilidades de empreender ações que pretendam uma formação crítica dos futuros professores de ciências no contexto dos cursos de licenciatura. É ainda mais intenso salientar que os referenciais teóricos apontados neste trabalho, para além de referenciais voltados à reflexão sobre a situação atual da formação de professores e alunos, são referências para construção conjunta de propostas de formação, no sentido crítico da palavra.

Fica bastante perceptível nas sistematizações apresentadas que muitos dos trabalhos que visam a uma formação crítica dos professores são baseados em elaboração de ações formativas e não apenas em análises observacionais de situações já realizadas. Apresentamos propostas de interação entre disciplinas do âmbito formativo do professor, situações de pesquisa sobre a própria prática e de argumentação sobre questões controversas, são exemplos dessas diversas ações que, quando construídas na licenciatura, vertem para a formação de características críticas nos futuros professores de ciências. Nesse sentido, podemos salientar que um possível programa de formação de professores, baseado nos conceitos de formação elencados anteriormente, constitui-se por meio do empreendimento de ações nesses cursos que visem à interação dos licenciandos com questões que despertem nesses a capacidade de argumentação, de negociação de significados, de abordagem teórico-prática de problemas reais da escola e, então, proporcione elementos para a construção da identidade docente ainda na formação inicial.

Referências bibliográficas

ALVES, J. A. P. *A formação inicial de professores de física e a construção de uma identidade.* Tese (Doutorado em Educação para a Ciência). Faculdade de Ciências, Universidade Estadual de São Paulo, Bauru, 2010, 234 f.

AZEVEDO, H. L. *Competência comunicativa de futuros professores frente à diversidade religiosa na abordagem do tema "Origens do Universo".* Dissertação (Mestrado em Educação para a Ciência). Faculdade de Ciências, Universidade Estadual Paulista, Bauru, 2011, 178 f.

BASTOS, F.; NARDI, R. Debates recentes sobre formação de professores: considerações sobre contribuições da pesquisa acadêmica. In: BASTOS, F.; NARDI, R. (org.). *Formação de professores e práticas pedagógicas no ensino de ciências:* contribuições da pesquisa na área. 1 ed., v. 1. São Paulo: Escrituras Editora, 2008, p. 1-12.

CARR, W.; KEMMIS, S. *Teoría crítica de la enseñanza*: la investigación-acción en la formación del profesorado. Barcelona: Martínez Roca, 1988.

CHAUÍ, M. *Escritos sobre a universidade.* São Paulo: Editora Unesp, 2001.

CONTRERAS, J. *A autonomia de professores.* São Paulo: Cortez, 2002.

DELIZOICOV, D.; ANGOTTI, J. A.; PERNAMBUCO, M. M. *Ensino de ciências:* fundamentos e métodos. São Paulo: Cortez, 2002.

DRUCKMAN, D.; OLEKALNS, M. Emotions in negotiation. *Group Decision and Negotiation*, v. 17, n. 1, 2008, p. 1-11.

FREIRE, P. *Pedagogia do oprimido*. 7 ed. Rio de Janeiro: Paz e Terra, 1979a.

_________. *Educação e mudança*. Trad.: Moacir Gadotti e Lilian Lopes Martin. 14 ed. Rio de Janeiro: Paz e Terra, 1979b.

FREITAS, Z. L. *Um projeto de interação universidade-escola como espaço formativo para a docência do professor universitário*. Tese (Doutorado em Educação para a Ciência). Faculdade de Ciências, Universidade Estadual Paulista, Bauru, 2008, 140 f.

GARCIA, C. M. *Formação de professores:* para uma mudança educativa. Porto: Porto Editora, 1995.

GIROUX, H. *Os professores como intelectuais*. Porto Alegre: Artes Médicas, 1997.

GOERGEN, P. L. Ciência, Sociedade e Universidade. *Educação e Sociedade*, v. 19, n. 63, 1998, p. 53-79.

GUIMARÃES, M. A. *Raciocínio informal e a discussão de questões sociocientíficas*: o exemplo das células-tronco humanas. Tese (Doutorado em Educação para a Ciência) Faculdade de Ciências, Universidade Estadual Paulista, Bauru, 2011, 210 f.

HABERMAS, J. *Racionalidade e comunicação*. Lisboa: Edições 70, 1996.

_________. *Teoría de la acción comunicativa I:* racionalidad de la acción y racionalización social. 3 ed. Madrid: Taurus, 2001.

_________. *Consciência moral e agir comunicativo*. Rio de Janeiro: Tempo Brasileiro, 2003.

_________. *A ética da discussão e a questão da verdade*. São Paulo: Martins Fontes, 2004.

_________. *Teoria do agir comunicativo 1:* Racionalidade da ação e racionalização social. São Paulo: Martins Fontes, 2012a. 704 p.

_________. *Teoria do Agir Comunicativo 2:* Sobre a crítica da razão funcionalista. São Paulo: Martins Fontes, 2012b. 811 p.

MAAR, W. L. Introdução. In: Adorno, T. W. *Educação e Emancipação*. Rio de Janeiro: Paz e Terra, 2003, p. 11-28.

MION, R. A.; SAITO, C. H. *Investigação-ação:* Mudando o trabalho de formar professores. Ponta Grossa: Gráfica Planeta, 2001.

MONTEIRO JUNIOR, F. N. *Educação sonora:* encontro entre ciências, tecnologia e cultura. Tese (Doutorado em Educação para a Ciência). Faculdade de Ciências, Universidade Estadual Paulista, Bauru, 2012, 305 f.

NEVES DA SILVA, J. R. *As interações entre docentes da licenciatura em física em grupos de planejamento conjunto:* uma análise a partir da teoria do agir comunicativo. Tese (Doutorado em Educação para a Ciência), Faculdade de Ciências, Universidade Estadual Paulista, Bauru, 2014, 505 f.

ORQUIZA-DE-CARVALHO, L. M. *A educação de professores como formação cultural*: a constituição de um espaço de formação na interface entre a universidade e a escola.Tese (Livre Docência). Faculdade de Engenharia de Ilha Solteira, Universidade Estadual Paulista, Ilha Solteira, 2005, 255 f.

PORTELA, S. I. C. *A formação inicial de professores e a cultura científica na educação básica:* problematizando a prática docente na interface das disciplinas Estágio Supervisionado e História da Física. Tese (Doutorado em Educação para a Ciência). Faculdade de Ciências, Universidade Estadual Paulista, Bauru, 2014, 263 f.

RAMOS-DE-OLIVEIRA, N. Reflexões sobre a educação danificada. In: ZUIN, A. A. S.; PUCCI, B.; RAMOS-DE-OLIVEIRA, N. (org.). *A educação danificada:* contribuições à teoria crítica da educação. 2 ed. Petrópolis: Vozes, 1998, p. 13-44.

SOARES, M. N. *Sentidos sobre o ensino de biologia e sobre a trajetória formativa:* as vozes dos licenciandos sob a égide da perspectiva crítica. Dissertação (Mestrado em Educação para a Ciência). Faculdade de Ciências, Universidade Estadual Paulista, Bauru, 2009, 201 f.

________. *O estágio curricular supervisionado na licenciatura em ciências biológicas e a busca pela experiência formativa:* aproximações e desafios. Tese (Doutorado em Educação para a Ciência) Faculdade de Ciências, Universidade Estadual Paulista, Bauru, 2012, 262 f.

________. *Sentidos sobre o Ensino de Biologia e sobre a trajetória formativa:* as vozes dos licenciandos sob a égide da perspectiva crítica. Dissertação (Mestrado em Educação para a Ciência) Faculdade de Ciências, Universidade Estadual Paulista, Bauru, 2009, 201 f.

SUTIL, N. *Negociações e formação de professores de física:* construções conjuntas e resolução de conflitos em problematização da prática educacional. Tese (Doutorado em Educação para a Ciência). Faculdade de Ciências, Universidade Estadual Paulista, Bauru, 2011, 227 f.

TOULMIN, S. E. *Os usos do argumento.* 2 ed. São Paulo: Martins Fontes, 2006.

Capítulo 8

A formação de professores no âmbito do Projeto Observatório da Educação

Thiago Mendonça[1]
Adriana Marques de Oliveira[2]
Bruno Marques-dos-Santos[3]

Introdução

Neste texto procuramos analisar trabalhos publicados pelo grupo de pesquisa em Educação Continuada de Professores e Avaliação Formativa (AVFormativa) no âmbito do projeto Observatório da Educação com ênfase em Matemática e Iniciação em Ciências, edital nº 38/2010 da Coordenação de Aperfeiçoamento de Pessoal de Nível Superior (Capes) em parceria com o Instituto Nacional de Estudos e Pesquisas Educacionais Anísio Teixeira (INEP) e a Secretaria de Educação Continuada, Alfabetização, Diversidade e Inclusão (SECADI).

Após findados quatro anos de projeto Obeduc, nos vemos no momento de refletir e repensar as ações e iniciativas já desenvolvidas e em busca de formas de dar continuidade ao que foi iniciado. Ao longo desse processo, que não se encerra com o fim do financiamento do projeto, colocamo-nos a pensar no legado e nas contribuições dos trabalhos realizados nesta etapa. Por esta razão propomos, nas próximas páginas, uma meta-análise de teses e dissertações defendidas por membros do projeto e que versam sobre a formação de professores.

---

1 Doutor em Educação em Ciências. Professor adjunto do Instituto de Ciências Biológicas e da Saúde da Universidade Federal de Viçosa, *campus* Florestal. E-mail: thiagodabio@gmail.com.

2 Doutora em Educação em Ciências. Professora adjunta da Faculdade de Ciências Exatas e Tecnologia da Universidade Federal da Grande Dourados. E-mail: dry_le@yahoo.com.br.

3 Professor de Ensino Básico do SENAI de Pompeia, Professor do "Centro Universitário de Marília" e doutorando do Programa de Pós-Graduação em Educação para a Ciência da UNESP, *campus* de Bauru. E-mail: brunomarsantos@gmail.com.

O intuito desta análise é fornecer subsídios que fundamentem a caracterização de um programa crítico de formação de professores. Pelo termo crítico aqui utilizado, entendemos que os referenciais da Teoria Crítica embasam nossas ações e iniciativas, devido a sua pertinência para a compreensão da realidade escolar e pela possibilidade de evidenciar o papel do professor no processo de construção da sua autonomia profissional e de transformação da realidade posta.

Tratam-se de teses e dissertações relacionadas à formação de professores e que foram produzidas no contexto do grupo de pesquisa AVFormativa, algumas anteriormente à tessitura e proposição do projeto junto às agências de fomento e as demais ao longo do seu desenvolvimento. Todos os trabalhos, entretanto, apresentam os acordes teóricos do grupo de pesquisa e o compromisso com os pressupostos da Teoria Crítica em suas construções.

Os trabalhos de Chapani (2010) e Martínez Pérez (2010), desenvolvidos e defendidos antes do início do projeto Obeduc, foram deveras importantes para a constituição do arcabouço teórico deste, tanto no campo da formação de professores e de políticas públicas quanto no de trabalho com as questões sociocientíficas (QSC). À importância destes trabalhos, tanto para o grupo do qual seus autores fazem parte quanto para a área de pesquisa em formação de professores de ciências, soma-se o fato da subsequente submissão e aprovação do Projeto Obeduc pelos órgãos oficiais.

Começamos assim esta narrativa quando Chapani e Martínez Pérez apresentaram à comunidade científica suas teses de doutoramento, ambos em 2010. Chapani tratava das políticas públicas de formação docente, com especial relevância para aquelas que afetam os professores de ciências da região de Jequié-BA, buscando por meio da Teoria da Ação Comunicativa de Habermas (TAC) esclarecer como se desenvolvem as histórias formativas desses profissionais em meio à construção e implementação de políticas públicas de formação docente. A autora buscou elucidar qual é o papel do professor nesse processo e como é possível a participação deste de forma emancipatória enquanto sujeito ativo, inclusive sobre temas que se relacionam à sua própria formação.

Martínez Pérez (2010), por sua vez, apresentou a tomada de decisão, a argumentação, o pensamento crítico e a incorporação da perspectiva

Ciência, Tecnologia, Sociedade e Ambiente (CTSA) à prática do professor como contribuições das QSC no processo de formação continuada dos professores que ele acompanhou. O autor cita que o estabelecimento de interações comunicativas entre aluno e professor pode possibilitar o repensar da ciência e da tecnologia em termos sociais, políticos e culturais.

O trabalho de Chapani (2010) foi um marco no sentido de trazer o referencial da TAC para o grupo AVFormativa, fornecendo elementos para a sua utilização no trabalho de formação de professores nos Pequenos Grupos de Pesquisa (PGP), interface entre a universidade e a escola. Já Martínez Pérez (2010) fez uma aproximação das QSC e a perspectiva CTSA na formação continuada de professores, áreas estas que podem contribuir entre si mutuamente.

Na sequência de trabalhos relacionados à formação de professores, agora associados diretamente ao Projeto Obeduc, Marques-dos-Santos (2012) buscou avaliar a própria prática enquanto professor iniciante a partir da sua atuação em sala de aula na disciplina de Física utilizando a abordagem da aprendizagem baseada em problemas. O autor ressalta em sua dissertação a valorização da reflexão com base teórica que ocorre no interior dos PGP, uma vez que o professor costuma valorizar mais a sua prática que a reflexão teoricamente embasada.

Santos (2013), ao seu tempo, tratou do desenvolvimento de um PGP em Paranaíba-MS, seguido da constituição de uma QSC no e pelo grupo, trabalho este que, conforme o autor, demanda tempo, continuidade e cuidado constante.

Para concluir o quadro de trabalhos que analisamos neste capítulo, temos as teses de Bortoletto (2013) e Lopes (2013), as quais investiram no acompanhamento da criação e manutenção de dois PGP. Bortoletto (2013) acompanhou os professores do PGP Fernandópolis no desenvolvimento de uma QSC na perspectiva do Agir Comunicativo, destacando o processo de construção de autonomia teórica e de reflexão do professor sobre a própria prática com relação ao seu discurso e espaços para a participação do aluno no trabalho com a QSC selecionada. Lopes (2013) descreveu a criação de associações livres no âmbito do PGP, avançando na compreensão do uso da TAC de Habermas como referencial para o trabalho horizontal e simétrico entre os diferentes atores que constituem o PGP, sejam da escola, sejam da universidade.

A partir da aprovação do Projeto Obeduc pela Capes/INEP/SECADI, os PGP começaram a se organizar, efetivamente, nas escolas onde havia um ex-aluno do curso de licenciatura em Física da Faculdade de Engenharia de Ilha Solteira (Unesp/FEIS) interessado no desenvolvimento desses grupos de discussão e trabalho. Estes ex-alunos são descritos por Lopes (2013) como sujeitos de formação inicial diferenciada que sentem a necessidade de criação desses espaços para formação continuada mediada intersubjetivamente por todos os envolvidos. A autora ainda exalta o trabalho destes ex-alunos na constituição desses grupos e no trânsito facilitado que têm entre universidade e escola.

No início dos trabalhos, oito PGP se constituíram no polo Unesp, os quais passaram, cada qual à sua maneira, a promover ações formativas para atores das escolas e universidades envolvidas, a citar: PGP Arealva, localizado na E.E. Prof. Sebastião Inoc Assumpção, em Arealva-SP; PGP Birigui, na E.E. Lydia Helena Frandsen Stuhr, em Birigui-SP, PGP Fernandópolis, na E.E. Líbero de Almeida Silvares, em Fernandópolis-SP, PGP Ilha Solteira, na E.E. Urubupungá, em Ilha Solteira-SP, PGP Mirandópolis, na E.E. Noêmia Dias Perotti, em Mirandópolis-SP, PGP Paranaíba, na E.E. Manoel Garcia Leal, em Paranaíba-MS, PGP Ribeirão Preto, na E.E. Cid de Oliveira Leite, em Ribeirão Preto-SP, PGP Sud Menucci, na E.E. Cícero Castilho Cunha, em Sud Menucci-SP. Mais recentemente houve um desdobramento desse projeto em atividades no PGP Dourados, na E.E. Alício Araújo, em Dourados-MS.

O trabalho com as QSC nos pequenos grupos e o desvelamento das políticas públicas de formação docente nos dão uma ideia dos desafios e contribuições que um trabalho que preconiza a horizontalidade na relação entre escola e universidade traz consigo, conduzindo a interdisciplinaridade e os processos formativos à baila da discussão das próprias pessoas que se formam e interagem umas com as outras. Isso evidencia que o descortinamento das situações de opressão e subjugação do sistema para com o mundo da vida se fazem mais do que necessários face uma formação coerente com o que se espera de um professor crítico, que reflete e pesquisa a própria prática.

Procuramos assim, neste trabalho, descrever características que emergem do programa de formação crítica de professores desenvolvido no Projeto Observatório da Educação por meio das teses e dissertações produzidas em seu contexto.

Metodologia

Propomos neste trabalho a análise das dissertações de mestrado de Marques-dos-Santos (2012) e Santos (2013), bem como as teses de doutoramento de Chapani (2010), Martínez (2010), Bortoletto (2013) e Lopes (2013), as quais tiveram relação em maior ou menor grau com o Projeto Observatório da Educação.

Os trabalhos acima elencados foram considerados por meio da Análise de Conteúdo de Bardin (1977). Essa técnica se constitui como uma abordagem metodológica que apreende o real significado do objeto de análise e é constituída por três dimensões, quais sejam a pré-análise, a exploração do material e, o tratamento dos resultados, a inferência e a interpretação dos mesmos.

Para a constituição da pré-análise, os trabalhos foram lidos em sua totalidade e os seguintes critérios foram levados em consideração: referenciais da área de formação de professores que os autores utilizaram para embasar propostas formativas (Caminhos teóricos de formação crítica), as metodologias empregadas para alcançar seus objetivos (Caminhos metodológicos das teses e dissertações) e as compreensões e apontamentos que constituíram o processo de formação de professores que os autores acompanharam ou desenvolveram (Compreensões sobre o processo de formação de professores).

A constante releitura dos materiais descritos se constituiu um momento de organização e seleção das informações contidas nos mesmos, de forma que escolhêssemos recortes que fornecessem indícios quanto a constituição de um programa crítico de formação de professores no âmbito do projeto Obeduc, pois além dessa percepção primeira, a Análise de Conteúdo ainda busca

> classificar os diferentes elementos nas diversas gavetas segundo critérios susceptíveis de fazer surgir um sentido capaz de introduzir numa certa ordem na confusão inicial. É evidente

> que tudo depende, no momento da escolha dos critérios de classificação, daquilo que se procura ou que se espera encontrar (BARDIN, 1977, p. 37).

Não obstante, a segunda etapa, que é caracterizada como a exploração do material, consistiu em codificar as informações nos materiais selecionados em categorias. Para Bardin (1977) as categorias são um conjunto de elementos que estão reunidos num título genérico, porém apresentam características comuns perante o aporte teórico.

Para a autora, a classificação em categorias impõe a investigação concatenada de uma categoria em relação às outras, o que permite o agrupamento das que apresentam elementos comuns. Isto significa que um bom conjunto de categorias é definido como aquele que permite ao investigador elaborar hipóteses novas e que possibilita a construção de argumentos para a etapa subsequente.

Discussões: Caracterizando um programa de formação

Caminhos teóricos de formação crítica

Nesta categoria, procuramos apresentar os principais referenciais que nortearam os trabalhos aqui apresentados, com a intenção de embasar teoricamente o programa de formação que ora procuramos delinear.

Os referenciais teóricos adotados nos trabalhos de Chapani (2010), Bortoletto (2013) e Lopes (2013) incluem Habermas e o uso da TAC na análise de histórias formativas e sua relação com políticas públicas no primeiro caso e na constituição e análise de ações e iniciativas em dois PGP que trabalharam com QSC nos outros dois trabalhos.

Chapani (2010) buscou discutir as políticas de formação docente, especialmente aquelas que se relacionam mais diretamente aos professores de Ciências da região de Jequié, Bahia. A TAC de Habermas forneceu à autora instrumentos para análise crítica da sociedade capitalista contemporânea e para a visualização de caminhos emancipatórios para a formação docente. Chapani afirma, ainda, que quando recuperamos o limiar político da formação de professores, lutamos "contra a desumanização trazida por uma sociedade que, voltada para o indivíduo, o imediato, o consumo e a competição, torna-se dia a dia mais desesperançada" (p. 15).

Na tese de Bortoletto (2013), a autora descreveu as QSC dentro dos contextos comunicativos do ambiente escolar, na tentativa de contribuir com a formação continuada dos professores por meio da competência argumentativa, pois a perspectiva habermasiana enfoca essa competência como "[...] a capacidade de o falante orientar a própria fala para o entendimento durante o contexto comunicativo com diversos participantes" (p. 24). Nesse sentido, o contexto comunicativo e a competência argumentativa são orientados pelas pretensões de validade e a linguagem tem a função de coordenar ações, havendo um processo de autorreflexão e, concomitantemente, de apropriação do mundo.

Para Lopes (2013) o fortalecimento e o aprimoramento dos professores em formação permanente na escola, juntamente com colegas ex-alunos do curso da Licenciatura em Física da FEIS, atuantes como professores iniciantes, pode advir da constituição de grupos, os quais são classificados pela autora como associações livres. Para tanto, o foco destes grupos deve ser a formação para a competência argumentativa. O trabalho faz uma crítica ao sistema, à intromissão cada vez maior do Estado na educação e do isolamento do professor enquanto profissional. Assim, propõe a TAC como referente teórico para todos os agentes que compõem a esfera pública de educação.

Ao discutir as patologias da modernidade em termos de racionalização, Habermas atribui à sociedade "processos que culminam na racionalidade instrumental, com a burocratização e a descomplexificação das questões qualitativas que envolvem a sociedade" (LOPES, 2013, p. 21). Além disso, Habermas vale-se do conceito de sistema e mundo da vida para discutir a sociedade. Para ele, o primeiro é regido pelo dinheiro e pelo poder e o segundo atua como pano de fundo da ação comunicativa, que é formativa ao possibilitar a produção de conhecimentos pelos agentes que interagem entre si, comunicando-se, pois "a teoria do agir comunicativo, portanto, deve possibilitar uma conceitualização do contexto social da vida que se revele adequada aos paradoxos da modernidade" (HABERMAS, 2012, p. 11).

O mundo da vida compreende o local onde ocorrem as ações realizadas pelos atores que intersubjetivamente vivem situações concretas de vida, entrelaçando a cultura, a sociedade e as estruturas de personalidade, ou seja, paradigmas culturais, ordens legítimas e estruturas pessoais "através do meio comum da linguagem quotidiana" (HABERMAS, 2002, p. 142).

Para Lopes (2013)

> [...] a formação de professores crítica remonta às interpretações destas patologias sociais e ao resgate da complexidade da educação, dando ao professor a possibilidade de ser responsável pelo seu fazer autônomo e transformador, ao mesmo tempo em que transita pelo sistema e mundo da vida (p. 22).

Para Mühl (1999) a perspectiva de Habermas nos permite reconhecê-lo como algo sempre passível de reconstrução, constituindo-se, assim, uma obra social e coletiva. No que tange ao ensino de ciências, a potencialidade desta teoria refere-se à formação de agentes éticos, voltados ao exercício da crítica e da argumentação no contexto de esferas públicas, aqui percebidas como locais que prezam pela "universalidade e igualdade de participação, a racionalidade na busca de entendimento e a publicidade crítica" (CHAPANI, 2010, p. 27).

Nessa perspectiva, as associações livres tornam-se essenciais no processo de formação crítica dos professores, pois preconizam que as pessoas envolvidas, dotadas de sua razão publicamente, entram em debate sobre temas de interesse comum ao coletivo, o que leva a constituição de "uma opinião pública capaz de orientar suas ações bem como de informar e criticar os direcionamentos sistêmicos" (CHAPANI, ORQUIZA-DE-CARVALHO, TEODORO, 2010, p. 68).

Martínez Pérez (2010) trouxe, em sua tese de doutorado, a importância do movimento CTSA na formação de professores, apresentando para tanto, uma análise da ciência e da tecnologia na modernidade a partir de constructos teóricos dos pensadores da Escola de Frankfurt, privilegiando o discurso de Habermas. Ao definir a ciência positivista e suas implicações no capitalismo tardio, Martínez Pérez (2010) traz a problemática do estado que promove uma exacerbada valorização da opinião de especialistas, desestimulando a participação popular em discussões de problemas sociocientíficos. Nesta visão tecnocrática, não há necessidade de uma formação científica crítica, pois não é de competência de todos os cidadãos discutir ou propor soluções aos problemas sociais decorrentes de atividades científicas e tecnológicas.

Tal visão de ciência e tecnologia, que as trata como atividades objetivas e não problemáticas, é apontada como um dos principais desafios da CTSA na formação de professores, uma vez que estão presentes, em grande parte, nas crenças dos professores, além de influenciarem sua prática.

Em sua construção teórica, Martínez Pérez (2010) também desenvolveu os conceitos de formação e semiformação de acordo com o trabalho de Adorno (1996), relacionando-os com as concepções de formação de professores de perspectiva crítica de Giroux (1997; 2003a; 2003b), Apple (1999), Contreras (2002) e King (2008).

O conceito de formação adotado é apoiado na teoria da semicultura ou semiformação proposta por Adorno (1996) ao analisar o desenvolvimento da sociedade capitalista que preparava a população para serem clientes, negando-lhes a formação cultural. Assim, formação é o processo de apropriação da cultura enquanto mundo das ideias, das sensações, dos valores e das visões de mundo que transcendem o terreno material da civilização. Entende-se por civilização a reprodução material das sociedades ao longo dos tempos. O problema da semiformação é constituir uma sensação de saber nos agentes, de maneira a não aceitarem mudar.

Marques-dos-Santos (2012), por sua vez, apoiou-se no conceito de recontextualização do discurso pedagógico de Bernstein (2003) para olhar para a própria prática e para as experiências formativas que proporcionou aos seus alunos e a si mesmo. Para tanto, o autor apresenta os três principais campos da Teoria do Dispositivo Pedagógico de Bernstein, quais sejam os campos da Produção de Conhecimento, da Recontextualização e da Reprodução. Eles são organizados hierarquicamente de tal forma que o conhecimento recontextualizado não pode existir sem a produção e o que é produzido não pode o ser sem antes ser recontextualizado.

Para Bernstein, o Discurso Pedagógico é uma estrutura que molda os conhecimentos que chegam à escola. Um instrumento para recontextualização que tem em si um Discurso Regulativo e um discurso Instrucional. Visto que a Teoria da Recontextualização de Bernstein descreve o contexto da Escola, o autor traz à discussão apontamentos de Genovez (2008) para caracterizar a escola, destacando-se o conceito de Campo da Escola, o qual representa um conjunto de regras invisíveis que compõem a estrutura da escola, mas que é sentida por seus agentes. O conceito de Campo refere-se a uma organização social estruturada objetivamente, com agentes devidamente posicionados segundo um capital docente conhecido e reconhecido tanto pelo próprio Campo quanto pelos seus agentes (GENOVEZ, 2008).

Caminhos metodológicos das teses e dissertações

Os trabalhos analisados priorizaram metodologias qualitativas em suas análises. Esta abordagem metodológica envolve a construção do conhecimento do pesquisador em interação com o grupo onde ocorrem os fenômenos.

Marques-dos-Santos (2012) e Santos (2013) apoiaram-se nos preceitos de Bogdan e Biklen (1994) enquanto Lopes (2013) utilizou a pesquisa participante descrita por Gajardo (1986). Segundo esta autora, o pesquisador atua em conjunto com os atores sujeitos da investigação, o que atenta no "...esforço para desenvolver pesquisas condizentes com a realidade de países da América Latina, que vinculem a produção e a comunicação de conhecimentos à transformação sociopolítica" (LOPES, 2013, p. 114).

Quanto à técnica de análise, parte dos autores dos trabalhos utilizou a Análise do Conteúdo de Bardin (1977), seja nos relatos das discussões em grupo, entrevistas, análises documentais ou em situações ocorridas via e-mail. Bortoletto (2013) optou por analisar dados constituídos em quatro reuniões do PGP Fernandópolis, colocando-se no mesmo plano de ação que os demais membros do grupo a fim de alcançar a coordenação coletiva das ações no mesmo.

Chapani (2010), por sua vez, utilizou uma abordagem crítica para ouvir as histórias de formação de professores de Ciências de Jequié-BA, relacionando-as com a construção das políticas públicas sobre formação docente da região, assim como "os planos macro e micro da formulação e, especialmente, da implementação de tais políticas, num contexto específico" (p. 63). Ela valeu-se de referenciais que tratavam da abordagem biográfica na área de formação de professores, tais como Bueno et al. (2006), Ferraz (2002), Galvão (2005), Kramer, Jobim e Souza (1996), Nóvoa (1994; 2000). Para a autora: "Tais estudos chamam atenção para multiplicidades de usos que se tem feito das histórias de vida e estudos autobiográficos em pesquisas relacionadas à formação de docente" (CHAPANI, 2010, p. 67). A autora ainda realizou entrevistas com dirigentes e análise documental a partir de levantamento bibliográfico em bases de dados e na legislação pertinente.

Martínez Pérez (2010) fez uso de uma abordagem metodológica qualitativa crítica, considerando as intenções e valores que guiam o pesquisador em campo e concebendo a realidade como construção social e subjetiva. Para tanto, resgatou o conceito de pesquisa educacional crítica nos trabalhos de Carr e Kemmis (1988) e de Carr (1996), que definem a pesquisa educacional como aquela que sempre aborda problemas da prática que não são resolvidos na produção de mais saberes, mas sim com novas orientações para ações. Sua abordagem metodológica, assim, trata da relação entre teoria e prática e o autor ainda cita Paulo Freire por apresentar "a natureza dialógica da educação articulada à práxis e à leitura do mundo através da palavra construída dialeticamente na ação-reflexão" (MARTÍNEZ PÉREZ, 2010, p. 110).

Compreensões sobre o processo de formação de professores

Ao mirar a formação de professores de ciências e sua relação com as políticas públicas de formação docente, Chapani (2010) explica, sobre a formação inicial e continuada na região de Jequié, Bahia, que em sua maioria, os professores são formados pela Universidade Estadual do Sudoeste da Bahia (UESB) e, em menor grau, por uma instituição privada, o que ocorre muitas vezes concomitantemente ao exercício da profissão. No que tange à educação continuada, as redes de ensino são as principais responsáveis por esse aspecto, tendo destaque especial a estadual, cujas ações buscam propiciar a implantação de sistemas de ensino, além de incluir atualizações referentes aos conteúdos e didáticas para estes profissionais.

Nesse sentido, os docentes que concederam entrevistas à pesquisadora demonstraram interesse de ampliar sua qualificação e aperfeiçoamento profissional, tendo em vista sua participação em cursos variados. Além disso, esses profissionais descreveram inúmeras dificuldades enfrentadas em suas histórias formativas, o que indica que sem considerar as "determinantes históricas e sociais desse processo" (CHAPANI, 2010, p. 217), corre-se o risco de enxergá-lo a partir de uma lógica determinista, onde a formação de professores determina o desempenho docente, este a aprendizagem do aluno e qualidade do ensino e estas duas juntas a superação dos problemas do país.

Ainda de acordo com Chapani (2010), apesar da forte presença do Estado em desenvolver programas de formação docente, não há um conjunto de iniciativas que busque "desenvolver a capacidade crítica, reflexiva, criadora e transformadora dos professores e que esteja, ao mesmo tempo, relacionado a outros aspectos da profissão docente, como a definição de condições dignas de trabalho" (p. 218). A autora acredita que esse modelo de formação não pode constituir-se de modo a burocratizar as ações formativas, o que de fato ocorre em muitas iniciativas institucionalizadas pelo subsistema Estado, que acaba por incorporar essas propostas à lógica reproduzida pelo sistema.

A autora ressalta, em determinado ponto, que a TAC de Habermas não seria, entretanto, suficiente para articular políticas públicas e formação de professores, uma vez que de faz necessário articular sistema e mundo da vida de modo que a invasão sistêmica seja contida por um lado e, por outro, o sistema passe a orientar-se por conhecimentos e valores construídos com base no discurso.

Chapani (2010) defende então a constante conformação de esferas públicas com a participação efetiva dos professores, que devem ser capazes de compreender e criticar as demandas e propostas para sua resolução relacionadas à sua profissão:

> Os conceitos e valores a serem expressos e defendidos nessas esferas seriam produzidos em associações livres, durante um processo de formação permanente. Defendo também que, para que os professores de Ciências tenham condições de interpretar, criticar e propor alternativas para as políticas públicas, durante sua formação, especialmente na sua fase inicial, deveriam ter oportunidades de debaterem, a partir de uma perspectiva histórica, a natureza da ciência, o currículo e a formação docente (p. 221).

Nessa vertente, Lopes (2013) aponta que "há intenção de constituir processos formativos nos termos da teoria crítica da sociedade, com o resgate da complexidade das questões e da crítica inerente à formação e à emancipação dos agentes" (p. 153). Para ela, um dos meios para alcançar essa formação é a ação comunicativa.

Em suas compreensões sobre o trabalho realizado no PGP que acompanhou, a autora aponta que além do valor formativo advindo da congregação dos mundos subjetivo, objetivo e social, há ainda que se considerar a interdisciplinaridade como fator importante em termos de formação dos professores participantes do grupo. Segundo ela, ao longo do processo de construção de sequências didáticas com QSC, houve um enriquecimento das práticas devido à socialização de conhecimentos de diferentes áreas, as quais contribuíram entre si para o debate das QSC com os alunos e demonstraram que não apenas o conhecimento científico proveria soluções adequadas às QSC, mas além deste, aqueles de cunho ético, histórico, dentre outros, sendo importante essa interlocução.

No que se refere à formação dos professores participantes do PGP, Lopes (2013) ainda aponta que estando numa atmosfera formativa, um dos momentos mais importantes foi quando os professores comunicaram seus trabalhos, na forma oral ou escrita, para os próprios colegas ou em eventos externos ao grupo, tal como os Encontros de Prática de Ensino de Física de Ilha Solteira (Enpefis) e congressos da área, o que a autora afirma ser um indício da necessidade de desenvolvimento de aspectos ligados à argumentação.

Neste viés, Bortoletto (2013) aponta que o processo de denúncia dos professores quanto às invasões sistêmicas e o mundo da vida na escola permite "identificar os pontos de tensão, os obstáculos do cotidiano escolar que possam ser superados por meio da relação teoria-prática" (p. 171). Logo, a teoria tem a função de indicar caminhos para a prática pedagógica, mostrando ações passíveis de serem realizadas para a superação das angústias profissionais que esses docentes carregam em si.

Segundo a autora, o potencial das QSC como elemento problematizador da própria prática refere-se ao conhecimento científico envolvido, bem como à concepção de ciência, moralidade e ética associados, sem deixar de considerar aspectos culturais, sociais e o discurso de professores e alunos em sala de aula. Isso possibilita uma reorganização do currículo tendo por base "os dilemas políticos, econômicos e sociais do nosso tempo" (BORTOLETTO, 2013, p. 212).

A autora ainda destaca três situações nas quais os estudos dos pressupostos das QSC, desenvolvidos no PGP, foram relevantes para:

1. a aquisição de autonomia por parte dos professores, que puderam buscar referenciais teóricos para incluir em suas apresentações no grupo;
2. a problematização da própria prática, além da postura do professor em sala, a organização da sua aula e a sua preocupação com a própria prática discursiva e a criação de um ambiente com mais espaço de fala para o aluno;
3. observar as concepções que os discursos dos professores trouxeram em termos de Ciência para o grupo. A autora relata, entretanto, que não houve tempo para discussão dessas concepções devido a demanda por comunicação no grupo.

As compreensões que Martínez Pérez (2010) apresenta em sua tese inserem a formação de professores não como um ato de transferência de conhecimentos do professor formador para o professor em formação continuada. A formação é, assim, um processo de apropriação cultural e deve se dar nas condições de um espaço colaborativo entre professor e formador que possibilita a reflexão do próprio professor sobre sua prática.

Para a constituição do espaço de formação, o autor defende a tese de que a utilização das QSC contribui para esse processo, pois problematizam a ideologia tecnicista do currículo tradicional, questionando-o quanto ao seu caráter limitador, favorecendo uma linguagem de crítica. Aos professores que desenvolveram aulas a partir de QSC coube pensar o porquê e o para que ensinar ciências, mais do que simplesmente pensar no como ensinar os conhecimentos já descritos nos currículos.

Martínez Pérez (2010) também defende que, além da problematização do currículo, o trabalho com professores em formação utilizando QSC possibilitou um fortalecimento da autonomia destes e a inovação pedagógica, uma vez que buscavam temas de seu interesse particular e não de conteúdos pré-estabelecidos no currículo.

Nessa mesma perspectiva, Santos (2013) fornece elementos relacionados às QSC na formação de professores, uma vez que evidencia a pluralidade de vozes, opiniões, vivências, formação dos membros do grupo a cada reunião e aprofundamento dos temas e teorias relacionados. Também se vale dos trabalhos de Adorno para dialogar sobre as condições estabelecidas de contestação, posicionamento, crítica e liberdade de fala, sendo estes elementos os entraves da semicultura.

Assim,

> pronunciar a própria palavra, no sentido de transformar, deve ir além da descrição das experiências de vida, apesar de ser fundamental, mas deve caminhar no sentido de problematizar essas experiências, identificar possibilidades, reconhecer falhas, assumir-se na própria história como agente criado e criador dela (SANTOS, 2013, p. 191).

O autor apontou ainda a importância do diálogo nos enfrentamentos das tensões, no sentido de haver exercícios consideráveis de argumentação. É nesse sentido que o desenvolvimento do PGP apresenta elementos ricos e férteis para discussões, com mobilização de conhecimentos experienciais e da formação, e o que contribui para esses desvelamentos é a polifonia dos grupos.

Outro fator levantado por Santos (2013) refere-se à construção de significado no PGP. Nesse caso, o pesquisador, trabalhou no sentido de estimular a teoria e participação dos sujeitos, convidando-os a assumirem um posicionamento e propondo discussões no coletivo. Quando os sujeitos compreendem a ideia de construção de significados e começam a entrar nesse exercício, passam a valorizar "significativamente a historicidade do grupo, a reflexão sobre si naquele espaço, os conhecimentos produzidos e a consideração do papel do Outro" (p. 192).

Nessa linha, o autor ainda indica que a questão do tempo deve ser levada em consideração, pois ao se pensar em um processo que se intenta seja formativo, crítico, que instigue a criação e a espontaneidade, a urgência para alcançar resultados imediatamente não tende a ser frutífero, o que significa que o processo todo demanda tempo, reflexões, diálogo e planejamento para a construção de significados, havendo necessidade do estabelecimento de uma cultura de teorização.

Por último, Marques-dos-Santos (2012) reconhece a influência da prática no discurso regulativo do professor, não somente aos valores construídos no ato de ensinar, mas também a dinâmica da escola com muitas situações inesperadas que precisa administrar. Os elementos do discurso do professor com origem no contexto da prática concernem como a estratégia usada em sala de aula voltada a regulação dos alunos – negociação das ações dos alunos por meio da atribuição de notas para as atividades, elementos regulativos como o número de aulas, a necessidade de avaliar para classificar, preocupação com os conteúdos não relacionados às especificidades da disciplina e facilidade em locomover-se na escola utilizando os discursos disponíveis, como televisão e multimídia por exemplo.

Outro fator preponderante na visão do autor é que como participante de um projeto que visa à criação de pequenos grupos de pesquisa dentro das escolas públicas, no qual a reflexão com base teórica é valorizada, considera que quando o professor se prepara para as aulas, os procedimentos legitimados pelo campo da prática tem maior influência do que a reflexão teórica, ou seja, valoriza-se mais a prática do que o trabalho teórico.

Por fim, a teoria da Recontextualização de Basil Bernstein, utilizada para identificar os Discursos Regulativos e Instrucionais na prática do professor contribui para a Investigação da Própria Prática por possibilitar afastamento entre o pesquisador e o objeto de estudo, diminuindo a subjetividade das análises. Para o autor a identificação de valores, de elementos de regulação e limites da própria prática docente permitiu uma autoanálise crítica possibilitando chances de mudança, reorganização e reestruturação de ações no contexto da prática.

Desta forma, podemos inferir que a competência argumentativa, a linguagem e a reflexão sobre a própria prática foram elementos fundantes para uma perspectiva de formação crítica que visa o desenvolvimento de pessoas autônomas e emancipadas, capazes de coordenar suas ações tanto no âmbito da cultura escolar quanto na sua leitura de mundo para a vida, e isso acontece via entendimento.

Considerações finais

Conforme expusemos, o intuito desta análise era de fornecer subsídios que fundamentem a caracterização de um programa crítico de formação de professores no âmbito do projeto Obeduc. Entendemos, assim, que estes subsídios emergem da relação entre os trabalhos de pesquisa aqui apresentados e o desenvolvimento do projeto como um todo, somando-se a esses fatores a estrutura de cada PGP e todos os atores da escola e da universidade envolvidos, além dos pressupostos teóricos do grupo de pesquisa AVFormativa. Assim, pudemos pensar em um programa de formação crítico orientado por aspectos já apresentados no texto, tais como a superação da hierarquia e assimetria na relação entre universidade e escola, práticas comunicativas, desenvolvimento de autonomia, da vontade política e da compreensão dos os PGP como associações livres.

Nesse sentido, o projeto Obeduc permitiu aos atores envolvidos *investir na formação* de professores em serviço, de graduandos, pós-graduandos e também de professores da universidade. A busca suprema nessa relação é, além da superação da hierarquia e assimetria na interação universidade-escola, já mencionada, uma ruptura da racionalidade instrumental ditada pelos imperativos sistêmicos. Nessa perspectiva, o projeto visou a emancipação de professores num viés crítico envolvendo compreensões e participação pública em ciência, tecnologia e currículo.

Outro fator importante a ser ressaltado em nossa análise refere-se à *pesquisa participante*. Embora tenha sido apontada somente em Lopes (2013) consideramos relevante e pertinente para discussões posteriores, pois nesse tipo de abordagem, todas as etapas das pesquisas são acertadas com os agentes que constituem o grupo, coletivamente. Isso propiciou um ambiente de confiança e de igualdade entre os participantes do PGP, fossem da escola ou da universidade, de forma que houve o *reconhecimento do trabalho intersubjetivo e a consciência do grupo enquanto grupo que trabalha junto*. Essa modalidade de pesquisa, assim, foi um modelo de interação cujas finalidades foram sendo traçadas pelos agentes do PGP e, além disso, se constituiu por meio das associações livres mediadas pela ação comunicativa.

Talvez o trabalho que mais se distanciou dos demais foi a dissertação de mestrado de Marques-dos-Santos (2012), pois o autor baseou-se na perspectiva de Basil Bernstein e investigou a própria prática. Todavia, essa pesquisa nos fornece elementos que possibilitam discussões acerca de criação e manutenção de um PGP para abordar inquietações inerentes ao trabalho escolar, uma vez que o autor foi, concomitantemente, pesquisador e professor, convivendo com choques de valores e interesses que se intercruzavam ora com necessidades da academia, ora com necessidades da escola. E nesse impasse de interesses o autor sinaliza as potencialidades de um processo formativo com o seguinte questionamento: "Poderia existir um contexto que aproximasse melhor esses dois campos?". E conclui: "Esperamos encontrá-los na interação entre a Universidade e Escola" (p. 86).

Desta forma, acreditamos que o Projeto Obeduc, corporificado pelo trabalho realizado nos PGP seja uma construção possível para a consolidação de uma escola emancipada, na qual os agentes da escola e da universidade possam se constituir como parceiros rumo a uma formação crítica e autônoma, tendo sempre por base suas necessidades locais. Nesse sentido, o projeto não se constitui como um curso de formação continuada que tem começo, meio e fim. *Trata-se de um processo, individual ao mesmo tempo que coletivo, contínuo e sem a pretensão de findar-se.*

Interessante notar que por terem se desenvolvido em escolas com perfis diferentes, cada um dos PGP se configurou de forma única, considerando particularidades e demandas locais. Isso indica, assim, que este programa de formação crítica de professores não busca uniformizar, padronizar e ultrapassar o contexto de cada espaço formativo, mas, pelo contrário, garantir que:

- enquanto espaço formativo, a interface universidade-escola (PGP) se constitua um espaço colaborativo, de participação em discussões relacionadas às políticas públicas inerentes à prática pedagógica e além disso, assuma o papel de ser um *momento para reflexão, pesquisa e problematização da própria prática e porque e para que ensinar ciências;*
- enquanto espaço *dialógico*, os PGP se constituam como associações livres na medida em que os interesses passam a ser compartilhados pelos atores envolvidos, conferindo, assim, caráter de continuidade às atividades desenvolvidas, mesmo após o fim do financiamento. Além disso, o PGP se coloca como *espaço polifônico* e viabilizador da *práxis do sujeito*, inserindo elementos de tensão, criação e desvelamento da realidade posta;

- enquanto espaço viabilizador da práxis, permeando todos os aspectos aqui mencionados, a *Teoria da Ação Comunicativa* atue como eixo articulador e facilitador do processo, preconizando a horizontalidade e simetria das relações com a consequente formação de todos os agentes envolvidos;
- enquanto espaço de desenvolvimento da *autonomia e da vontade política*, propicie o *empowerment* dos participantes e o resgate da natureza teórico-prática do trabalho docente.

Acreditamos, por fim, que uma formação crítica é aquela amparada por referenciais teóricos que valorizam a interação e a comunicação entre os sujeitos da escola e da universidade, os quais passam, por sua vez, a ser protagonistas de suas próprias histórias de vida, sendo capazes de refletir, argumentar, se expor e investigar - dentre outros verbos de ação, sobre a própria prática e realidade concreta que os cerca. O que antes não era visto, como imperativos sistêmicos e a realidade posta, passa a ser desvelado no coletivo. Um coletivo formado por sujeitos de diferentes origens e que olham para um mesmo objeto com perspectivas distintas. É esse o ambiente constituído nos PGP, espaços onde os diferentes se encontram, interagem, divergem e passam a caminhar juntos.

Referências bibliográficas

ADORNO, T. Teoria da Semicultura. *Educação e Sociedade*, n. 56, ano XVII, 1996, p. 388-411.

APPLE, M. *Poder, significado e identidade:* ensaios de estudos educacionais críticos. Lisboa: Porto Editora, 1999.

BARDIN, L. *Análise de conteúdo*. São Paulo, SP. Edições 70, 1977.

BERNSTEIN, B. *Class, Codes and Control:* The structuring of pedagogic discourse. Londres: Edição Digital, 2003. ISBN 0-203-01126-0. Disponível em: <www.eBookstore.tandf.co.uk>. Acesso em: 05 jan. 2012.

BOGDAN, R.C.; BIKLEN, S.K. *Investigação qualitativa em educação:* uma introdução à teoria e aos métodos. Portugal: Porto Editora, 1994.

BORTOLETTO, A. *Formação Continuada de Professores:* A Experiência de uma Temática Sociocientífica na Perspectiva do Agir Comunicativo.

2013. 237 f. Tese (Doutorado em Educação para a Ciência). Faculdade de Ciências, Universidade Estadual Paulista, Bauru, 2013.

BUENO, B. O.; CHAMLIAN, H. C.; SOUSA, C. P.; CATANI, D. B. Histórias de vida e autobiografias na formação de professores e profissão docente (Brasil, 1985-2003). *Educação e Pesquisa*. V. 32, n. 2, 2006, p. 385-410.

CARR, W.; KEMMIS, S. *Teoría crítica de la enseñanza:* la investigación-acción en la formación del profesorado. Barcelona: Martínez Roca, 1988.

CARR, W. *Una teoría para la educación:* hacia una investigación educativa crítica. Madrid: Morata, 1996.

CHAPANI, D. T. *Políticas Públicas e História de formação de professores de ciências:* uma análise a partir da teoria social de Habermas. 2010. 421f. Tese (doutorado). Faculdade de Ciências, Universidade Estadual Paulista, Bauru, 2010.

CHAPANI, D. T.; ORQUIZA-DE-CARVALHO, L. M.; TEODORO, A. Políticas de formação docente na Bahia: uma análise a partir de pressupostos da teoria social de Habermas. *Formação Docente*. V. 3, n. 3, 2010, p. 66-85.

CONTRERAS, J. *A autonomia de professores*. São Paulo: Cortez, 2002.

FERRAZ, M. R. *Ser professor:* percursos de formação e de construção identitária - contributos para uma construção subjectiva da profissão. 2002. Tese (Mestrado em Educação). Faculdade de Ciências, Universidade de Lisboa, Lisboa, 2002.

GALVÃO, C. Narrativas em educação. *Ciência e Educação*. V. 11, n. 2, 2005, p. 327-345.

GAJARDO, M. *Pesquisa participante na América Latina*. São Paulo: Brasiliense, 1986.

GENOVEZ, L. G. *Homomagister*: conhecimento e reconhecimento de uma professora de ciências no campo escolar. 2008. 241 p. Tese (Doutorado em Educação para a Ciência). Faculdade de Ciências, Universidade Estadual Paulista, Bauru, 2008.

GIROUX, H. *Os professores como intelectuais*: rumo a uma pedagogia crítica da aprendizagem. Porto Alegre: Artmed, 1997.

GIROUX, H. *Pedagogía y política de la esperanza*: teoría cultura y enseñanza: una antología crítica. Buenos Aires: Amorrortu, 2003a.

GIROUX, H. *La Escuela y la lucha por la ciudadanía:* pedagogía crítica de la época moderna. 3 ed. México, D.F.: Siglo XXI, 2003b.

HABERMAS, J. *Teoria do agir comunicativo:* Racionalidade da ação e racionalização social. São Paulo: Martins Fontes, 2012.

________. *Racionalidade e comunicação.* Lisboa: Edições 70, 2002.

KING, J. E. Critical and qualitative research in the teacher education: a blues epistemology for cultural well-being and a reason for knowing. In: COCHRAN-SMITH, M. et al. (eds.). *Handbook of research on teacher education:* enduring questions in changimg contexts. 3rd ed. New York: Routledge, 2008, p. 1.094-1.136.

KRAMER, S.; JOBIM E SOUZA, S. *Histórias de professores*: leitura, escrita e pesquisa em educação. São Paulo: Ática, 1996.

LOPES, N. C. *A constituição de associações livres e o trabalho com as questões sociocientíficas na formação de professores.* 2013. 389 f. Tese (Doutorado em Educação para a Ciência). Faculdade de Ciências, Universidade Estadual Paulista, Bauru, 2013.

MARQUES-DOS-SANTOS, B. *A investigação sobre a própria prática de um professor iniciante sob o olhar da Teoria da Recontextualização.* 2012. 146 f. Dissertação (Mestrado em Educação para a Ciência). Faculdade de Ciências, Universidade Estadual Paulista, Bauru, 2012.

MARTÍNEZ PÉREZ, L. F. *A abordagem de questões sociocientíficas na formação continuada de professores de ciências:* contribuições e dificuldades. 2010. 351f. Tese (Doutorado em Educação para a Ciência). Faculdade de Ciências, Universidade Estadual Paulista, Bauru, 2010.

MÜHL, E. H. *Racionalidade comunicativa e educação emancipadora.* 1999. 287 p. Tese (Doutorado em Educação). Faculdade de Educação, Universidade Estadual de Campinas, Campinas, 1999.

NÓVOA, A. *História da Educação (Relatório apresentado para Provas de Agregação).* Faculdade de Psicologia e Ciências da Educação, Universidade de Lisboa, Lisboa, 1994.

NÓVOA, A. (org) *Vida de professores.* 2ª ed. Porto: Porto Editora, 2000.

SANTOS, P. G. F. *O tratamento de Questões Sociocientíficas em um grupo de professores e a natureza do processo formativo fundamentado em uma perspectiva crítica.* 2013. 209 f. Dissertação (Mestrado em Educação para a Ciência). Faculdade de Ciências, Universidade Estadual Paulista, Bauru, 2013.

SEÇÃO 3 – AVALIAÇÃO EM LARGA ESCALA COMO EIXO DE PESQUISA REALIZADA PELA ESCOLA E PELA PÓS-GRADUAÇÃO

Capítulo 9

Avaliação em larga escala como eixo da pesquisa realizada pela escola e pela pós-graduação: sobre as necessárias revisões e as urgentes prospecções

Jair Lopes Junior[1]

Introdução

A compreensão da difusão de sistemas de avaliação do desempenho escolar na educação básica, em especial a partir de 1970, impõe a consideração de contextos de análise mais ampliados, como as mudanças e reformas vivenciadas pela Educação como parcela de realinhamentos e de redirecionamentos marcantes acerca do papel e das funções do Estado.

Neste capítulo, como recorte desse abrangente campo de conhecimentos designado como Avaliação Educacional, cumpre salientar que o cenário da Educação Básica brasileira conviveu, desde meados da década de 1980, com a hegemonia da cultura da avaliação do desempenho escolar baseada, em particular, em termos de extensão, nos sistemas de avaliação em larga escala. Em sentido genérico, enquanto política pública educacional, as avaliações em larga escala são definidas por procedimentos amplos, variados e extensivos, usualmente realizados por agências com reconhecida especialização técnica e logística na elaboração de itens, na pré-testagem dos mesmos para a definição de suas propriedades estatísticas, na execução das rotinas de aplicação das provas e na análise dos resultados (FREITAS, 2007; GATTI, 2002; VIANNA, 2007).

1 Doutor em Psicologia. Docente do Departamento de Psicologia da Faculdade de Ciências e do Programa de Pós-Graduação em Educação para a Ciência da Faculdade de Ciências da Unesp – *campus* Bauru. E-mail: jlopesjr@fc.unesp.br.

As avaliações em larga escala abrangem sistemas de ensino, a saber, todas as escolas de uma determinada rede, e faz uso de procedimentos amostrais ou censitários. Concentra ênfase na mensuração e na quantificação de propriedades psicométricas do desempenho dos alunos, com prioridade para a estratificação dos resultados em termos de escalas e de níveis de proficiência dos mesmos, considerando as aprendizagens preconizadas sob a designação de habilidades ou de descritores em matrizes de referência. Estas devem designar, sob a forma de habilidades e de competências, as estruturas básicas de conhecimento esperadas para um determinado ciclo da Educação Básica nos diferentes componentes curriculares (BRASIL, 2011; SÃO PAULO, 2009).

Em síntese, as avaliações em larga escala, enquanto sistemas de avaliação externos às instituições e às unidades escolares, devem cumprir, prioritariamente, cinco amplos conjunto de funções:

1. Viabilizar a regulação ou o monitoramento das redes de ensino, em especial, mediante o fornecimento de informações devidamente fundamentadas para a formulação de diretrizes, de instrumentos e de ações de gestão.
2. Fornecer elementos para a definição e a composição de descritores ou indicadores de desempenho. Por seu turno, tais indicadores devem garantir visibilidade das principais características das unidades escolares e das diretorias de ensino viabilizando, assim: a) análises comparativas entre unidades e diretorias; b) estabelecimento de metas; c) definição de prioridades.
3. Subsidiar, de modo decisivo, o planejamento pedagógico das escolas.
4. Viabilizar mecanismos públicos e transparentes de prestação de contas.
5. Propiciar o desenvolvimento de competências técnicas e científicas no manejo das estratégias de avaliação.

O cumprimento de tais funções encerram, em última análise, as justificativas que amparam os vultosos investimentos na consolidação das avaliações externas em larga escala como política pública educacional.

Admite-se que tais sistemas, pela quantidade, pela organização e pelo valor informativo dos resultados garantiriam visibilidade para a qualidade da educação escolar, bem como subsídios para orientar ações de gestão educacional.

Certamente, a consolidação dos sistemas de avaliação em larga escala no cenário educacional brasileiro foi definida pela imposição de ajustes, de adequações, pelo redirecionamento de prioridades, enfim, por controvérsias e tensões entre os diferentes agentes envolvidos em tais sistemas (ALAVARSE, 2013; CALDERÓN, BORGES, 2013; FREITAS, 2007; GATTI, 2002).

Neste contexto, a caracterização e a demarcação das incidências dos resultados das avaliações em larga escala nas unidades escolares acabaram por se constituir em objetos de investigação, configurando modos de interação entre, de um lado, pesquisadores da universidade e, de outro, gestores e professores das unidades escolares.

Este capítulo expõe, a seguir, uma revisão de parcela da literatura que, mediante utilização de instrumentações metodológicas distintas, documentou, nos últimos anos, realidades adversas àquelas preconizadas pelas funções sustentadas pelos sistemas de avaliação externa em larga escala. Em outros termos, foram analisadas produções bibliográficas recentes que salientam dificuldades na implementação direta, tanto quanto indireta, dos resultados das avaliações em larga escala na gestão educativa, bem como no fornecimento de subsídios formativos para a atuação cotidiana do professor nas unidades escolares.

Fundamentado em tais revisões, ao finalizar o capítulo, explicita-se a defesa de sondagens ou de investigações com prioridades bem delimitadas e inseridas em dois projetos complementares. Admitindo as avaliações em larga escala como um eixo estratégico, advoga-se, em primeira instância, o fortalecimento de vínculos colaborativos entre protagonistas da escola com representantes da universidade diretamente vinculados com a produção de conhecimentos sobre o ensino em programas de pós-graduação. Imersos em vínculos de reciprocidade de interesses e de mútua colaboração, salienta-se a urgente necessidade de as investigações conjuntas garantirem condições de validação argumentativa, deliberativa e intersubjetiva dos conhecimentos experienciais dos professores, demarcando concretamente trajetórias de profissionalização do ensino no contexto das avaliações em larga escala da educação básica.

A escola e as avaliações em larga escala: A prioridade da análise de impactos

A revisão e a análise de estudos que elegeram, de modo direto ou indireto, investigar possíveis impactos dos resultados dos sistemas de avaliação em larga escala nas rotinas das unidades escolares, enunciam a proeminente manifestação da denominada perspectiva universalista permeando as relações entre tais sistemas e as escolas (ROSISTOLATO, VIANA, 2014). De acordo com a perspectiva universalista, é imperativo considerar que, como consequência da distribuição homogênea do "saber" escolar, tornou-se passível avaliar a aprendizagem em termos coletivos mediante o mapeamento dos resultados gerais de uma rede de ensino.

Na demarcação das funções ou dos objetivos precípuos dos sistemas de avaliação em larga escala, cabe diferenciar entre, de um lado, a aquisição acumulada, estratégica e planificada de um amplo conjunto de dados e de informações e, de outro, a estruturação de iniciativas compromissadas com intervenções, com gestões nas escolas que estivessem efetivamente fundamentadas em tais dados e informações.

Assim, a literatura salienta que, precedendo ao advento da Prova Brasil (Avaliação Nacional do Rendimento Escolar) e do Índice de Desenvolvimento da Educação Básica (Ideb), os impactos dos resultados das avaliações externas em larga escala, ainda amostrais neste momento, mostravam-se muito restritos ou mesmo inexistentes, ou concentrados em políticas prioritariamente pedagógicas, com ênfase no avanço das aprendizagens dos alunos que exibiam dificuldades mais salientes (HORTA NETO, 2007; MACHADO, 2013).

Na realidade, Bonamigo e Sousa (2012) salientam que as avaliações em larga escala no Brasil comportavam, em uma primeira geração, sistemas que priorizaram o fornecimento de diagnósticos de qualidade.

Esta geração inicial apresenta como marco o Saeb/Aneb (Avaliação Nacional da Educação Básica) com inovações metodológicas, como a adoção da Teoria da Resposta ao Item (TRI), a inclusão da rede particular na amostra, a participação de anos conclusivos de ciclo, a definição de língua portuguesa e de matemática como componentes curriculares prioritários, a utilização de questionários com sondagens sobre informações acerca de características socioculturais e de hábitos de estudo dos alunos e a extensão da participação aos 27 estados da federação. A despeito de a elaboração dos itens da prova considerar matrizes de referência que, por sua vez, designavam as aprendizagens previstas ao final dos ciclos para diferentes matrizes curriculares, Bonamigo e Sousa (2012) advogam que os resultados obtidos pelo Saeb sustentavam níveis de interferência muito reduzidos na rotina escolar, tanto quanto nas matrizes curriculares.

Nesta geração inicial, portanto, os diagnósticos fornecidos pelo Saeb prescindiam de efeitos ou de consequências diretas sobre as escolas e sobre os profissionais envolvidos com os resultados obtidos. Os resultados nada informavam sobre a evolução do desempenho individual dos alunos, tampouco das respectivas escolas. Em suma, a primeira geração das avaliações postulada por Bonamigo e Sousa (2012) documenta a convivência entre, de um lado, um sistema que sustentava significativa magnitude em termos de operacionalização, de logística e de articulação das suas respectivas matrizes de referência com os componentes curriculares envolvidos e, de outro, conjuntos de medidas de desempenho com funções instrumentais muito reduzidas para induzir políticas e ações de controle dos resultados.

Dois acontecimentos assumem relevância a partir da segunda metade da década iniciada em 2000.

De início, cumpre destacar a implementação da Prova Brasil, censitária e executada a cada dois anos, com o compromisso de fundamentar decisões, em nível de gestão educacional, tanto sobre metas e prioridades na implementação de ações pedagógicas, quanto sobre o direcionamento de recursos.

Na edição de 2007, os resultados da Prova Brasil integraram o Ideb. Articula-se, assim, a Prova Brasil como instrumento de mensuração de desempenho, com o Censo Escolar, como instrumento de mensuração das aprovações. Desta feita, diante de acervos de medidas de desempenho, havia o compromisso de comunicá-los para as escolas como subsídios para o planejamento de práticas de ensino.

Segundo Bonamigo e Sousa (2012), uma política de responsabilização branda, traço definidor do segundo período, definiu o uso inicial dos resultados da Prova Brasil. O alcance dos impactos dos resultados ficam concentrados no esboço de metas e nas divulgações dos resultados dos alunos nas suas respectivas unidades escolares e redes de ensino, sem qualquer tipo de associação com premiações ou sanções contingentes aos desempenhos.

Como segundo acontecimento, para o período considerado, cumpre destacar que o país passou a conviver com uma autêntica proliferação dos sistemas estaduais de avaliação externa em larga escala, bem como com sistemas externos, mas municipais, com prioridade para as metodologias censitárias (ALAVARSE, BRAVO, MACHADO, 2013; AMARO, 2013; BONAMIGO, SOUSA, 2012; CERDEIRA, ALMEIDA, COSTA, 2014; GIMENES et al., 2013). A regionalização dos sistemas de avaliação ampliou a proximidade entre os resultados obtidos e as respectivas unidades escolares impondo, por seu turno, a necessidade de conhecimentos, minimamente validados técnica e cientificamente, que fundamentassem ações de gestão educativa em tais unidades.

Segundo Bonamigo e Sousa (2012), a expansão dos sistemas estaduais e municipais de avaliação educacional externa em concomitância com a consolidação dos exames federais (Saeb/Aneb – Avaliação Nacional da Educação Básica e Prova Brasil) documentou algumas características específicas nas avaliações educacionais, bem como, e principalmente, na utilização dos resultados de tais avaliações. De acordo com o modelo interpretativo de tais autoras, em seu conjunto, as es pecificidades das avaliações neste momento e o uso dos resultados derivados da aplicação das mesmas configuraram a terceira geração de avaliações que sustentou, como traço característico, as denominadas políticas de responsabilização, envolvendo, além de logísticas de divulgação dos resultados, premiações, bonificações, punições, práticas de tutela sobre unidades com desempenhos ruins, dentre outras medidas.

Temos, assim, indagações que orientam a continuidade de nossa exposição. Quais justificativas ampararam a disseminação dos sistemas estaduais e municipais de avaliação? Em que extensão tais justificativas delimitaram contornos específicos para a terceira geração de avaliações educacionais? Quais foram as possíveis implicações destas características nos impactos dos resultados sobre as unidades escolares?

Diante da consolidação progressiva do Saeb e da Prova Brasil, em escala federal, e em franca consonância com agendas e tendências internacionais que professavam as avaliações em larga escala como instrumento para a aferição de qualidade de sistemas educacionais, foi possível constatar a emergência de sistemas de ensino em escala, desta feita, estadual e municipal.

Segundo Gimenes et al. (2013), mesmo admitindo a incontestável sofisticação estatística no tratamento dos dados derivados das avaliações externas em larga escala em níveis federal e estadual (VALLE, 2000), viabilizando análises comparativas de desempenhos de diferentes provas, ainda é possível identificar claramente justificativas que ampararam a elaboração de sistemas estaduais, mas, principalmente, municipais, de avaliação externa. De início, a possibilidade de execução censitária e periódica, no caso, anual, das edições das provas. Em acréscimo, seria possível ampliar a participação dos anos letivos expostos às provas nos diferentes ciclos do Ensino Fundamental e do Ensino Médio. Em termos operacionais, também se constituíram como justificativas as garantias de maior agilidade e rapidez no acesso aos dados pelas escolas, bem como um maior detalhamento na apresentação dos resultados, viabilizando aproximações estratégicas entre os resultados e os alunos que foram expostos às provas.

Tais justificativas ou motivações, a despeito das variadas e pertinentes controvérsias que circunscrevem as políticas educacionais de avaliação externa em larga escala, evidenciam fatores favoráveis ao reconhecimento das avaliações como condição ou eixo indutor de pesquisas que, em última instância, poderiam ampliar e melhor qualificar os conhecimentos dos agentes da escola acerca de rotinas, de procedimentos e de prioridades que caracterizam o funcionamento da escola na realidade instalada na qual as edições das avaliações foram e são executadas.

As distintas expressões mais localizadas das avaliações externas em larga escala, estaduais e, principalmente, municipais, demarcavam posições importantes em relação às características dos sistemas de avaliação em escala federal. Como corolário da identificação da reduzida função instrucional da prioridade midiática concedida ao "ranqueamento" das unidades escolares, os sistemas locais preconizavam mecanismos de apropriação pedagógica dos resultados. De um modo generalizado, gestores de sistemas externos de avaliação em larga escala salientavam que, como consequência desta apropriação pedagógica dos resultados pela escola e pelos professores, teríamos condições reais para a promoção de equidade de aprendizagem aos alunos matriculados nas respectivas redes.

Como elemento crítico de tais condições, configura-se a visibilidade e a função instrucional dos instrumentos: as provas e a consequente análise dos resultados deveriam permitir desdobramentos que, ampliando o detalhamento das informações, instruíssem e fundamentassem ações de intervenção de modo mais localizado e pontual, em particular, quanto ao ensino de habilidades diagnosticadas como deficientes.

Há, deste modo, o reconhecimento explícito da insuficiência instrucional da documentação oficial dos resultados emitida sob a forma de boletins, mesmo diante de sofisticadas estratégias de classificação dos desempenhos obtidos por unidade escolar, com especificação de distribuição percentual de alunos por ano letivo, por componente curricular e por níveis de proficiência com a correspondente composição de escalas de proficiência das respectivas habilidades envolvidas. As possibilidades de estas configurações no tratamento oficial dos dados se converterem em informações com funções instrucionais para o trabalho de intervenção direta, e o mais imediato possível, dos professores ainda são avaliadas como limitadas.

Além da excessiva latência com a qual os resultados oficiais chegam às unidades escolares, considerando a data de realização das provas, ainda assim a natureza das informações veiculadas padece, na avaliação de gestores, de funções instrucionais claras e diretas, derivadas de análises pedagógicas devidamente fundamentadas, com devidas qualificações teóricas e não restritas à comentários sumários sobre características das alternativas (corretas e incorretas) dispostas em itens de múltipla escolha (CERDEIRA et al., 2014; MACHADO, 2013; ROSISTOLATO, VIANA, 2014).

Configura-se, portanto, a prioridade do acesso mais imediato aos resultados, mas desde que tais resultados se mostrem dispostos de forma mais individualizada, por unidade escolar, por turma dentro da unidade e, de modo desejável, por aluno dentro da turma.

Poder-se-ia admitir, a princípio, que o conjunto de justificativas que ampararam as aproximações entre os sistemas de avaliação externa e a escola foi suficiente para fomentar condições positivas para um efetivo trabalho com os resultados a ser efetuado pelos agentes (gestores e professores) das unidades escolares. Teríamos, assim, pela proximidade, pela visibilidade e pela qualidade dos dados gerados pelas provas, evidências que sustentariam, a partir das aproximações, impactos instrutivos e formativos dos resultados, ou seja, os sistemas teriam cumprido as funções diagnósticas esperadas para subsidiar as intervenções necessárias.

Cumpre destacar, entretanto, que a maior aproximação entre, de um lado, os mecanismos sofisticados dos sistemas de avaliação externa em larga escala e, de outro, os gestores, os professores e os alunos de cada unidade escolar, veio acompanhada de dois fatores de relevância decisiva para o entendimento da acepção que a avaliação externa em larga escala assume na proposta de eixo advogada neste capítulo.

Tem-se, como primeiro fator, que, de modo recorrente, a literatura documenta que a consolidação dos sistemas de avaliação externa em larga escala, em níveis mais próximos ou mais distantes das realidades escolares avaliadas, mostrou-se acompanhada de dispositivos legais que oficializaram a responsabilização dos professores e dos demais profissionais, direta e indiretamente envolvidos com as rotinas das unidades escolares (BONAMIGO, SOUSA, 2012; BROOKE, 2006; CERDEIRA et al., 2014; MACHADO, 2013; RAVITCH, 2011; ROSISTOLATO, VIANA, 2014).

Em uma de suas expressões mais controversas, a responsabilização pelos resultados obtidos tornou-se oficial pela implantação de incentivos e de valorização à boa gestão de equipes escolares na remuneração dos respectivos profissionais vinculados às unidades que cumprirem metas de desempenho pré-fixadas. Por seu turno, escolas com desempenhos insuficientes serão objeto de ajustes administrativos de modo a garantir apoio pedagógico para melhorarem o desempenho.

Enquanto dispositivo oficial de responsabilização, certamente, a bonificação por desempenho suscita acaloradas discussões que cobrem um vasto contínuo ou gradiente envolvendo desde concepções sobre a profissão docente até questões acerca da vinculação de incentivos às noções questionáveis que vinculam obtenção de medidas de qualidade na educação a resultados em testes de múltipla escolha (BIESTA, 2012; BLACK, WILLIAM, 2005; 1998; OLIVEIRA, MENEGÃO, 2012; YOUNG, 2011).

Todavia, a implicação mais comprometedora da instauração da responsabilização em formato de pagamento de valores monetários contingente aos desempenhos dos alunos foi observada no fenômeno designado como minimização ou estreitamento curricular (BONAMIGO, SOUSA, 2012; CERDEIRA et al., 2014; OLIVEIRA, MENEGÃO, 2012; RAVITCH, 2011), a saber, a subordinação explícita ou implícita das matrizes curriculares, no âmbito das rotinas das escolas, aos conteúdos conceituais exigidos nas questões das provas dos sistemas. Contrariando relevantes debates e necessárias discussões acerca da urgente expansão e do inalienável compromisso das matrizes curriculares como instrumentos de formação cidadã e de socialização (YOUNG, 2011), as escolas, como mecanismo de adaptação à hegemônica cultura das avaliações externas em larga escala mais próximas e mais distantes dos seus atores, operam ajustes, adequações das extensões das matrizes curriculares a conteúdos que assumem relevância estratégica pela vinculação direta com os itens das provas.

Como condição de implantação de tal fenômeno, cumpre mencionar as ações práticas dos professores, ou seja, a efetiva concretização da minimização ou estreitamento curricular, em termos de opções por conteúdos, dependeu de tratamentos didáticos específicos, ou seja, de ações profissionais dos professores diretamente comprometidas com a ampliação das possibilidades de produção de acerto pelos alunos nos testes, sem que, necessariamente, os acertos se constituíssem em medidas das aprendizagens curriculares realmente esperadas.

Em termos conclusivos, revisões parciais da literatura pertinente convergem em admitir, fundamentadas em metodologias distintas, mas com prioridade para a análise dos relatos dos gestores e dos professores, que um impacto adverso dos sistemas de avaliação externa em larga escala foi justamente o estreitamento, a minimização do currículo motivada, de modo prioritário, por políticas de responsabilização amparadas primordialmente na bonificação contingente à elevação quantitativa de valores de índices de desenvolvimento educacional.

Fundamentada em evidências, bem como em sensatas, didáticas e convincentes interpretações das mesmas, constitui-se, assim, desta ligeira revisão temática, uma caracterização pessimista e sombria dos impactos dos sistemas de avaliação externa em larga escala na escola que, por sua vez, sustenta e justifica ações e atitudes reticentes quanto à efetiva visibilidade dos resultados em termos das funções diagnósticas que deveriam ser cumpridas, bem como posicionamentos adversos quanto às possíveis funções formativas para professores em serviço desta política pública educacional.

Legitimando e reconhecendo a impossibilidade de negligenciar a caracterização esboçada nos parágrafos anteriores, na sequência, em sintonia com a professada aproximação demarcada na extensão deste livro, o capítulo expõe uma proposta de articulação de interesses, de competências e de prioridades, entre agentes da escola de Educação Básica (professores e gestores) e membros da universidade (professores e pós-graduandos) que, em última instância, objetiva salientar possíveis dimensões formativas da política pública educacional de avaliação externa em larga escala.

Seguramente, estima-se como improvável que a trajetória de articulação entre professores da escola de educação básica e representantes da universidade, em particular aqueles vinculados a programas de pós-graduação, sustente, no passado, como condição de implementação, condições extremamente favoráveis, positivas, estimuladoras e isenta de problemas e de controvérsias (ALMEIDA, PASSOS, 2014).

Assim, ciente de que as proposições e as execuções de articulações e de trabalhos colaborativos entre escola e universidade usualmente ocorrem sob condições adversas, marcadas pela tensão, pelo contraditório, pelo reconhecimento de insuficiências e de distanciamentos entre propostas iniciais e a efetiva concretização das mesmas, segue o delineamento de uma prospecção, de uma proposta de sondagem do potencial formativo que as avaliações externas em larga escala poderiam sustentar face à não menos urgente necessidade de demarcação e de validação de conhecimentos necessários ao ensino, enquanto condição imprescindível da profissionalização docente.

A avaliação em larga escala com eixo indutor de articulações entre a escola e a pós-graduação

A proposição da avaliação externa em larga escala como eixo indutor de articulações de investigações colaborativas entre agentes da escola e agentes da universidade impõe a explicitação de reflexões e de referenciais que orientaram interpretações acerca das características definidoras, nas últimas décadas, das incidências de tal política pública educacional no cotidiano, em especial, dos professores das escolas.

Como ponto de partida de tais explicitações, admite-se que, na alçada de uma jurisprudência, possivelmente a execução de procedimentos de avaliação se apresenta como prerrogativa da profissão docente. Assim, a convivência com os sistemas de avaliação externa em larga escala ativou conjuntos de conhecimentos profissionais que se encontravam em pleno exercício nas atividades docentes cotidianas dos professores nas escolas, ou diferentemente, tal convivência acentuou insuficiências de repertórios profissionais do ensino para a devida compreensão do alcance de tal política pública educacional?

Dentre as dimensões comuns aos diferentes sistemas de avaliação externa em larga escala, cumpre destacar as denominadas Matrizes de Referência (BRASIL, 2011; SÃO PAULO, 2009). As Matrizes de Referência, enquanto recorte das matrizes curriculares, designam os objetos de avaliação, ou seja, o que deve se constituir em objeto de avaliação no âmbito de cada componente curricular na etapa de escolaridade definida como prioritária e passível de avaliação. Nas Matrizes, os objetos passíveis de avaliação são sinalizados na forma de habilidades ou de descritores, admitidos como estruturas básicas de conhecimentos desenvolvidas ao longo dos diferentes ciclos e passíveis de avaliação e de mensuração pelas questões (itens) da prova.

Como exemplo, as Matrizes de Referência para Avaliação do Saresp (SÃO PAULO, 2009, p. 98), preconizam três habilidades ou descritores, ou seja, três aprendizagens objetivas, observáveis e mensuráveis para o tema "Ciência e tecnologia: produção e uso da energia no cotidiano e no sistema produtivo", inserido no componente curricular de Ciências da Natureza - 9º Ano (8ª série):

H18 – Associar experimentos sobre circuito elétrico simples com aparelhos elétricos identificando as funções dos principais componentes.

H20 – Identificar as etapas e as transformações de energia envolvidas na geração de energia elétrica em diferentes tipos de usinas.

H22 – Identificar argumentos favoráveis e desfavoráveis às diferentes formas de geração de eletricidade.

Em termos oficiais, as habilidades dispostas enunciam "o que é necessário que o aluno faça para dar conta e bem do que foi solicitado em cada questão ou tarefa" (SÃO PAULO, 2009, p. 13) de acordo com a condução didática das situações de ensino pelo professor.

Todavia, de início, caberia indagar: as habilidades explicitadas sustentam função referencial, ou seja, denotam, realmente, de modo intersubjetivo, um conjunto de ações plenamente identificáveis pelo professor na observação cuidadosa das interações dos alunos com as condições de ensino dispostas? De modo adicional, urge indagar: estamos diante de um modo oficial de enunciação de aprendizagens objetivas, observáveis e mensuráveis, plenamente consistente e com íntegra correspondência com a linguagem com a qual os professores objetivam os resultados das interações dos alunos com as condições de ensino e de avaliação dispostas?

Evidências recentes atestam respostas negativas para tais indagações (ALMEIDA, 2015; CAVALIERI, 2013; SANTOS, 2014). Em outros termos, diante de vídeos gravados de aulas ministradas pelos próprios docentes sobre tópicos extraídos das Matrizes Curriculares e com incidências nas respectivas Matrizes de Referência, ao ser indagado sobre quais seriam as possíveis aprendizagens explicitadas nas filmagens, distanciamentos evidentes e distinções conspícuas foram assinaladas entre a formalização e objetivação das aprendizagens preconizadas pelas Matrizes de Referência e a enunciação das evidências observadas como aprendizagens.

Estamos diante de vocabulários variados e de linguagens distintas para nomear evidências comuns, passíveis de identificação intersubjetiva, ou, diferentemente, o alcance das divergências linguísticas é muito mais severo, a saber, estamos diante de divergentes modelos interpretativos de interações em sala em aula que orientam ou determinam elaborações igualmente distintas sobre a natureza, sobre a profundidade e sobre o alcance das ações emitidas pelos alunos sob as condições de interação com as práticas de ensino e de avaliação?

Ora, se as evidências geradas pelas interações dos alunos com as condições didáticas dispostas pelo próprio professor não se mostram suficientes para que este, protagonista da ação profissional na sala de aula, enuncie as possíveis aprendizagens em linguagem consistente ou minimamente equivalente com a objetivação das Matrizes de Referência, o que restaria como parâmetro para que o professor pudesse responder à indagação: supondo que as habilidades definem, como disposto da documentação oficial (SÃO PAULO, 2009), aprendizagens objetivas, observáveis e mensuráveis, o que o aluno faz quando demonstra tais aprendizagens?

Restaria inferir as características das aprendizagens envolvidas pela interpretação das questões da prova? Ou seja, o professor atestaria a presença da aprendizagem avaliada, de acordo com a objetivação linguística proposta pelas Matrizes de Referência, "entendendo" ou "adotando" a designação das questões da prova para a mensuração das respectivas habilidades? A leitura do enunciado das questões seria condição suficiente para garantir que o professor enunciasse a aprendizagem (ou habilidade) avaliada pela questão de modo linguisticamente equivalente ou consistente com o modo disposto nas Matrizes de Referência? Assim, hipoteticamente, diante de um exemplo de questão na qual o professor foi indagado quanto à habilidade ou aprendizagem exigida (ou avaliada) pela questão, o professor, ao responder "ora, para tal questão, o aluno precisaria saber sobre os usos da eletricidade", claramente evidenciaria o refinamento conceitual necessário para discriminar entre as distintas aprendizagens preconizadas pelas habilidades H18, H20 e H22?

Como corolário da posse de tal refinamento conceitual, seria plenamente possível a tal professor elaborar itens distintos e diretamente relacionados com a mensuração de cada uma das três habilidades? Seria esperado que tal professor identificasse, mediante observação, e igualmente ministrasse aulas diferenciadas e comprometidas com o desenvolvimento de cada uma das três habilidades em separado para atender aos objetivos distintos em termos das aprendizagens esperadas?

Respostas negativas para as questões explicitadas nos parágrafos anteriores nos colocam diante de um quadro deveras preocupante no entendimento das incidências de dimensões dos sistemas de avaliação em larga escala na atividade profissional de professores da educação básica. As Matrizes de Referência, enquanto recortes das Matrizes Curriculares, ao objetivarem ou sinalizarem as aprendizagens prioritárias para temas dos diferentes componentes curriculares enunciam tais aprendizagens sob a forma de habilidades mediante recursos linguísticos sem correspondências com repertórios profissionais de ensino devidamente validados pelos professores. Em outros termos, "o que" é objetivado pelas Matrizes de Referência como objetos de aprendizagem objetivos, observáveis e passíveis de mensuração prescindem de correspondência, não são identificáveis pelos professores quando estes interpretam as interações que os alunos desenvolvem em interação com as condições de ensino e de avaliação dispostas pelos próprios professores (ALMEIDA, 2015; CAVALIERI, 2013; SANTOS, 2014).

Configura-se, nesta altura, uma condição que justificaria considerar as avaliações em larga escala como eixo indutor de articulações entre, de um lado, os gestores e os professores da escola, ou seja, entre aqueles que precisam desenvolver recursos de interpretação e de comunicação das ações dos alunos em interação com as práticas de ensino e com os recursos de avaliação expostos e, de outro, pesquisadores da universidade (docentes e pós-graduandos) que, em contato contínuo com as condições formais dos sistemas de avaliação, devem sustentar condições para converter o enfrentamento de tais necessidades formativas dos professores em atividades de parceria colaborativa para a produção conjunta de conhecimentos igualmente passíveis de validação pelos autores envolvidos.

No presente capítulo, o cenário de estranhamento e de distanciamento entre, em um extremo, os padrões linguísticos de enunciação das habilidades preconizadas pelas Matrizes de Referência e, em outro extremo, a terminologia que caracteriza as interações diárias dos professores da educação básica com as exigências de objetivação dos resultados das interações dos seus alunos com as condições de ensino e de avaliação apresentadas, será, então, utilizado como condição diante da qual se expressa e se advoga a natureza das avaliações externas em larga escala como eixo indutor de articulações.

Considerações finais

Revisões da literatura sobre impactos dos sistemas de avaliação externa em larga escala na atuação profissional do professor da educação básica convergem em assinalar, como evidências incontestáveis, a institucionalização da política de responsabilização dos professores pelos resultados, em especial, pela atribuição de valores monetários (bonificação) contingentes aos desempenhos dos alunos e a denominada minimização ou estreitamento curricular, a saber, a adequação do currículo às prioridades de conteúdo dos exames de avaliação externa em larga escala.

Todavia, a caracterização das incidências das avaliações externas em larga escala nas rotinas escolares admite algumas extensões. Justamente em tais extensões reside a defesa das avaliações em larga escala como eixo da pesquisa colaborativa entre escola e universidade.

No âmbito deste capítulo, argumentou-se que a consolidação dos sistemas de avaliação em larga escala, em níveis de abrangência mais próximos, tanto quanto mais distante das unidades escolares constituintes de uma rede, explicitou severas lacunas e restrições nos repertórios de conhecimentos profissionais necessários ao ensino, sendo que tais restrições comprometem projetos de qualificação e de profissionalização da carreira do professor.

Duas medidas conspícuas de tais lacunas e restrições emergem da caracterização das incidências das avaliações nos agentes escolares. A primeira consiste nas evidentes dificuldades na conversão dos resultados de tais avaliações em informações com funções diagnósticas e, principalmente, com funções instrucionais para a orientação de intervenções devidamente fundamentadas na compreensão do significado pedagógico das mesmas. A segunda se expressa na incapacidade de os padrões linguísticos de enunciação das habilidades preconizadas pelas Matrizes de Referência assumirem, para os professores da educação básica, função de denotar ou de explicitar as medidas das aprendizagens esperadas e passíveis de observação e de mensuração. Em outros termos, o vocabulário e a terminologia com as quais as Matrizes de Referência explicitam as aprendizagens prescritas mostram-se distantes e estranhos aos padrões de comunicação profissional com os quais os professores objetivam os resultados das interações dos alunos com condições cotidianas de ensino e de avaliação.

A efetiva consecução das funções precípuas das avaliações em larga escala, em especial, os subsídios em termos dos resultados obtidos para orientar intervenções pelos professores, seguramente depende de um conjunto de condições complexas. Dentre tais condições, cumpre destacar a existência de repertórios de conhecimentos necessários ao ensino para interagir com dimensões dos sistemas de avaliação em larga escala. A convivência com as edições recorrentes dos exames em níveis federal, estadual e municipal, bem como com as ações estratégicas de capacitação dos professores para entendimento das dimensões pedagógicas dos resultados, constituíram-se em condições insuficientes para estabelecer repertórios de ensino adequados para atuação docente no âmbito da hegemonia das avaliações em larga escala.

Diferentemente de conjuntos de saberes da ação pedagógica devidamente validados por argumentos racionais, a herança da consolidação das avaliações em larga escala desvelou, no âmbito do desenvolvimento de saberes docentes, um quadro de preocupante distanciamento de perspectivas de profissionalização do ensino.

Após praticamente três décadas de convivência com a política pública educacional da avaliação em larga escala, os professores parecem ainda permanecer desprovidos de condições formativas capazes de desenvolver argumentos, discursos, ideias, juízos e justificações racionais para as ações empreendidas ao planejar, selecionar e executar determinadas práticas e instrumentos para ensinar e para mensurar conjuntos distintos de habilidades que definiriam aprendizagens prescritas oficialmente.

Justificar as características das práticas de ensino emitidas e os instrumentos de avaliação adotados nos resultados negativos obtidos nas edições das avaliações externas não é admissível. Resultados negativos exibem, declaram, explicitam valores e medidas, mas são desprovidos de funções instrucionais, não fomentam os necessários repertórios de conhecimentos, de saberes sobre o ensino.

Advoga-se, assim, que existem hoje, como ponto convergente de revisões da literatura, robustas evidências que documentam necessidades e lacunas formativas bem demarcadas, convivendo com a consolidação das avaliações externas em larga escala. Em última instância, tais necessidades e lacunas reclamam pela produção de conhecimentos, pelo desenvolvimento de repertórios de saberes para a prática pedagógica que possam garantir condições de maior qualificação e autonomia profissional para o relevante trabalho docente a ser desenvolvido, priorizando, como objeto das investigações, dimensões desta hegemônica política pública educacional, em particular, as aprendizagens especificadas nas Matrizes de Referência e os resultados gerados pela aplicação das provas.

Diante de necessidades e de lacunas formativas outorga-se às avaliações em larga escala o *status* de eixo indutor de investigações protagonizadas por professores das escolas em colaboração com membros da universidade (docentes e pós-graduandos) com ênfase no desenvolvimento de modalidades de repertórios de ensino intencionalmente comprometidas com a profissionalização docente.

As elaborações linguísticas dos professores ao objetivarem as interpretações que eles elaboram da natureza e das características das aprendizagens definidas nas Matrizes de Referência não são apenas distintas e distantes dos padrões de enunciação dos documentos oficiais. São marcas e evidências de um modo de expressão das experiências pessoais, privadas dos professores em contato com as demandas das avaliações. De modo consonante com o modelo de Clermont Gauthier (GAUTHIER, BISSONNETTE, RICHARD, 2014; GAUTHIER et al., 2013; MELLOUKI, GAUTHIER, 2004), o contato dos professores com as mais variadas demandas derivadas das incidências de dimensões das avaliações no cotidiano da escola fomentou saberes experienciais (GAUTHIER et al., 2013; TARDIF, GAUTHIER, 2012), ao impor a execução de julgamentos, a escolha de estratégias e de modos de condução de sequências de ações. Ocorre que este acervo de saberes experienciais, cultivado no contexto das incidências das avaliações, acaba por se constituir em "jurisprudência" firmemente calcada na experiência pessoal do professor, mas não validada publicamente, ou seja, destituída de uma racionalidade prática intersubjetiva que tenha tido seus pressupostos e os seus argumentos discutidos, confrontados com outros professores e com os gestores responsáveis pela disseminação de informações acerca das avaliações na escola. Sob condições extremas, no contato rotineiro dos professores com dimensões objetivas e documentais das avaliações, tanto quanto com dimensões simbólicas das mesmas, o fomento excessivo de saberes experienciais, privados, destituídos de mecanismos de validação pública, denunciou as restrições formativas desta política educacional para desenvolver competências comunicativas acerca de objetos relevantes da mesma, condenando aos protagonistas saberes somente pessoais, particulares e desprovidos da necessária razão prática cultivada com o diálogo, com a argumentação, com a persuasão, todos necessários para a validação pública das ações pedagógicas cultivadas no contexto das interações cotidianas com aspectos (concretos e simbólicos) das avaliações. Validação esta tão necessária quanto urgente, no ideário de constituição de conhecimentos constituintes da profissionalização docente (DAY, 2001; MONTERO, 2001; GAUTHIER et al., 2013).

Portanto, como tese adicional deste capítulo, as investigações dos professores da escola, dos docentes e dos pós-graduandos da universidade, induzidas pelo contato de tais atores com as avaliações, sustenta um itinerário bem demarcado. São conspícuas, notórias e urgentes as demandas por posicionamentos definidos pelo profissionalismo dos professores frente às exigências da cultura da avaliação. Prescreve-se que a oposição ao crescente discurso que parece reservar aos professores o incômodo e inadequado papel de vítimas passivas de grandes articulações sistêmicas deve se constituir de dois projetos, amplos e complementares.

Dois projetos inseridos em um programa de investigações de professores da escola, de docentes e de pós-graduandos da universidade articulado em torno das incidências das avaliações em larga escala como eixo. No projeto inicial, concebendo o professor como agente racional, que julga, que decide e que executa, mas que precisa amparar seus juízos, sua jurisprudência particular, no contexto de uma racionalidade prática, há uma prioridade explícita: investigar e implementar modelos de interação entre os agentes envolvidos (professores da escola e da universidade e pós-graduandos) que viabilizem o desenvolvimento, pelo professor, de argumentações e de juízos que ampliem as condições de validação pública, social, de saberes experienciais, constituindo, como resultante de tais processos, repertórios de conhecimentos da ação, da prática pedagógica. O foco está situado na investigação de modelos de interação entre os atores da pesquisa que ampliem as possibilidades de legitimação dos conhecimentos da ação pedagógica.

Neste livro, os dois capítulos seguintes detalham ocorrências vinculadas com a execução de propostas concretas de desenvolvimento de competências comunicativas urgentes e necessárias para a convivência dos professores com as demandas das avaliações externas em larga escala. Tais competências são condições necessárias para o desenvolvimento de saberes sociais, resultantes de interações linguísticas, que, sob a vertente argumentativa, constituem-se como expressão de uma razão prática, aberta e receptiva, de modo perene, às controvérsias, às tensões e ao questionamento.

A construção de repertórios de conhecimentos para o ensino definidos pela validação pública, argumentativa e persuasiva dos saberes experienciais é condição necessária para viabilizar o segundo projeto do programa de pesquisa ora prescrito. Neste segundo projeto, tais repertórios de conhecimento deveriam se constituir de temas de reflexão com foco prioritário e contínuo no desenvolvimento de modelos de profissionalização que, amparado nas profícuas e estimulantes aproximações entre a escola e a universidade relatadas neste livro, consigam combater e aniquilar as constantes demandas sistêmicas que acompanham diretrizes e orientações das avaliações em larga escala na educação básica. Tais diretrizes e orientações, mapeadas nos dois capítulos seguintes, invariavelmente dispõem discursos e fazeres que confinam os professores a uma condição ocupacional de técnicos da aprendizagem. De modo avesso a este indigesto acompanhante do ideário e da consolidação das avaliações em larga escala no cenário da formação dos professores, a prospecção do segundo projeto, de modo concomitante, justifica e atribui sentido ao primeiro, bem como instaura uma necessária perspectiva de continuidade e de amadurecimento no alcance formativo das aproximações entre os professores da escola, da universidade e a pós-graduação nos controversos tempos da cultura da avaliação.

Referências bibliográficas

ALAVARSE, O. Desafios da avaliação educacional: Ensino e aprendizagem como objetos de avaliação para a igualdade de resultados. *Cadernos Cenpec*, v. 3, n. 1, 2013, p. 135-153.

ALAVARSE, O; BRAVO, M.; MACHADO, C. Avaliações externas e a qualidade na Educação Básica: Articulações e tendências. *Estudos em Avaliação Educacional*, v. 24, n. 54, 2013, p. 12-31.

ALMEIDA, A. *Aprendizagens profissionais da docência nos anos iniciais do ensino fundamental no contexto das avaliações em larga escala de Matemática*. Dissertação (Mestrado em Psicologia do Desenvolvimento e Aprendizagem). Faculdade de Ciências, Universidade Estadual Paulista, Bauru, 2015, 171 f.

ALMEIDA, M. I.; PASSOS, C. Apresentação: Contribuições das pesquisas educacionais à educação brasileira. *Estudos em Avaliação Educacional*, v. 25, n. 57, 2014, p. 10-20.

AMARO, I. Avaliação externa da escola: Repercussões, tensões e possibilidades. *Estudos em Avaliação Educacional*, v. 24, n. 54, 2013, p. 32-55.

BIESTA, G. Boa educação na era da mensuração. *Cadernos de pesquisa*, v. 42, n. 147, 2012, p. 808-825.

BLACK, P.; WILLIAM, D. Inside the black box: Raising standards through classroom assessment. *Phi Delta Kappan International Professional Journal*, v. 92, n. 1, 1998, p. 81-90.

________. Lessons from around the world: How policies, politics and cultures constrain and afford assessment practices. *The Curriculum Journal*, v. 16, n. 2, 2005, p. 249-261.

BONAMIGO, A.; SOUSA, S. Três gerações de avaliação da educação básica no Brasil: Interfaces com o currículo da/na escola. *Educação e pesquisa*, v. 38, n. 2, 2012, p. 373-388.

BRASIL, Ministério da Educação. PDE: Plano de Desenvolvimento da Educação. *Prova Brasil/Ensino Fundamental. Matrizes de Referência, tópicos e descritores*. Brasília: MEC/SEB-Inep, 2011.

BROOKE, N. O futuro das políticas de responsabilização no Brasil. *Cadernos de Pesquisa*, v. 36, n. 128, 2006, p. 377-401.

CAVALIERI, A. *Análises de incidências do SAEB sobre a atuação profissional nos anos iniciais do Ensino Fundamental.* Dissertação (Mestrado em Psicologia do Desenvolvimento e Aprendizagem). Faculdade de Ciências, Universidade Estadual Paulista, Bauru, 2013, 135 f.

CALDERÓN, A.; BORGES, R. Avaliação educacional: Uma abordagem à luz das revistas científicas brasileiras. *Revista iberoamericana de evaluación educativa*, v. 6, n. 1, 2013, p. 167-183.

CERDEIRA, D.; ALMEIDA, A.; COSTA, M. Indicadores e avaliação educacional: Percepções e reações à políticas de responsabilização. *Estudos em Avaliação Educacional*, v. 25, n. 57, 2014, p. 198-225.

DAY, C. *Desenvolvimento profissional de professores:* Os desafios da aprendizagem permanente. Lisboa: Porto Editora, 2001.

FREITAS, D. *A avaliação da educação básica no Brasil.* Campinas: Editores Associados, 2007.

GATTI, B. Avaliação educacional no Brasil: Pontuando uma história de ações. *EccoS Revista Científica*, v. 4, n. 1, 2002, p. 17-41.

GAUTHIER, C.; BISSONNETTE, S.; RICHARD, M. *Ensino explícito e desempenho dos alunos:* A gestão dos aprendizados. Petrópolis: Editora Vozes, 2014.

GAUTHIER, C.; MARTINEAU, S.; DESBIENS, J. F.; MALO, A.; SIMARD, D. *Por uma teoria da Pedagogia:* Pesquisas contemporâneas sobre o saber docente. 3 ed. Ijuí: Editora Unijuí, 2013.

GIMENES, N.; SILVA, V.; PRINCÍPE, L.; LOUZANO, P.; MORICONI, G. Além da Prova Brasil: Investimentos em sistemas próprios de avaliação externa. *Estudos em Avaliação Educacional*, v. 24, n. 55, 2013, p. 12-32.

HORTA NETO, J. Um olhar retrospectivo sobre a avaliação externa no Brasil: Das primeiras medições em educação até o Saeb de 2005. *Revista iberoamerica de educación*, v. 42, n. 5, 2007, p. 1-13.

MACHADO, C. Impactos da avaliação externa nas políticas de gestão educativa. *Revista iberoamerica sobre calidad, eficacia y cambio en educación*, v. 11, n. 1, 2013, p. 41-55.

MELLOUKI, M'H.; GAUTHIER, C. O professor e o seu mandato de mediador, herdeiro, intérprete e crítico. *Educação & Sociedade*, v. 25, n. 87, 2004, p. 537-571.

MONTERO, L. *A construção do conhecimento profissional docente*. Lisboa: Instituto Piaget/Coleção Horizontes Pedagógicos, 2001.

OLIVEIRA, S.; MENEGÃO, R. Vida e morte do grande sistema escolar americano: Como os testes padronizados e o modelo de mercado ameaçam a educação. Resenha. *Educação & Sociedade*, v. 33, n. 119, 2012, p. 647-660.

ROSISTOLATO, R.; VIANA, G. Os gestores educacionais e a recepção dos sistemas externos de avaliação no cotidiano escolar. *Educação e Pesquisa*, v. 40, n. 1, 2014, p. 13-28.

RAVITCH, D. *Vida e morte do grande sistema escolar americano:* Como os testes padronizados e o modelo de mercado ameaçam a educação. Porto Alegre: Sulina Editora, 2011.

SANTOS, C. *A atuação profissional do professor nos anos iniciais do ensino fundamental e o sistema de avaliação da educação básica*. Dissertação (Mestrado em Psicologia do Desenvolvimento e Aprendizagem). Faculdade de Ciências, Universidade Estadual Paulista, Bauru, 2014, 175 f.

SÃO PAULO, Secretaria da Educação. *Matrizes de referência para avaliação:* Documento Básico – Saresp. São Paulo: SEE/Coordenação Geral: Maria Inês Fini, 2009.

TARDIF, M.; GAUTHIER, C. O professor enquanto "ator racional": Que racionalidade, que saber, que juízo? In: TARDIF, M. (org.) *Saberes docentes e formação profissional*. 14 ed. Petrópolis: Editora Vozes, 2012, p. 183-224.

VALLE, R. Teoria da resposta ao item. *Estudos em avaliação educacional*, s/v, n. 21, 2000, p. 7-92.

VIANNA, H. Avaliações nacionais em larga escala: Análises e propostas. *Estudos em avaliação educacional*, s/v, n. 27, 2003, p. 41-76.

YOUNG, M. O futuro da educação em uma sociedade do conhecimento: O argumento radical em defesa de um currículo centrado em disciplinas. *Revista Brasileira de Educação*, v. 16, n. 48, 2011, p. 609-623.

Capítulo 10

Avaliação em larga escala e a integração entre a escola de educação básica e a universidade: modelos e métodos

Deise Aparecida Peralta[1]
Mariana Vaitiekunas Pizarro[2]

Pressupostos de uma integração entre universidade e escola de educação básica

Historicamente, a racionalidade empregada nas orientações a professores, contidas em diretrizes curriculares e/ou em textos de divulgação e implantação de sistemas de avaliação em larga escala na educação básica tem se mostrado eminentemente instrumental, pautada em uma comunicação meramente estratégica (PERALTA, 2012).

Diante disso, pode-se afirmar a necessidade de fortalecimento de ações formativas que promovam espaços para discussões acerca da legitimação das modalidades de participação do professor em demandas de formação para enfrentamento de processos de avaliação em larga escala. Neste contexto, este capítulo trata da proposição de um modelo de interação de pesquisadores da universidade com professores de ciências e matemática da educação básica, de acordo com os princípios habermasianos, que fora desenvolvido no Programa de Pós-Graduação em Educação para Ciência da Faculdade de Ciências da Unesp – *campus*

1 Doutora em Educação em Ciências. Professora do Departamento de Matemática e do Programa de Pós-graduação em Ensino e Processos Formativos da Universidade Estadual Paulista "Júlio de Mesquita Filho", *campus* de Ilha Solteira. E-mail: deise.eg@gmail.com.

2 Doutora em Educação em Ciências. Professora EBTT do Instituto Federal de Educação, Ciência e Tecnologia do Paraná – IFPR, *campus* Londrina. E-mail: marianavpz@gmail.com.

Bauru. Tal modelo de interação entre professores (da universidade e da educação básica) possibilita a integração entre universidade e escola. A intenção das pesquisas foi mostrar o potencial da teoria da ação comunicativa (TAC) para processos de formação profissional docente pautados em um ideal de emancipação.

Jürgen Habermas, sociólogo e filósofo, propõe uma crítica à sociedade. Para tanto, desenvolve uma teoria comunicacional defendendo que a comunicação entre os interlocutores sociais seja analisada segundo as ações que os subjazem. A teoria crítica da sociedade funcionaria como uma teoria do comportamento, uma propedêutica, um conjunto de regras morais para a vida, que afirmam a infraestrutura da linguagem humana do conhecer, do agir e da cultura (HABERMAS, 1984).

Habermas (1987) descreve quatro tipos de ações:

1. a ação teleológica, em que um ator escolhe, entre diferentes alternativas, os melhores meios para conseguir um fim no mundo objetivo;
2. a ação regulada por normas, em que os membros de um grupo social orientam suas ações segundo umas normas comuns do mundo social;
3. a ação dramatúrgica, em que as pessoas se comportam como se as outras fossem seu público, havendo a necessidade de "cenificação", de construção de certa imagem; e
4. a ação comunicativa, na qual a interação ocorreria entre sujeitos capazes de linguagem e de ação, com fins de entendimento[3].

O modelo de interação entre professores da universidade e professores de ciências e matemática da educação básica proposto em Peralta (2012) e Pizarro (2014) se configurou em um recurso para o entendimento, envolvendo a compreensão dos atos de falas[4] por todos os

---

3 No paradigma da intersubjetividade, o entendimento exerce a função de coordenação das ações, de modo a proporcionar outras perspectivas para o exercício de uma teoria crítica da educação.

4 Os atos de fala são ações propositais, que buscam o entendimento entre dois ou mais indivíduos a cerca de um mesmo objeto. Para Habermas, a ação é um ato para o desenvolvimento do ambiente neutro, chamado de "mundo-da-vida".

envolvidos (professores e pesquisadores) e o consenso[5] obtido a partir da argumentação e do prevalecimento do argumento mais adequado. Sendo assim, a Ação Comunicativa de Habermas se manteve presente, pois em todas as interações, mediadas linguisticamente, os participantes perseguiram com seus atos de fala "fins ilocucionários[6] e *somente fins ilocucionários*" (HABERMAS, 2001, p. 378, itálico no original).

Ao integrar um Discurso[7], os sujeitos procedem a uma virtualização das suas condições de vida, antecipam hipoteticamente que a discussão será realizada em dadas condições que, de fato, não existem, mas devem ser necessariamente postuladas:

1. Igualdade comunicativa: os participantes podem falar de igual para igual, sem nenhum tipo de restrição, por maior que seja sua desigualdade social; de modo livre de coerções, por piores que sejam as relações de dominação vigentes.
2. Igualdade de fala: os participantes podem empregar todos os tipos de fala, conhecem e podem fazer uso de todo tipo de expressão, explicação, recomendação e juízo para problematizar as pretensões de validade do fragmento do Mundo da Vida em discussão.

Esses pressupostos configuram-se na chamada situação ideal de fala habermasiana, que, evidentemente, tem um cunho contrafático, constitui em si mesma uma suposição, que não obstante fazemos toda vez que entramos em discussão. Afinal, não fosse assim, a discussão não teria sentido, não haveria motivo para romper o consenso anteriormente pressuposto no quadro da ação comunicativa. A discussão consiste, portanto em uma situação comunicativa em que suspendemos ou colocamos entre parênteses os motivos ou interesses em jogo na ação comunicativa cotidiana.

Os professores envolvidos (da universidade, pois os pesquisadores também são professores, e da educação básica) visaram apenas

5 Para Habermas, consenso leva em conta preocupações de todos e visa a resolvê-los/aclará-los antes que a decisão seja tomada. O mais importante no processo é incentivar um ambiente em que todos são respeitados e todas as contribuições são avaliadas. O consenso formal é o processo de decisão mais democrático.

6 Para Habermas, "no ato ilocucionário, o falante faz saber que o que ele diz quer vê-lo entendido [...] sua função comunicativa faz com que o ouvinte chegue a entender o conteúdo manifesto do ato de fala" (HABERMAS, 1999a, p. 372).

7 Discurso (com inicial maiúscula) ao longo de todo o texto deve ser entendido como a possibilidade do uso de atos de fala para o entendimento, fundado na argumentação intersubjetivamente estabelecida, constituindo a condição de possibilidade da legitimidade das verdades e dos valores.

ao esclarecimento[8]: chegar livre e racionalmente a um consenso sobre como devem viver as questões de ensino e de avaliação, considerando as intervenções sistêmicas sob a forma das avaliações em larga escala, e como deve ser o Mundo da Vida questionado. Para tanto, é necessário supor contrafaticamente, porém, que a conversação não poderia ser prejudicada por nenhuma coação externa, cumpre-se as condições de um diálogo descomprimido, não se manifestaria nenhuma repressão comunicativa: as pessoas encontrar-se-iam em uma situação ideal de fala ou comunidade ideal de comunicação. No modelo de interação aqui tratado, a situação ideal de fala, em consonância com a TAC, é uma suposição inevitável e não um fenômeno empírico ou uma mera construção.

O agir comunicativo na perspectiva habermasiana, que, nas interações propostas, se configura como referencial teórico (pois ele embasa os pressupostos filosóficos) e metodológico (pois todas as interações entre professores, desde a formação dos grupos, discussão dos conceitos e até a análise de todos os dados, estão em consonância com a TAC), presume quatro condições: inteligibilidade; verdade nas proposições; normas e regras justas e veracidade dos sujeitos interlocutores. A pretensão de validade das premissas pode ser sempre questionada. Enquanto a inteligibilidade dos conteúdos e a veracidade dos sujeitos podem ser discutidas e resolvidas durante a ação, a definição da pretensão de verdade de um enunciado ou questões acerca de uma norma ser justa só pode ser estabelecida pelos discursos que permearão as atividades dos grupos de professores com finalidade de formação para avaliar aprendizagem.

Nas interações com professores, o modelo de formação proposto não permite que um sujeito pretenda conseguir entendimento com outro e exercer influência sobre o mesmo, pois não podem ser intersubjetivamente consideradas um acordo ações que violam condições sob as quais as forças ilocutórias *despertam convicções e originam ligações* (HABERMAS, 2002, p. 111, itálicos no original). A emancipação, como ideal de formação, portanto, só é possível no contexto de interações mediadas linguisticamente que visam ao entendimento.

Uma formação pautada no conceito de emancipação fundamenta a busca pelo professor da superação por meio da razão comunicativa, da

8 O que decorre da compreensão deste conceito de esclarecimento é a ideia de uma razão que procura emancipar-se do mito e das dominações exteriores, de todo tipo de dogmatismo, confiando na luz da própria razão.

capacidade de entendimento que conserva a possibilidade de contra-controlar o sistema, impedindo que o Mundo da Vida[9] seja controlado de modo absoluto pelo sistema. E desta forma, especificamente, em relação às avaliações em larga escala, permite ao professor analisar as dimensões, a frequência e a intensidade em que um currículo é norteado por tais modalidades de avaliação.

O entendimento buscado com relação à verdade, à justiça e à veracidade, que fundamenta as ações de cada um dos interlocutores no modelo de interação com potencial formativo proposto, é, intersubjetivamente, compartilhado, apresentando-se na forma de consensos obtidos discursivamente e sem impedimentos. Assim, de acordo com Habermas, o modelo de interação proposto defende uma concepção de verdade e de justiça como um processo no qual são definidas, discursivamente, tendo como parâmetro uma situação ideal de fala em que todos os envolvidos apresentam, livremente, seus juízos e valores, sendo a força do melhor argumento a única coerção permitida. Uma vez que se considera que a racionalidade "tem menos a ver com o conhecimento ou com a aquisição do conhecimento do que com a forma como os sujeitos capazes de fala e ação fazem uso do conhecimento" (HABERMAS, 2001, p. 24), a razão pode alcançar tanto o mundo objetivo quanto o social e o subjetivo.

Desde a concepção do modelo de interação proposto, os caminhos trilhados perseguem os pressupostos habermasianos de uma racionalidade comunicativa. Apoiada em aspectos da hermenêutica[10] como filosofia e como caminho metodológico, os passos são delineados buscando estabelecer condições para que uma filosofia da intersubjetividade ou da linguagem, aproveitada sob a forma de comunicação, fundamente as interações com o grupo de professores de ciências e matemática.

9 O Mundo da Vida é um ambiente neutro onde os indivíduos expressam sua visão subjetiva acerca de um mesmo objeto e tentam chegar a um objetivo comum por meio da interação neste espaço.

10 Habermas concebe a hermenêutica como arte de interpretação e como Teoria da comunicação, necessária para a instauração de uma comunidade de diálogo de reconhecimento intersubjetivo. A hermenêutica habermasiana implica a "participação dos sujeitos" e "não a mera observação" dos processos comunicativos de uma situação de fala e dos proferimentos linguísticos e a compreensão dos processos linguísticos pelo fato da comunicação significante passar a ser o medium do entendimento (HABERMAS, J. Dialética e hermenêutica. Tradução de: Álvaro L. M. Valls. Porto Alegre: L&PM Editores: 1987, p. 93-94).

O pensamento hermenêutico se fez presente no sentido de que não há um "lugar" privilegiado a partir do qual se possa olhar e compreender definitivamente as relações que constituem e fundamentam as necessidades formativas de professores de ciências e matemática diante de um contexto de avaliação em larga escala. Esse "lugar" terá de ser construído em processos comunicativos a partir de procedimentos hermenêuticos de modo consensual, delineando assim um modelo de interação com potencial formativo, onde:

1. a crítica é recíproca entre pesquisadores e professores;
2. poderá haver acordo e desacordo entre professores e professores, e professores e pesquisadores;
3. professores e pesquisadores teriam de alcançar a pretensão de validez.

A razão comunicativa não se constitui aqui, tão somente, em um caminho metodológico para a interação, mas constitui-se principalmente em conteúdo filosófico, ou seja, é forma e conteúdo de interação e de racionalidade. De certa maneira, a forma de abordar e de explicitar as questões acerca de avaliação em larga escala propriamente, já se constituirá em uma racionalidade. O caminho metodológico, em si, já é o do próprio conteúdo, ou seja, é o conteúdo de justificação e, portanto, de racionalidade. O olhar sobre as racionalidades existentes pressupõe uma racionalidade do olhar. Habermas (1984) entende que para uma interpretação hermenêutica, que possa assegurar validez de proferimentos, o intérprete deve recorrer a padrões de racionalidade. Pela atitude hermenêutica, o homem põe-se na escuta do outro, dialogando e abrindo-lhe a possibilidade da fala e da argumentação.

As ações dos pesquisadores da universidade, ao proporem interação com professores da educação básica, objetivou a racionalidade que se encontra no agir comunicativo em um sentido que não só possibilite compreender as necessidades que afligem a ação docente, como também se anuncie uma ação racional em defesa da possibilidade de uma ação emancipatória na escola, a partir da constituição de um modelo de formação de professores para avaliação da aprendizagem cuja racionalidade não seja meramente instrumental e sim uma racionalidade que permita ao professor apreender e compreender as situações complexas de diretrizes curriculares e sistemas de avaliação externa para melhor poder nelas intervir.

Modelos e métodos: a construção da integração universidade e escola da educação básica

Para fugir das aporias produzidas pela perspectiva monológica de uma filosofia da subjetividade, que condena o sujeito ao uso solitário da técnica, à aplicação inquestionável de conceitos que lhe são impostos, Habermas aponta a ação comunicativa como uma racionalidade. Essa razão aberta e ampla, construída de forma processual, é capaz de produzir Entendimentos sobre as ações partilhadas no Mundo da Vida. Desta forma, propomos a TAC (HABERMAS, 2001) como fundamentação de postura de interação para formação de professores em contexto de avaliação em larga escala, tomando-a não apenas como uma teoria que nos ajuda a enxergar o caminho, mas sendo ela a forma de caminhar e, por que não dizer, o próprio caminho.

O objetivo principal de uma proposta fundamentada na TAC é garantir liberdade de Atos de Fala ao professor, considerando-o protagonista de uma ação de formação. Para tanto, todas as interações com professores, compostas por entrevistas (que, na verdade, eram conversas ou espaços de diálogos), filmagens, reuniões deveriam buscar respeitar princípios básicos hermenêuticos: i) a garantia e a legitimação de Atos de Falas para pesquisadora e professora; ii) liberdade para acordo e desacordo entre professora e pesquisadora, garantindo a condição de argumentação com pretensão de validez; iii) objetivos de Entendimento e Consenso.

Atos de Fala em uma perspectiva habermasiana destacam o fato de que as pessoas, ao proferirem sentenças, estão também realizando ações e não apenas se reportando a eventos ou a estados de coisas e possuem dois níveis de articulação: o da intersubjetividade, com base no qual falante e ouvinte comunicam-se um com o outro; e o da objetividade, por meio do qual falante e ouvinte podem chegar a um entendimento relativo aos fatos. Dessa forma evita-se a racionalidade unicamente sistêmica, que invade o Mundo da Vida, e, principalmente, as condições de formação e as perspectivas em relação ao ser professor que refletem a ausência de um agir comunicativo.

As pesquisas (PERALTA, 2012; PIZARRO, 2014) que implementaram a proposição de um modelo de interação entre professores em uma perspectiva de integração universidade e escola de educação básica mostram evidências de como os professores são formados em um modelo de racionalidade instrumental que passa a fundamentar suas expectativas em relação a ser professor, como avaliar e enfrentar as questões sistêmicas. As referidas pesquisas foram desenvolvidas em escolas públicas da rede paulista de ensino. O Sistema parece ter incutido nos professores participantes das referidas pesquisas a prática e a técnica como ideal de formação e a necessidade de seguir regras impostas pelas instâncias governamentais como algo inerente à prática docente, gerando, inclusive, sentimentos de frustração quando a tentativa de seguir as orientações não parece ser bem sucedida.

> [...] eu não quero ser culpada pelo desempenho insatisfatório dos meus alunos no Saresp. Eu acredito que a equipe que desenvolveu o material tem competência para relacionar o conteúdo com a estratégia correta de ensino visando o desenvolvimento de competências e quem sou eu pra discordar? Eu acho isso mesmo. – Professora de matemática do 9º ano (Ensino Fundamental) participante da pesquisa (PERALTA, 2012, p. 177).

> [...] eu não uso material diferente, mesmo porque eles vão ter que enfrentar o Saresp. – Professor de matemática do 6º ano (Ensino Fundamental) participante da pesquisa (PERALTA, 2012, p. 178).

> [...] aí é uma coisa que assim, me deixa... agoniada e eu acho que é uma questão que pouco tem sido abordada, aqui na escola este ano eu fiz uma crítica no ano passado e esse ano já foi atendida, né, que eu percebi o quê: o aluno é avaliado ano a ano, então mostra o resultado da sala no 5º ano do ano passado [...] Não são os mesmos alunos, não é a mesma comunidade de pais e não é a mesma realidade que eles estão vivenciando [...] Então assim, essa é a minha maior crítica em relação ao Saresp porque ele não analisa "o andar da carruagem", ele analisa o recorte e aí eu fico muito brava quando falam "Olha, agora tem que trabalhar Matemática", não, não é isso! – Professora do 5º ano dos anos iniciais (Ensino Fundamental) participante da pesquisa (PIZARRO, 2014, p. 168).

> Eu acho que acaba até dificultando, professor naquela ânsia de querer, né, mostrar dados na verdade, talvez. Há momentos em que o professor fica assim, com aquela preocupação que realmente o aluno tenha o conteúdo, que ele domine todo o conteúdo. Porém, muitas vezes, é pra mostrar dados, acho. E, é... pro aluno... pro aluno, eu acho às vezes assim que eu fico com um pouco de medo, sabe? De incerteza, pro aluno talvez não signifique grandes coisas, é... pra família também eu percebo aqui que tanto faz, e por quê? [...] Quem não quer que o aluno saia daqui com todo... tudo o que ele precisa pro ano seguinte, pra vida?! Quem não quer? Nós queremos! Todo o professor quer! Só que assim, essa questão do Saresp, às vezes eu acho... é, sabe, eu fico assim meio que confusa. Aí, ao mesmo tempo, eu penso assim: "Não, mas é bom, hein? Para o professor é bom, é uma avaliação pro professor!" a turma dele, saber como que foi a escola, a classe, né? Você tem mais ou menos, dá pra você sentir o quanto você foi significativo pra esse aluno. Então, às vezes, eu acho bom e, às vezes, eu acho que não tem nada a ver, que não faz sentido – Professora do 5º ano dos anos iniciais (Ensino Fundamental) participante da pesquisa (PIZARRO, 2014, p. 231).

Ao ter oportunidade de fazer uso de Atos de Fala, de argumentar em uma perspectiva de razão comunicativa, os professores podem analisar criticamente as condições de trabalho que lhe são impostas. A interação com professores orientada para um agir comunicativo possibilita a análise da própria prática no sentido de avaliar o desempenho dos alunos em função das condições de ensino e não dos imperativos dos sistemas de avaliação em larga escala. Diante de tais análises, os professores podem aproximar suas posturas em sala de aula de ações mais voltadas a uma razão comunicativa.

O modelo de interação com, e entre, professores com o intuito de construção de um modelo de integração entre universidade e escola se constitui metodologicamente de espaços de conversas em que se tenta manter um discurso, voltado ao entendimento e consenso. As professoras têm liberdade para argumentar sobre as relações que envolvem suas práticas de sala de aula. Essa oportunidade de argumentação os faz experimentar um modelo de interação comunicativo que os auxilie nas análises das relações de poder que se sobrepõe à sua atividade docente. Esse exercício parece necessário para torná-los conscientes e, subjetivamente emancipados, com autonomia sobre a organização dos processos que se estabelecessem em sala de aula e sobre as formas de avaliar como as diretrizes da SEE/SP (Secretaria de Estado da Educação de São Paulo) lhes são impostas.

A tentativa de comunicação, verdadeiramente livre, com possibilidades de entendimento mútuo entre pares em uma esfera pública democrática pode se mostrar um modelo de interação que legitima os professores como profissionais autônomos e emancipados e possibilita a integração universidade e escola com finalidades formativas.

A integração universidade e escola de educação básica em contexto de avaliação em larga escala

Neste contexto, se compreendermos o professor como intelectual crítico, entendemos que ele deve ser integrante de um movimento muito maior de reflexão coletiva, pensando não apenas sobre sua própria prática, mas principalmente sobre as influências que essa prática sofre no contexto no qual está inserida. O compromisso de sua reflexão deve ser emancipatório e almejar as transformações sociais. Contudo, compartilhamos da mesma preocupação de Pimenta (2002) em relação ao paradoxo vivido pelo professor em atuação:

> Por um lado, as finalidades educativas apresentam um discurso de preparar para a vida adulta com capacidade crítica em uma sociedade plural. Por outro, o trabalho docente e a vida da escola se estruturam para negar estas finalidades. É nesse paradoxo que os professores, para resistir às pressões que o contexto social e institucional exercem sobre eles, acabam reproduzindo suas preocupações e suas perspectivas de análise aos problemas internos de sala de aula. A compreensão dos fatores sociais e institucionais que condicionam a prática educativa e a emancipação das formas de dominação que afetam nosso pensamento e nossa ação não são espontâneas e nem se produzem naturalmente. São processos contínuos de descoberta, de transformação das diferenças de nossas práticas cotidianas (PIMENTA, 2002, p. 27-28).

Por isso, o reconhecimento do professor como intelectual crítico pressupõe que ele dê conta de estabelecer relações e conheça os demais fatores que influenciam sua prática, supondo também uma busca constante pela emancipação:

> O que sugere o modelo do professorado como intelectual crítico é que tanto a compreensão dos fatores sociais e institucionais que condicionam a prática educativa, como a emancipação das

> formas de dominação que afetam nosso pensamento e nossa ação não são processo espontâneos que se produzem naturalmente. A figura do intelectual crítico é assim a de um profissional que participa ativamente no esforço por desvelar o oculto, por desentranhar a origem histórica e social do que se apresenta a nós como "natural", por conseguir captar e mostrar os processos pelos quais a prática de ensino atrapalha-se em pretensões, relações e experiência de duvidoso valor educativo (GHEDIN, 2002, p. 140).

Contreras (2002) colabora com essa discussão destacando as diferenças que podem ser percebidas entre a reflexão baseada na racionalidade prática e a reflexão crítica:

> A crítica que se dirigiu precisamente à reflexão concebida em termos da racionalidade prática apoia-se no fato de que essa perspectiva não reconhece os contextos e supostos que atuam implicitamente, em muitas ocasiões de modo inconsciente, em qualquer processo reflexivo. A reflexão crítica, pelo contrário pretende analisar as condições sociais e históricas nas quais se formaram nossos modos de entender e valorizar a prática educativa, problematizando assim o caráter político da prática reflexiva (CONTRERAS, 2002, p. 164).

Entendemos, portanto, ser um exercício um tanto despropositado imaginar que um professor, induzido a acreditar que todos os problemas da educação estejam diretamente vinculados apenas à sala de aula, consiga ampliar o seu nível de análise também sobre a esfera social e institucional e sobre suas influências na escola. Importa destacar que um profissional que se esforce para interpretar as condições sob às quais sua prática está subordinada nem sempre, por si só, consegue reconhecer esses condicionantes. Dessa maneira, oferecer ao professor um espaço de diálogo, para que ele seja capaz de relacionar o seu espaço de sala de aula a um contexto maior e de avaliar a própria prática em meio a essa complexidade, torna-se condição fundamental:

> A experiência docente é espaço gerador e produtor de conhecimento, mas isso não é possível sem uma sistematização que passa por uma postura crítica do educador sobre as próprias experiências. Refletir sobre os conteúdos trabalhados, as maneiras como se trabalha, a postura frente aos educandos, frente ao sistema social, político, econômico e cultural é fundamental para se chegar à produção de um saber fundado na experiência. Deste

> modo, o conhecimento que o educador "transmite" ao educando não é somente aquele produzido por especialistas deste ou daquele campo específico de conhecimento, mas ele próprio se torna um especialista do fazer (teórico-prático-teórico). Fundar e fundamentar o saber docente na práxis (ação-reflexão-ação) é romper com o modelo "tecnicista mecânico" da tradicional divisão do trabalho e impor um novo paradigma epistemológico capaz de emancipar e "autonomizar" não só o educador, mas, olhando-se a si e à própria autonomia, possibilitar a autêntica emancipação dos educandos, não sendo mais um agente formador de mão-de-obra para o mercado, mas o arquiteto da nova sociedade, livre e consciente de seu projeto político (GHEDIN, 2002, p. 135).

Auxiliar o professor a romper com interpretações tecnicistas e instrumentais de sua própria prática, apurando o olhar para reconhecer, em seu dia a dia e nos trabalhos realizados por seus alunos, as respostas que procura para compreender melhor como eles aprendem e como a sua prática pode ser aprimorada parece ser uma demanda de formação. Para tanto, é preciso compreender melhor o contexto no qual o professor trabalha e quais são as exigências impostas por esse cenário. Entre tantos outros elementos que compõem, influenciam e alteram esse cotidiano, interessa-nos ampliar nossas compreensões justamente sobre aqueles que mais têm influenciado ações de formação nos dias atuais: os sistemas de avaliação em larga escala.

O panorama vivido atualmente, tanto por professores dos anos iniciais quanto por professores especialistas na educação básica, diz respeito ao aprimoramento dos saberes docentes já reconhecidos, à constituição de novos saberes e, talvez, a uma nova necessidade formativa que se soma às demais que o professor possa possuir.

Em um contexto permeado de sistemas de avaliação em larga escala, como interpretar o papel dessas avaliações de desempenho escolar dentro do cotidiano do professor? Ou, avançando ainda mais nessa reflexão: Quais são os saberes que o professor possui acerca desse novo panorama e quais são as possíveis necessidades formativas que esse sistema impõe ao professor, na tentativa de compreender qual é a função dos dados por ele gerados para a prática pedagógica?

A todo o processo educativo cabe uma série de etapas. Em maior ou menor medida, os professores entendem que o ensino e a aprendizagem ocorrem graças a uma ordem de ações que, embora sejam variáveis entre as práticas, procuram contemplar as mesmas expectativas. De modo geral, poderíamos organizar essas práticas segundo as etapas mais conhecidas e aplicadas por diversos professores, a saber: levantar conhecimentos prévios dos alunos; partir daquilo que eles já conhecem para discutir um novo conteúdo; trabalhar com o conteúdo conceitual propriamente dito; utilizar determinados procedimentos para promover a ação do aluno direcionando-a ao objeto de conhecimento; retomar as discussões e, por fim (mas não menos importante), avaliar.

A avaliação caminha com a prática de ensino de forma concomitante. Existem diversos tipos de avaliação e diversas propostas que refletem sobre o "como avaliar". A avaliação parece ser o "termômetro" do professor, o instrumento com o qual ele consegue detectar o alcance de sua prática e, ao mesmo tempo, o envolvimento do aluno com o seu próprio aprendizado. Longe de ser um argumento definitivo acerca da avaliação na escola, ressaltamos que o professor busca medir o aprendizado do aluno visando, a partir desses resultados, encontrar pontos fortes e fracos em sua própria prática que sejam merecedores de atenção especial, dependendo dos resultados observados em seu instrumento de avaliação.

Quando o professor propõe ao aluno uma prova ou um exercício avaliativo, onde ele pretende chegar? Como ele espera que o aluno demonstre que foi capaz de internalizar o conteúdo estudado? É possível mensurar a qualidade de uma aula dada e/ou do estudo do aluno? É possível demonstrar, por meio de uma avaliação em larga escala, que todos os sujeitos envolvidos no processo educativo (pais, professores, gestores e funcionários) estão fazendo a sua parte na busca por uma educação de qualidade?

Acompanhando o movimento da própria sociedade que exige, especialmente da esfera pública, o oferecimento de serviços dos mais diversos e com qualidade, a educação também passou a ser objeto de políticas que pretendem (por meio de muitas ações, entre as quais a avaliação em larga escala) responder às expectativas sociais apontando resultados positivos e animadores de maneira que todos se sintam beneficiados e atendidos.

O que se sabe hoje é que, aos olhos do professor, a avaliação em larga escala surge em sua rotina de trabalho, repleta de sentidos e finalidades. Sujeitos às políticas oficiais e a um currículo apresentado em escala estadual e até mesmo federal, o professor faz parte da avaliação tanto quanto seu aluno. Os resultados dessas avaliações tornados público pela mídia e pelas publicações específicas, como matrizes de referência para a análise dos dados gerados, colocam o professor novamente em situação de reflexão sobre o que se pretende com essas avaliações e em quê elas podem contribuir para a efetiva qualidade em educação. Mas em que medida essas questões podem ser discutidas e qual a relevância desse debate para o ensino de ciências e matemática?

Nota-se atualmente, assim como nas demais áreas do conhecimento, que a formação do aluno e sua futura participação cidadã pode vir a requerer uma preocupação com a sua formação global. No ensino de ciências, essa preocupação já começa a se delinear nos anos iniciais do ensino fundamental, especialmente no tocante à alfabetização científica e ao posicionamento da criança diante de questões como a preservação ambiental, higiene, saúde, entre outros temas previstos para essa faixa da escolarização. Com o avanço na escolaridade, essa preocupação caminha no sentido de oferecer ao aluno a chance de se posicionar diante de questões sociocientíficas (QSC), argumentar e utilizar elementos que deem sustentação a esses argumentos. Avaliar esse processo e, concomitantemente, os conteúdos curriculares condizentes com ele (conceitos, procedimentos e atitudes) aponta para a necessidade de delinear o perfil de aluno que se pretende formar.

Os argumentos para colocar em xeque a credibilidade dessas avaliações e para assinalar o quão representativas elas o são em escala estadual e nacional são extremamente pertinentes, mas não são o foco desta discussão. Queremos pensar sobre a seguinte ótica: com as ferramentas reais de que o professor dispõe na sala de aula real e sujeito como é, às políticas vigentes, o que é possível aproveitar desses indicadores de aprendizagem gerados nas avaliações a favor de um ensino de ciências e matemática preocupado com a formação do cidadão?

Os trabalhos que se dedicaram a delinear o "estado da arte" da avaliação no Brasil quase sempre acabam vinculando essas discussões às questões que envolvem a avaliação em larga escala. Coelho (2008) faz um resgate de vinte anos de avaliação da educação básica no Brasil e aponta nesse trabalho as diversas concepções de avaliação e tratamento dos dados que estes instrumentos permitiram gerar ao longo de duas décadas. Segundo a pesquisadora, muito embora o Estado já houvesse sinalizado, por volta dos anos 1930 (AZEVEDO, 2000; WAISENFISZ, 1991 apud COELHO, 2008), a intenção de criar um sistema nacional de avaliação, foi somente nos anos 1980 que se iniciaram algumas experiências de avaliação em larga escala que, ao final da mesma década, permitiram a implantação efetiva de um sistema nacional de avaliação.

A ideia de avaliar em larga escala, no Brasil, também surgiu em consonância com as propostas de avaliação em âmbito internacional. Tais propostas, encabeçadas pelos Estados Unidos e que foram feitas em 1970, coincidem com a construção de indicadores internacionais de qualidade da educação elaborados pela Organização para a Cooperação e Desenvolvimento Econômico (OCDE).

Por meio de um resgate histórico detalhado das políticas de implementação das avaliações em larga escala no país, Werle reforça sua preocupação com as influências que os sistemas de avaliação, quase que "unificados" por procedimentos e intenções, podem ter no cotidiano da escola, destacando que estes resultados podem gerar uma racionalização voltada para resultados:

> Nosso argumento neste estudo é, portanto, que o projeto de avaliação em larga escala em desenvolvimento desde o final da década de 1980, desdobrado ao longo de vinte anos, é reforçado a partir de 2005. Reforçado por receber importante legitimação a partir de ações pragmáticas vinculadas ao rankeamento de instituições, escolas, redes municipais e estaduais, à liberação de recursos, à valorização da "transparência" para a sociedade e à necessidade de qualificação da educação. Reforçado pela criação de novos índices e sistemas de seleção que valorizam os resultados de outras avaliações, que instituem novos parâmetros de comparações entre as instituições do sistema educacional. Pode-se levantar a hipótese de que as políticas de avaliação não estejam presentes no cenário educacional brasileiro simplesmente para produzir comparações e emulação, mas para responder a estratégias gerencialistas de modernização e racionalização voltadas para resultados (WERLE, 2011, p. 790).

Bonamino e Sousa (2012) identificam, em suas análises, três gerações de avaliação em larga escala no Brasil: a primeira geração estaria mais voltada para um diagnóstico da qualidade da educação oferecida em nosso país sem consequências ou impactos diretos para as escolas e os currículos. Entretanto, outros dois modelos de avaliação surgem com a finalidade de, a partir dos resultados gerados pelos alunos, subsidiar políticas de responsabilização com atribuição de consequências para os agentes escolares bem como influenciar, em maior ou menor medida, o currículo. Essas seriam as avaliações de segunda e de terceira gerações. Aprofundando essas reflexões, as pesquisadoras destacam:

> No Brasil, avaliações de primeira geração são aquelas cuja finalidade é acompanhar a evolução da qualidade da educação. De um modo geral, essas avaliações divulgam seus resultados na Internet, para consulta pública, ou utilizam-se da mídia ou de outras formas de disseminação, sem que os resultados da avaliação sejam devolvidos para as escolas. Avaliações de segunda geração, por sua vez, contemplam, além da divulgação pública, a devolução dos resultados para as escolas, sem estabelecer consequências materiais. Nesse caso, as consequências são simbólicas e decorrem da divulgação e da apropriação das informações sobre os resultados da escola pelos pais e pela sociedade. [...] Avaliações de terceira geração são aquelas que referenciam políticas de responsabilização forte ou high stakes, contemplando sanções ou recompensas em decorrência dos resultados de alunos e escolas. Nesse caso, incluem-se experiências de responsabilização explicitadas em normas e que envolvem mecanismos de remuneração em função de metas estabelecidas (BONAMINO, SOUSA, 2012, p. 375).

Como exemplo, as pesquisadoras citam o Sistema Nacional de Avaliação da Educação Básica (Saeb) como perfil de avaliação da primeira geração e apontam a Prova Brasil como o perfil da segunda geração e as avaliações dos estados de São Paulo (Saresp) e Pernambuco (Saepe) como características da terceira geração. Além disso, as pesquisadoras fazem um resgate das discussões levantadas na Academia sobre a implantação desses sistemas de avaliação destacando prós e contras que precisam ser cada vez mais discutidos nas pesquisas:

> O que esses trabalhos evidenciam, em conjunto, é a importância que vêm assumindo as avaliações de segunda e terceira geração no delineamento das políticas educacionais e, em

> consequência, seu potencial de direcionar o que, como e para que ensinar. [...] Além disso, as pesquisas também mostram que a primeira geração de avaliação em larga escala, ou seja, a avaliação sem consequências, minimiza esses problemas, porque os diretores e professores veem-se menos ameaçados pela avaliação e podem assumi-la, ou não, com maior liberdade. [...] Diante disso, o desafio parece ser a compatibilização dos objetivos, desenhos e usos dos resultados das três gerações de avaliação em larga escala a fim de propiciar uma discussão informada sobre os aspectos específicos de língua portuguesa e matemática que precisariam ser aprendidos por todos os alunos, bem como uma definição mais clara do que esses alunos deveriam ter aprendido ao final de cada ciclo nessas duas áreas do saber escolar. É aí que se insere a necessidade de aumentar o acervo de pesquisas que contribuam para a compreensão dos impactos das novas gerações da avaliação educacional no currículo escolar (BONAMINO, SOUSA, 2012, p. 386-87).

Analisando os sistemas de avaliação de cinco estados brasileiros (Bahia, Ceará, Minas Gerais, Paraná e São Paulo), Sousa e Oliveira concluem que ainda há muito a ser feito para que essas avaliações não se limitem apenas a mapear as dificuldades e tornar públicas as informações sobre o rendimento dos alunos que, muitas vezes, não são capazes de refletir, apenas na execução de uma prova, os condicionantes cotidianos e sociais que também influenciam a aprendizagem:

> Usualmente, a ideia de qualidade que vem sendo forjada tem-se restringido à apreciação do desempenho do aluno, sem que este seja interpretado à luz de condições contextuais, intra e extraescolares. O sistema de avaliação tende a se limitar a um sistema de informação educacional. Sem dúvida, a produção de informação é uma etapa do processo avaliativo, mas esse só se realiza quando, a partir de informações, ocorrerem julgamento, decisão e ação. Ou seja, a avaliação ganha sentido quando subsidia intervenções que levem à transformação e à democratização da educação, em suas dimensões de acesso, permanência e qualidade. Não pode estar essencialmente a serviço de apoiar a reiterada denúncia da baixa qualidade do ensino. Os custos de sua implementação são muito altos para que sirva apenas à reiteração do que já se sabe (SOUSA, OLIVEIRA, 2010, p. 818).

Importa destacar aqui que entendemos que as condições de ação, transformação e melhoria geradas pelas avaliações e citadas por Sousa e Oliveira não têm apenas a prática docente como única responsável. É necessário avançar também (levando-se em conta os resultados dessas avaliações) nas questões sociais que envolvem os alunos e professores como: condições de trabalho, melhorias nas escolas, fornecimento de materiais, livros, e sobretudo uma formação de professores que respeite o que esses profissionais têm feito pela escola (ainda que com muita dificuldade e algum equívoco) na situação em que ela se encontra e com todas as limitações possíveis.

Analisando as pesquisas na academia que se propuseram a compreender melhor o Saresp, Sousa e Arcas apontam que há uma mudança de postura por parte dos professores que antes viam com mais descrença e desconfiança essas iniciativas e agora passam a compreender melhor o papel dessas avaliações como norteadoras do currículo e do planejamento escolar, embora eles ainda reconheçam que têm dificuldade em trabalhar de acordo com habilidades e competências. Apesar disso, Sousa e Arcas reforçam que ainda há muito o que ser feito para que avaliações como o Saresp reflitam com segurança os avanços na educação paulista:

> As medidas que vêm sendo tomadas pela Secretaria de Educação reforçam, incluindo-se aí o Saresp, uma concepção de avaliação classificatória, que alimenta uma postura competitiva, que valoriza o mérito individual e que exclui tanto alunos quanto professores como sujeitos do processo. Um ensino de qualidade, tanto na educação básica quanto no ensino superior, é um direito dos cidadãos brasileiros. Entretanto, parece-nos que a tendência é de responsabilizar alunos e professores pela sua não aprendizagem ou pelo seu despreparo profissional, eximindo-se os gestores de responsabilidade. Ainda, as próprias políticas tal como vêm sendo desenhadas e implementadas não têm sido alvo de avaliações (SOUSA, ARCAS, 2010, p. 197).

Discutir sobre a qualidade em educação no Brasil ofereceu a muitos especialistas a chance de problematizar o papel do Estado diante de políticas de avaliação em larga escala. Resultados de provas, como o Sistema de Avaliação do Rendimento Escolar do Estado de São Paulo (Saresp), no estado de São Paulo, da Prova Brasil, do Exame Nacional do Ensino Médio (Enem) e Exame Nacional de Desempenho dos Estudantes (Enade), em âmbito federal e do Programa Internacional de Avaliação dos Estudantes (Pisa) em âmbito internacional; para elaborar rankings de "escolas boas" e "escolas ruins", fornecem dados para a criação de políticas de formação de professores, que nem sempre são bem sucedidas. Em alguns casos, também há a oferta de bonificações aos professores, de acordo com os índices atingidos pela escola, afastando (ainda que indiretamente) a proposta dessas avaliações de sua função precípua: oferecer subsídios para a reformulação da prática docente ou até mesmo referendar práticas que funcionam muito bem.

Além desses elementos, partindo-se para uma reflexão de caráter sociológico, a simples criação e aplicação dessas avaliações, historicamente, indicam a existência de uma lógica neoliberal e de mercado que conseguiu alcançar (e ultrapassar) os muros da escola, colocando professores e alunos à mercê de interesses externos ao ambiente escolar. Paralelamente a isso, é possível elencar outros fatores, tais como: a universalização do ensino; as diferenças sociais entre os alunos e as escolas avaliados; a prática docente como resultado de uma série de outros fatores (acúmulo de cargo, horas de trabalho, cumprimento do currículo oficial ou a opção por não fazê-lo; cursos de formação continuada cujos resultados nunca chegam aos alunos, entre outros) e as políticas públicas de suporte à escola que muitas vezes deixam a desejar (BARRETO, 2001; SANTOS, 2002; SOUSA, OLIVEIRA, 2003; MACHADO, 2007; COELHO, 2008; CABRITO, 2009).

Observando este panorama, é possível entender o desafio. E também é possível atribuir novos significados a essas avaliações de forma que a escola encontre nelas algum sentido. Compreendida como um movimento complexo e subjetivo, a avaliação por si só acaba sendo uma problemática para o fazer docente:

> [...] para tornar mais discutível esta ideia de qualidade, "avaliar" é também uma das operações intelectuais mais questionáveis, de tal modo que, por vezes, são mesmo contraditórias. De facto, se, para alguns, avaliar é condição indispensável para sabermos o estado das coisas e sobre ele procedermos em conformidade; para outros, avaliar é uma acção tão subjectiva, condicionada por questões de natureza ética e moral que questionam a própria legitimidade do acto de avaliar (CABRITO, 2009, p. 5).

Também preocupada com as questões que envolvem a subjetividade das avaliações no efetivo trabalho em sala de aula, Barreto destaca que os professores envolvidos nesse processo específico de avaliação em larga escala encontram-se diante de dois modelos de discurso acerca da avaliação:

> Um dos discursos reporta-se essencialmente à avaliação qualitativa do ensino, valoriza o processo de aprendizagem, concentra-se na avaliação feita no interior da própria escola pelos atores educacionais [...]. O outro discurso propõe-se a oferecer indicadores da qualidade do ensino, volta-se para a apreciação de resultados padronizados, valoriza o produto da aprendizagem, utiliza largamente recursos quantitativos e alta tecnologia e recorre à avaliação externa do rendimento escolar (BARRETO, 2001, p. 15-16).

Em razão dos mais diversos interesses e da complexidade desse processo, em situações locais que delineiam a singularidade de cada escola e de suas salas de aula, a avaliação, que busca mensurar a qualidade da educação, surge revestida de um grande enigma: é possível uma medida em larga escala fazer sentido em realidades e práticas bem particulares a cada escola, sala de aula e professor? Cabrito destaca que avaliar em larga escala só faz sentido quando esta proposta possui um caráter formativo e contribui efetivamente para a busca de respostas dos professores em exercício e que também estão sujeitos a essas avaliações:

> Honestamente, para mim, esse acto de avaliar, de compreender a qualidade em educação só faz sentido se tiver um objectivo formativo, se contribuir para encontrar problemas e sugerir possíveis respostas adequadas a cada situação particular (CANÁRIO, 2001; FINGER, 2004).
>
> Ora, é desta pretensão que decorre o grande problema ou a grande ilusão que, segundo creio, sempre surge ligada à "qualidade em educação" [...] Quer isto dizer que a avaliação da qualidade em educação, qualquer que seja o conceito subjacente e o critério utilizado, pode e deve ser utilizada, mas por um professor, um estabelecimento ou um sistema educativo para comparar os seus desempenhos ao longo do tempo e, dessa comparação, retirar as razões que explicam um "andar para a frente" ou "um andar para trás", em termos de qualidade (CABRITO, 2002b).
>
> E este modo de colocar a questão permite, enfim, compreender processos (CABRITO, 2009, p. 10).

Ainda nesta reflexão o autor destaca que os indicadores de análise dos dados devem ser quantitativos, mas também qualitativos, pois, quanto maior o número de dados qualitativos, mais fidedigno será o "retrato" que se pretende fazer da escola avaliada em virtude da reflexão acerca de elementos que indiquem, para a escola avaliada, o melhor caminho a seguir:

> [...] a avaliação da qualidade em educação deve recorrer a uma bateria de indicadores de natureza quantitativa, mas também qualitativa, que pode, aliás, ser diferente de escola para escola. Quanto maior for o número daqueles indicadores de contexto, mais bem espelhada será a realidade que se pretende avaliar. [...] De facto, avaliar para construir a excelência é indispensável. Contudo, e essa é a razão de ser desta reflexão, a avaliação deve servir para que cada escola encontre o seu caminho e não para promover concorrência, rivalidade, discriminação, num claro processo de reprodução das exclusões e das desigualdades sociais (CABRITO, 2009, p. 20-21).

Tendo como repertório as diversas discussões propostas pelas pesquisas continuamente realizadas pela academia, podemos notar que o trabalho com indicadores dos processos de aprendizagem parece ser um caminho sem volta, ou seja, uma nova forma de olhar para a prática docente e uma nova maneira de impor, ainda que indiretamente, a necessidade de formação contínua do professor para lidar com novos elementos propostos por essas avaliações. Parece-nos interessante apontar que a valorização do conhecimento daquilo que o aluno foi capaz de aprender em aula toma agora forma de "medida" graças a exercícios e avaliações. Não que elas nunca tenham existido, mas a avaliação, nos moldes atuais das políticas públicas educacionais, propõe a mensuração (leiam-se descritores de desempenho encontrados em relatórios pedagógicos e matrizes de referência das avaliações externas que classificam as respostas dos alunos em diversos níveis de proficiência).

Assim, o que antes ficava na suposição do professor, agora precisa aparecer publicamente em exames externos e simulados internos com o objetivo de dar concretude aos resultados de seu trabalho, conquanto se saiba que a concretude da ação docente no aprendizado e na vida dos alunos não seja (e não é) restrita a sistemas de avaliações:

> Todavia, é preciso que se tenha a clareza de que nem tudo o que está escrito na legislação se concretiza no espaço cotidiano de nossas escolas; e isso não implica transferir, única e exclusivamente, a responsabilidade pelas falhas existentes ao professor, mas considerar a contrapartida das políticas educacionais que, muitas vezes, arrolam um conjunto de atribuições aos docentes, mas deixam a desejar no sentido de garantir as condições necessárias de trabalho e de formação para que eles possam fazer frente às demandas que lhe são cobradas (LEONE, 2011, p. 48).

Diante desse panorama, buscamos não só colocar nossas discussões a favor de uma compreensão mais aguçada do que os professores pensam sobre essa nova realidade de trabalho, mas também ampliar o espaço de debate sobre esses condicionantes da prática docente visando compreender com eles quais as reais possibilidades de trabalho neste panorama e quais as contribuições ou influências que esses sistemas de avaliação em larga escala exercem sobre sua prática em ciências e matemática. Acreditamos que oferecer um espaço para o diálogo franco, compreendido também como espaço de formação por meio da problematizações de sua própria prática, possa trazer elementos importantes para o professor avaliar o que essa nova realidade de trabalho pode proporcionar (ou retirar) de relevante para sua formação e ação.

A escolha da TAC como elemento orientador do modelo de interação com e entre professores, e como fundamento da integração entre escola e universidade se dá em virtude da oportunidade, oferecida por Habermas e suas considerações, de olhar para a complexidade da ação do educador, construindo com ele por meio do diálogo nossas impressões conjuntas acerca da realidade vivida, bem como nossas críticas às situações às quais estamos subjulgados como sujeitos da educação.

Compartilhamos com Jürgen Habermas a necessidade de almejar uma sociedade voltada para o Entendimento. Nesse sentido e na tentativa de ampliar os espaços de comunicação em nossa sociedade, a Educação e a escola como espaço físico de efetivação dos processos educativos se tornam áreas privilegiadas para a promoção do agir comunicativo. Muitas vezes, reduzidos à discussão de políticas públicas implantadas hierarquicamente e que não oferecem um espaço franco de debate e problematização sobre o ensino e a aprendizagem, os professores, os alunos, os gestores e os funcionários sofrem os reflexos dessas limitações no diálogo. Como resultado de um cotidiano calado e executado sem maiores discussões, encontramos práticas de ensino que reproduzem com os alunos exatamente aquilo que é vivido por todos os profissionais da escola: pouca oportunidade de fala.

Giroux (1997) também denuncia que as mudanças propostas geralmente ignoram a inteligência, o julgamento e a experiência que os professores podem trazer para os debates referentes às reformas educacionais - podemos destacar aqui, no caso brasileiro, as mudanças curriculares recentes - e, quando de fato lhes é oferecida a oportunidade de participar dessas mudanças, eles são reduzidos a técnicos que cumprem determinações decididas por especialistas afastados do cotidiano de sala de aula. Nesse sentido, o autor aponta dois requisitos que devem passar por uma análise cuidadosa: primeiro, examinar as forças ideológicas e materiais que tendem a reduzir os professores ao status de técnicos cuja função consiste em administrar e implementar programas que desconsideram objetivos pedagógicos específicos e, segundo, a necessidade de defender a escola como espaço de desenvolvimento de uma democracia crítica, e a defesa dos professores como intelectuais transformadores. Nesse sentido, importa destacar que encarar os professores como intelectuais transformadores também fornece "uma vigorosa crítica teórica das ideologias tecnocráticas e instrumentais subjacentes à teoria educacional que separa a conceitualização, planejamento e organização curricular dos processos de implementação e execução" (GIROUX, 1997, p. 161).

Entendemos que propor uma ação para a formação de professores é muito mais do que simplesmente impor formações na tentativa de aprofundar conteúdos, preencher lacunas de formação, procurar erros ou ações que denunciem a "não aprendizagem" dos alunos e com isso constatar uma prática docente equivocada que precisa ser "remediada". Entendemos o professor como um ser histórico, sujeito a influências, experiências e com um repertório de práticas e ações que não pode ser descartado ou substituído por uma formação imposta e que pouco tem a ver com as urgências e necessidades vividas por ele em sua rotina na escola.

Nesse mesmo sentido, Giroux e McLaren (1997, p. 196) recordam que as instituições formadoras de professores precisam ser reconcebidas como esferas públicas e, como tais, precisam estabelecer como foco a formação dos professores como intelectuais transformadores para que possam criticar e, principalmente, intervir na sociedade. Contudo, reconhecem que as instituições na forma como estão organizadas atualmente são desprovidas dessa consciência social.

A tão almejada autonomia docente, segundo Contreras, supõe necessariamente um processo contínuo de descobertas e transformações, especialmente um processo "contínuo de compreensão dos fatores que dificultam não só a transformação de condições sociais e institucionais do ensino, como também de nossa própria consciência" (CONTRERAS, 2002, p. 185), admitindo-se, portanto, a necessidade de mudança de postura também nas instituições.

Para ampliar e colaborar para o fomento dessas discussões, problematizar as diversas iniciativas existentes e oferecer uma alternativa na formação de professores, muitas pesquisas (MACEDO, 1993; PINTO, 1994; GARCIA, 1999; GONÇALVES, 1999; RIBEIRO, 1999; MÜHL, 1999; BOUFLEUER, 2005; DETSCH, 2005; LONGHI, 2005; MEDEIROS, 2005; ORQUIZA DE CARVALHO, 2005; PESCE, 2007; CHAPANI, 2010; PERALTA, 2012; BORTOLLETO, 2013; LOPES, 2013; PIZARRO, 2014) têm sustentando um modelo de formação docente fundamentado nas contribuições da Teoria do Agir Comunicativo.

São diversas as nuanças que envolvem a prática docente nesses trabalhos, como: fundamentos e análise de currículo; atuação no conselho de escola; análise das racionalidades que fundamentam a prática docente; projeto político-pedagógico democrático; projeto de ação interdisciplinar na escola; currículo e prática docente; implicações da TAC para a Educação; novas perspectivas para o ensino e aprendizagem; reflexão de uma prática docente que considere a interlocução entre os sujeitos; interações entre professor e aluno; análise de políticas públicas e formação docente; competências comunicativas docentes na relação entre universidade e escola; análise da política de formação docente via EaD; políticas públicas e formação de professores em ciências; elaboração de um modelo de interação para a formação docente tendo-se a TAC como princípio orientador; constituição, evolução e planejamento de um grupo de estudo com professores para problematizar a prática de ensino através de questões sociocientíficas; a formação de professores a partir de associações livres; a execução de um modelo de interação para a formação dos professores dos anos iniciais em ciências tendo-se a TAC como princípio orientador, entre outras.

Cada estudo, a seu modo, colaborou para ampliar as possibilidades de leitura social e educacional que a TAC nos oferece; o que torna essas pesquisas mais próximas é justamente o fato de se apoiarem no diálogo e no agir comunicativo para o Entendimento como elementos essenciais para a formação de professores.

O que diferencia esses estudos de tantos outros sobre formação de professores de ciências e matemática é justamente o fato de valorizarem o professor, os alunos, o currículo, as ações a distância e na escola e a educação como um todo enquanto construções sociais, reconhecendo que estas sofrem a influência do sistema, mas também assumindo e acreditando na força desses sujeitos e espaços para a superação dessa colonização e tendo como inspiração para a ação entre sujeitos os pressupostos da Teoria do Agir Comunicativo.

Uma interação com, e entre, professores, em um modelo de integração escola e universidade, em uma perspectiva da Ação Comunicativa, demonstra uma íntima relação entre a forma de concepção da atividade docente e a perspectiva de superação das ações invasivas do sistema sobre essa atividade; em outros termos, um agir comunicativo apresenta-se como possibilidade de mudanças diante do imperativo da fatuidade. É possível ainda afirmar que a formação docente pautada em uma razão comunicativa é a única forma de manter a identidade social e individual dos professores, pois respeita o Mundo da Vida como esfera que compreende o acervo de padrões de interpretação transmitidos culturalmente e organizados linguisticamente.

Ou, ainda, podemos afirmar que o modelo de interação proposto neste texto respeita a instância intersubjetiva dos professores que se contrapõe ao conjunto de atividades orientadas e reguladas estrategicamente com o objetivo de obter êxito e garantir o sucesso em índices de desempenho em sistemas de avaliação em larga escala. Nesse contexto, a diferenciação entre sistema e Mundo da Vida ocorre para os professores, pois lhes são oferecidas condições de análise dos tipos de racionalidade embutidos em cada uma destas instâncias.

O modelo de interação proposto persegue o ideal de ação comunicativa ao possibilitar aos professores e pesquisadores (que também são professores na universidade) interagirem em e, por meio da utilização da linguagem, organizarem-se socialmente, buscando o consenso de uma forma livre de toda a coação externa e interna. Os discursos envolvidos nessa interação objetivam fundamentar as pretensões de validade dos atos de fala dos professores e pesquisadores.

Em cada encontro o modelo de interação em uma perspectiva comunicativa constitui-se na utopia de um processo de comunicação ideal que remete a uma ordem social ainda não existente, a situação linguística ideal constitui-se no objetivo de um discurso, que seria perfeito se o modelo de interação proposto permitisse condições desejáveis de realização. Sendo assim, o modelo de interação pautado em uma Ação Comunicativa foi pressuposto como real e perseguido como possibilidade para que a comunicação pudesse se efetivar. Se o modelo de interação desenvolvido nesse trabalho não se constituiu na íntegra um fiel exemplar de Agir comunicativo, ao menos podemos afirmar que forneceu elementos para uma crítica das formas concretas de interação e de discurso, constituindo-se em um elemento de análise de condições para formação de professores pautada em uma razão comunicativa.

Considerações finais

Analisando a forma que o procedimento metodológico assumiu durante o processo de desenvolvimento dos encontros, buscando a integração universidade e escola, talvez seja possível discutir a presença de traços de uma racionalidade instrumental ao mostrar às professoras alternativas às suas práticas e alternativas às formas de interpretação de diretrizes para avaliação do Saresp. Porém, mesmo que existam referências à ação técnica, Habermas não se posiciona radicalmente contra a racionalidade da ciência e da técnica em si mesmas, na medida em que essas podem contribuir para uma racionalidade que consiste na organização e na escolha adequada de meios para atingir determinados fins. Mais ainda, em uma perspectiva habermasiana, é possível conceber que a ciência e a técnica ampliam as possibilidades humanas, dando oportunidade ao homem de se posicionar em relação às necessidades materiais, sendo o desenvolvimento da espécie humana resultado de um processo histórico de desenvolvimento tecnológico, institucional e cultural, processos que são interdependentes e que se mostram dispostos de modo inerente e incontestável na vida das professoras.

Cabe demarcar que Habermas posiciona-se, radicalmente, contra a universalização indiscriminada, e muitas vezes inconsciente, da ciência e da técnica, isto é, contra a penetração da racionalidade científica, instrumental, em esferas de decisão onde deveria imperar outro tipo de racionalidade: a racionalidade comunicativa. Esse fato, o modelo de interação ora proposto, retrata bem ao facilitar que as professoras fizessem uso de atos de fala para analisar e argumentar sobre suas condições de formação e de atuação profissional.

Ainda que existam ressalvas em relação à fidelidade do modelo de interação proposto aos pressupostos habermasianos do Agir Comunicativo é inegável sua contribuição para futuras discussões sobre formas de interação com professores, adequadamente, fundamentadas na TAC. Tais discussões poderiam ainda fomentar e corroborar justificativas acerca das potencialidades de uma teoria educacional, fundamentada na Ação Comunicativa, a partir da compreensão da busca de esclarecimento enquanto processo de emancipação dos professores. Dentro dessa óptica, é possível ainda defender que a interação com, e entre, professores em uma integração escola e universidade aqui defendida propõe que todo o processo de formação de professores deve sempre ter vínculo com crenças, motivos e concepções dos profissionais ou futuros profissionais, não desprezando em momento algum a necessidade de uma avaliação crítica dessas concepções. Dessa forma, os professores devem ser orientados a buscar a eliminação de todas aquelas dimensões que não são justificáveis do ponto de vista de valores e critérios universais para adoção de práticas docentes mais próximas de um Agir Comunicativo.

Na perspectiva de uma Ação Comunicativa, não só o profissional professor, mas a pessoa professor pode fundamentar seu agir de forma racional e consciente, questionando seus interesses e suas necessidades e fazer escolhas de forma autônoma e livre no seu processo de profissionalização docente. Transformando sua profissão não em algo predeterminado idealisticamente, como um sacerdócio, nem em uma atividade redentora da humanidade, mas em uma atividade consciente de seu poder de interpretação e intervenção na realidade que o cerca. Realidade que pode ser renovada em cada decisão tomada no cotidiano buscando a superação de diferenças por meio de atos de fala e de discursos.

Referências bibliográficas

AZEVEDO, J. M. L. O Estado, a política educacional e a regulação do setor educação no Brasil: uma abordagem histórica. In: COELHO, M. I. M. Vinte anos de avaliaçao da educação básica no Brasil: aprendizagens e desafios. *Ensaio: avaliação, políticas públicas,* v. 16, n. 59, 2008. Disponível em: <http://www.scielo.br/pdf/ensaio/v16n59/v16n59a05.pdf>. Acesso em: 25 mai. 2015.

BARRETO, E. S. de S. A avaliação na educação básica entre dois modelos. *Educação e sociedade*, ano 22, n. 75, 2001. Disponível em: <http://www.educadores.diaadia.pr.gov.br/arquivos/File/2010/artigos_teses/2010/Pedagogia/aav_ed_bas.pdf>. Acesso em: 25 mai. 2015.

BONAMINO, A.; SOUSA, S. Z. Três gerações de avaliação da educação básica no Brasil: interfaces com o currículo da/na escola. *Educação e pesquisa*, v. 38, n. 2, 2012. Disponível em: <http://www.scielo.br/pdf/ep/v38n2/aopep633.pdf>. Acesso em: 25 mai. 2015.

BORTOLETTO, A. *Formação continuada de professores:* a experiência de uma temática sociocientífica na perspectiva do Agir Comunicativo. Tese (Doutorado em Educação para a Ciência). Faculdade de Ciências, Universidade Estadual Paulista, Bauru, 2013, 224 f.

BOUFLEUER, J. P. Paradigma da ação comunicativa: novas perspectivas de ensinar e aprender. *Educação e Linguagem*, ano 8, n. 12, 2005. Disponível em: <http://www.metodista.br/ppc/educacao-e-linguagem/educacao-e-linguagem-12/paradigma-daacao-comunicativa-novas-perspectivas-do-ensinar-e-do-aprender/ >. Acesso em: 25 mai. 2015.

CABRITO, B. G. Avaliar a qualidade em Educação: avaliar o quê? Avaliar como? Avaliar para quê? *Caderno Cedes*, v. 29, n. 78, 2009. Disponível em: <http://www.enf.ufmg.br/site_novo/modules/mastop_publish/files/files_4c769114e2924.pdf>. Acesso em: 25 mai. 2015.

CHAPANI, D. T. *Políticas públicas e história de formação de professores de Ciências:* uma análise a partir da teoria social de Habermas. Bauru,

Tese (Doutorado em Educação para a Ciência). Faculdade de Ciências, Universidade Estadual Paulista, Bauru, 2010, 165 f.

COELHO, M. I. M. Vinte anos de avaliação da educação básica no Brasil: aprendizagens e desafios. *Ensaio: avaliação, políticas públicas,* v. 16, n. 59, 2008. Disponível em: <http://www.scielo.br/pdf/ensaio/v16n59/v16n59a05.pdf>. Acesso em: 25 mai. 2015.

CONTRERAS, J. *Autonomia de professores.* São Paulo: Cortez, 2002.

DETSCH, R. J. *Ciências, ética e ação comunicativa:* a prática pedagógica realizada no contexto da escola. São Leopoldo.Tese (Doutorado em Educação). Unisinos - Universidade do Vale do Rio dos Sinos, São Leopoldo, 2005.

GARCIA, B. Z. *A construção do projeto político pedagógico da escola pública na perspectiva da teoria da ação comunicativa de Jürgen Habermas.* Dissertação (Mestrado em Educação). Faculdade de Educação, Universidade de São Paulo. São Paulo, 1999, 209 f.

GAUTHIER, C. et al. *Por uma teoria da pedagogia:* pesquisas contemporâneas sobre o saber docente. Coleção Fronteiras da Educação. Ijui: Ed. Unijuí, 1998.

GHEDIN, E. Professor reflexivo: da dimensão da técnica à autonomia da crítica. In: PIMENTA, S. G.; GHEDIN, E. *Professor reflexivo no Brasil:* gênese e crítica de um conceito. 2 ed. São Paulo: Cortez, 2002.

GIROUX, H. A. *Os professores como intelectuais*: rumo a uma pedagogia crítica da aprendizagem. Porto Alegre: Artes Médicas, 1997.

GIROUX, H. A., MCLAREN, P. A educação de professores e a política de reforma democrática. In: GIROUX, H. A. *Os professores como intelectuais:* rumo a uma pedagogia crítica da aprendizagem. Porto Alegre: Artes Médicas, 1997.

GONÇALVES, M. A. S. *Teoria da ação comunicativa de Habermas:* possibilidades de uma ação educativa de cunho interdisciplinar na escola. Educação e Sociedade, ano XX, n. 6, 1999. Disponível em: <http://www.scielo.br/pdf/es/v20n66/v20n66a6.pdf>. Acesso em: 25 mai. 2015.

HABERMAS, J. *Mudança estrutural na esfera pública*: investigações quanto a uma categoria de sociedade burguesa. Rio de Janeiro: Tempo Brasileiro, 1984.

___________. A nova intransparência: a crise do estado de bem estar social e o esgotamento das energias utópicas. *Novos Estudos Cebrap*, n. 18, 1987, p. 103-114.

___________. *Teoría de la acción comunicativa I:* racionalidad de la acción y racionalización social. 3 ed. Madri: Taurus, 2001.

___________. Acções, actos de fala, interacções linguisticamente mediadas e o mundo vivo. In: HABERMAS, J. *Racionalidade e comunicação.* Lisboa: Edições 70, 2002.

___________. *Teoría de la acción comunicativa II: crítica de la razón funcionalista.* 4 ed. Madri: Taurus, 2003.

LEONE, M. N. *Necessidades formativas dos professores dos anos iniciais na sua inserção no exercício da docência.* Dissertação (Mestrado em Educação). Faculdade de Ciências e Tecnologia, Universidade Estadual Paulista, Presidente Prudente, 2011, 315 f.

LONGHI, A. J. *A ação educativa na perspectiva da teoria do agir comunicativo de Jürgen Habermas:* uma abordagem reflexiva. Tese (Doutorado em Educação). Universidade Estadual de Campinas. Campinas, 2005.

LOPES, N. C. *A constituição de associações livres e o trabalho com questões sociocientíficas na formação de professores.* Tese (Doutorado em Educação para a Ciência). Faculdade de Ciências, Universidade Estadual Paulista, Bauru, 2013, 385 f.

MACEDO, E. Pensando a escola e o currículo à luz da teoria de J. Habermas. *Em Aberto*, Brasília, ano 12. n. 58, 1993. Disponível em: <http://emaberto.inep.gov.br/index.php/emaberto/article/viewFile/855/767>. Acesso em: 25 mai. 2015.

MACHADO, N. J. Qualidade da educação: cinco lembretes e uma lembrança. *Estudos Avançados*, v. 21, n. 61, 2007. Disponível em: <http://www.scielo.br/pdf/ea/v21n61/a18v2161.pdf>. Acesso em: 25 mai. 2015.

MEDEIROS, A. M. S. de. Formação de professores sob a perspectiva da teoria crítica e das políticas educacionais. *Educação e Linguagem*, ano 8, n. 11, 2005. Disponível em: <http://www.metodista.br/ppc/educacao-e-linguagem/educacao-e-linguagem-11/formacao-de professores-sob-a-perspectiva-da-teoria-critica-e-das-politicas-educacionais/>. Acesso em: 25 mai. 2015.

MÜHL, E. H. *Racionalidade Comunicativa e educação emancipadora*. Tese (Doutorado em Educação). Faculdade de Educação, Universidade Estadual de Campinas, Campinas, 1999, 275 f.

ORQUIZA-DE-CARVALHO, L. M. *A educação de professores como formação cultural:* a constituição de um espaço de formação na interface entre a universidade e a escola. Tese (Livre Docência). Faculdade de Engenharia de Ilha Solteira, Universidade Estadual Paulista, Ilha Solteira, 2005, 255 f.

PERALTA, D. A. *Formação continuada de professores de matemática em contexto de reforma curricular:* contribuições da Teoria da Ação Comunicativa. Tese (Doutorado em Educação para Ciência), Faculdade de Ciências, Universidade Estadual Paulista, Bauru, 2012, 208 f.

PESCE, L. As contradições da institucionalização da educação à distância, pelo Estado, nas políticas de formação de educadores: resistência e superação. *Revista HISTEDBR* On-line, n. 26, 2007. Disponível em <http://www.histedbr.fae.unicamp.br/art11_26.pdf>. Acesso em: 25 mai. 2015.

PIMENTA, S. G. Professor reflexivo: construindo uma crítica. In: PIMENTA, S. G.; GHEDIN, E. (org.). *O professor reflexivo no Brasil:* gênese e critica de um conceito. 2 ed. São Paulo: Cortez, 2002.

PINTO, J. M. R. *Administração e liberdade:* um estudo do conselho de escola à luz da teoria da ação comunicativa de Jürgen Habermas. Tese (Doutorado em Educação). Universidade Estadual de Campinas, Campinas, 1994.

PIZARRO, M. V. *Alfabetização científica nos anos iniciais:* necessidades formativas e aprendizagens profissionais da docência no contexto dos sistemas de avaliação em larga escala. Tese (Doutorado em Educação para a Ciência). Faculdade de Ciências, Universidade Estadual Paulista, Bauru, 2014, 355 f.

PRESTES, N. H. *Educação e racionalidade:* conexões e possibilidades de uma razão comunicativa na escola. Porto Alegre: Edipucrs, 1996.

RIBEIRO, V. M. B. Uma pequena conversa sobre currículo, prática docente e Teoria da Ação Comunicativa. *Physis: Revista de Saúde Coletiva*. V. 9, n. 2, 1999. Disponível em: <http://www.scielo.br/pdf/physis/v9n2/06.pdf>. Acesso em: 25 mai. 2015.

SANTOS, L. L. de C. P. Políticas públicas para o ensino fundamental: parâmetros curriculares nacionais e sistema nacional de avaliação (Saeb). *Educação & Sociedade*, v. 23, n. 80, 2002. Disponível em: <http://www.scielo.br/pdf/es/v23n80/12936.pdf >. Acesso em: 25 mai. 2015.

SOUSA, S. Z.; ARCAS, P. H. Implicações da avaliação em larga escala no currículo: Revelações de escolas estaduais de São Paulo. *Educação: Teoria e prática*, v. 20, n. 35, 2010. Disponível em: <https://www.google.com.br/url?sa=t&rct=j&q=&esrc=s&source=web&cd=8&ved=0CFcQFjAH&url=http%3A%2F%2Fwww.periodicos.rc.biblioteca.unesp.br%2Findex.php%2Feducacao%2Farticle%2Fdownload%2F4091%2F3298&ei=Vbn6UeDkHo-89gSCvIDADg&usg=AFQjCNH2hGXk_OjQ9UenzQVWOg9Rmv7KUA&bvm=bv.50165853,d.eWU>. Acesso em: 25 mai. 2015.

SOUZA, S. Z. L.; OLIVEIRA, R. P. Políticas de avaliação da educação e quase mercado no Brasil. *Educação e sociedade*, v. 24, n. 84, 2003. Disponível em: <http://www.scielo.br/pdf/es/v24n84/a07v2484.pdf>. Acesso em: 25 mai. 2015.

SOUSA, S. Z.; OLIVEIRA, R. P. de. Sistemas estaduais de avaliação: uso dos resultados, implicações e tendências. *Cadernos de Pesquisa*, v. 40, n. 141, 2010. Disponível em: <http://www.scielo.br/scielo.php?script=sci_arttext&pid=S0100-15742010000300007&lng=en&nrm=iso>. Acesso em: 25 mai. 2015.

WAISELFISZ, J. O Sistema Nacional de Avaliação do Ensino Público de 1º grau. Estudos em Avaliação Educacional, São Paulo, n. 4, p. 65-72, 1991. In: Coelho, M. I. M. Vinte anos de avaliação da educação básica no Brasil: aprendizagens e desafios. *Ensaio: avaliação, políticas públicas,* v. 16, n. 59, 2008. Disponível em: <http://www.scielo.br/pdf/ensaio/v16n59/v16n59a05.pdf>. Acesso em: 25 mai. 2015.

WERLE, F. O. Políticas de avaliação em larga escala na educação básica: do controle do resultado à intervenção nos processos de operacionalização do ensino. *Ensaio: avaliação, políticas públicas*. V. 19, n. 73, 2011. Disponível em: <http://www.scielo.br/pdf/ensaio/v19n73/03.pdf>. Acesso em: 25 mai. 2015.

Capítulo II

Avaliação em larga escala e o desenvolvimento de repertórios profissionais do ensino: evidências e desafios

Jair Lopes Junior[1]
Regina Célia dos Santos Nunes Barros[2]
Marcos Vinícius Marcondes de Menezes[3]

Introdução

Enquanto política pública educacional para a Educação Básica, os sistemas de avaliação externa em larga escala do desempenho escolar sustentaram, como justificativa primordial, o compromisso com a geração de informações sobre processos de ensino e de aprendizagem de habilidades estimadas como prioritárias na finalização dos sucessivos ciclos nos diferentes componentes curriculares. Por seu turno, tais informações deveriam subsidiar, de modo consistente e atualizado, estratégias de intervenção pautadas, em última análise, em interpretações pedagógicas de um vasto conjunto de medidas (ALAVARSE, 2013; MACHADO, 2013).

De modo recorrente e consensual, contudo, a literatura documenta severas restrições na capacidade de as medidas de desempenho derivadas da execução de edições sucessivas das avaliações fomentarem

---

1 Doutor em Psicologia. Docente do Departamento de Psicologia da Faculdade de Ciências e do Programa de Pós-Graduação em Educação para a Ciência da Faculdade de Ciências da Universidade Estadual Paulista/Unesp *campus* Bauru.

2 Mestre em Educação em Ciência pela Unesp campus Bauru e diretora de Unidade Escolar da Secretaria de Educação do Estado de São Paulo.

3 Mestre e doutorando em Educação em Ciência pela Unesp campus Bauru e professor de Educação Básica II da Secretaria de Educação do Estado de São Paulo.

estratégias de intervenção pautadas em interpretações intersubjetivas, argumentativas e pedagógicas dos resultados objetivados e divulgados publicamente. Tal constatação denuncia as precárias propriedades formativas da convivência dos docentes com a hegemonia das avaliações (SOUSA, 2014).

Este capítulo admite que as análises de impactos dos sistemas de avaliação em larga escala nas realidades escolares salientaram fragilidades dos processos de profissionalização de repertórios de conhecimentos do ensino. O capítulo expõe duas situações de pesquisa colaborativa entre professores da escola e pós-graduandos desenvolvidas no contexto da unidade escolar (PIMENTA, 2005).

Na situação inicial, duas professoras com mais de duas décadas de atuação no ensino público dos anos iniciais do ensino fundamental analisaram, com uma pós-graduanda, impactos do Projeto de Educação Matemática nos Anos Iniciais (Emai) sobre as suas trajetórias profissionais de trabalho, considerando a vinculação de tal projeto com o Sistema de Avaliação de Rendimento Escolar do Estado de São Paulo (Saresp).

A segunda situação contou com a participação de duas professoras que conviveram com as etapas de consolidação do Saresp ministrando aulas de matemática, de ciências da natureza e de biologia nos Ensinos Fundamental II e Médio, desde a segunda metade da década de 1990.

O capítulo ressalta que a convivência das quatro professoras, duas em cada situação, com as demandas constantes do Saresp, foi marcada pela preponderância de saberes experienciais, a saber, pelo predomínio de ações e de conhecimentos fundamentados em pressupostos e em argumentos não passíveis de validação intersubjetiva (GAUTHIER, BISSONNETTE, RICHARD, 2014; GAUTHIER et al., 2013; TARDIF, 2002; TARDIF, LESSARD, 2005).

Evidencia-se, portanto, um paradoxo: a convivência com a hegemonia da cultura da avaliação denuncia e desvela práticas de atuação em serviço dos professores que parecem se afastar de demandas impostas pela necessária consolidação do ensino enquanto área e campo de pesquisa e de atuação profissional. Tal evidência impõe desafios para a aproximação e a integração entre a pesquisa da pós-graduação e a atuação do professor em projetos de profissionalização do ensino. Assume prioridade, nos relatos a seguir, explicitar o desenvolvimento de condições metodológicas de trabalho colaborativo com ênfase nas condições de validação intersubjetiva de regras de ação, dos saberes construídos na ação e contextualizados no âmbito das avaliações em larga escala.

Análise de necessidades de formação profissional de docentes dos anos iniciais do Ensino Fundamental no contexto do Projeto Educação Matemática nos Anos Iniciais e do Saresp

A educação, enquanto campo de conhecimento e de atuação profissional convive, de modo perene, com tensões e mutações. Atualmente, observa-se o debate e a confrontação recorrentes entre a prioridade das aprendizagens significativas, a ênfase em conteúdos, a valorização do que se mostra passível de mensuração e a apologia da mensuração do se mostra valorizado (BIESTA, 2012; BLACK, WILLIAM, 2005; YOUNG, 2011).

Sendo assim, surgem, nos distintos componentes curriculares, ações comprometidas com o estudo de diferentes maneiras de se ensinar, observando algumas das dificuldades de aprendizado, principalmente na área das ciências exatas, pois segundo Biembengut e Heim (2003), necessitamos de caminhos que forneçam elementos que desenvolvam potencialidades, propiciando ao aluno a capacidade de pensar crítica e independentemente.

Nos últimos anos, a literatura acentuou importância da formação continuada a fim de priorizar a competência docente em sala de aula, objetivando a construção da Escola Pública brasileira que garanta ao aluno não somente o acesso e a permanência deste na escola, mas também o direito a uma educação básica de qualidade.

Neste sentido, concentrando ênfase no ensino e na aprendizagem de conteúdos curriculares de matemática nos anos iniciais do Ensino Fundamental, a pesquisa realizada por Barros (2014) objetivou investigar as possíveis relações existentes entre as demandas do Projeto Emai[4] com os saberes e as necessidades formativas de

4 O Projeto denominado Emai – Educação Matemática para os Anos Iniciais – é uma iniciativa da Secretaria Estadual da Educação de São Paulo (SEE/SP), com o intuito de orientar e de direcionar os professores quanto à implantação do currículo de matemática dos anos iniciais do Ensino Fundamental. O Emai objetiva ampliar reflexões com base na organização e no desenvolvimento curricular, na formação de professores e na avaliação das ações e do desempenho dos alunos. Neste sentido, o citado projeto é caracterizado por um:

> [...] conjunto de ações que têm como objetivo articular o processo de desenvolvimento curricular em Matemática, a formação dos professores, o processo de aprendizagem dos alunos em Matemática e a avaliação dessas aprendizagens, elementos chaves de promoção da qualidade da educação (SÃO PAULO, 2013, p. 2).

professores que atuam nos anos iniciais do Ensino Fundamental no contexto do Saresp[5].

Em Barros (2014), duas professoras, Prof 1 e Prof 2, que lecionavam para turmas de 3º ano do Ensino Fundamental, participaram de um conjunto planejado de interações com a pesquisadora. Ao final do ano letivo no qual a pesquisa foi realizada, os alunos regularmente matriculados nas salas sob a responsabilidade destas professoras foram expostos à avaliação do Saresp de matemática, considerando os conteúdos curriculares deste componente previstos e desenvolvidos nas sequências didáticas propostas pelo Projeto Emai.

Mediante as interações planejadas com as duas professoras, foi priorizada a identificação das possíveis relações entre, de um lado, os saberes mobilizados e declarados pelas professoras, bem como as necessidades formativas vinculadas a esses saberes, e, de outro lado, as demandas formativas prescritas na proposta da implantação do Projeto Emai em um contexto de avaliação em larga escala.

Nas interações consecutivas com as professoras participantes foram escolhidos, para discussão, temas como:

1. a formação dos professores dos anos iniciais do Ensino Fundamental em matemática;
2. análises de três atividades do Projeto Emai selecionadas pelas próprias professoras;
3. estimativas de relações entre as atividades do Emai efetuadas com os alunos e exemplos de questões de edições anteriores do Saresp;
4. a formação dos professores (inicial e continuada) diante de de demandas como o Projeto Emai, as dimensões do Saresp e os conteúdos curriculares de matemática.

Inicialmente, as interações que priorizaram discussões sobre as trajetórias de formação das professoras foram conduzidas sob orientação das questões dispostas nas duas partes do Roteiro 1.

5 O Saresp é uma avaliação externa da Educação Básica promovida pela Secretaria da Educação do Estado de São Paulo. Foi implantando, a partir do ano de 2006, pela Resolução da Secretaria de Educação n. 27, de 29 de março de 1996.

Roteiro 1
Formação das professoras dos anos iniciais do Ensino Fundamental em Matemática

Parte 1

1. Professora, você poderia me dizer seu nome, formação e o tempo de trabalho na Educação?

2. Para qual turma você leciona no atual ano letivo e quais são as principais dificuldades e facilidades de trabalhar com a mesma?

3. Bem, você sabe que nos anos iniciais as maiores cargas horárias estão por conta de língua portuguesa e matemática. No decorrer de sua carreira, como você se planejou para o ensino da matemática?

4. Considerando o componente curricular de matemática, geralmente, quais foram e quais são os materiais que você costuma usar de suporte para planejar as suas aulas e escolher atividades para os seus alunos? O que você leva em consideração para escolher os materiais, ou seja, o que orienta a sua escolha dos materiais?

Parte 2

Agora gostaríamos de conversar um pouco sobre as atividades de formação já realizadas, por você, professora, envolvendo conteúdos da área de Matemática nos últimos anos letivos.

1. Professora, qual foi o período no qual as atividades de sua formação profissional, em matemática, foram realizadas?

2. Professora, você se lembra quais foram os principais conteúdos matemáticos trabalhados?

3. Quais foram as outras atividades de formação em matemática executadas com e pelos professores de que você tem conhecimento?

4. Quais são as suas opiniões sobre os aspectos positivos e os aspectos negativos destas atividades de formação realizadas em matemática para a sua atuação profissional?

5. Quais são as suas opiniões sobre os impactos ou efeitos das atividades de formação efetuadas com os professores sobre a aprendizagem e o desempenho dos alunos?

Na 2ª etapa, o objetivo foi caracterizar as ações das professoras ao ministrarem três atividades presentes na 1ª sequência do projeto Emai para o 3º ano do Ensino Fundamental. Para tanto, o roteiro da entrevista versou sobre a leitura, a análise e as reflexões referentes às principais ocorrências no ensino de três atividades, indicadas pela própria professora e efetuadas com os alunos das respectivas turmas na 1ª sequência do projeto Emai para o 3º ano. Para tanto, foram elaboradas as indagações a seguir.

Roteiro 2
Leitura, descrição e análise de três atividades do projeto Emai

Na sequência, gostaríamos de conversar com você sobre as atividades previstas em algumas das sequências didáticas com as quais você já trabalhou. Para tanto, pedimos para que faça a leitura inicial de cada Atividade que você escolheu dentro das Sequências selecionadas. Caso queira, você pode fazer as anotações que julgar necessárias nestas folhas.

(roteiro adotado com cada uma das três atividades selecionadas por cada professora)

- Na sua avaliação, quais são as principais aprendizagens pretendidas pela atividade selecionada?
- Na sua avaliação, com a sua aplicação desta atividade:

a) Quais foram as aprendizagens demonstradas pelos alunos? (Discutir, justificar, apontar ações dos alunos que, na opinião da professora, evidenciam a ocorrência das aprendizagens mencionadas).

b) Os alunos demonstraram as aprendizagens pretendidas pela atividade e mencionadas na resposta para a questão 1? (Discutir, justificar, apontar ações dos alunos que, na opinião da professora, evidenciam a ocorrência desta aprendizagem).

Na sua avaliação, o que foi crítico (decisivo, muito importante) para que as aprendizagens apontadas nas respostas para as questões 1a e 1b ocorressem? (Justificar, discutir, dar exemplos).

O objetivo na 3ª etapa da pesquisa consistiu em investigar possíveis relações estabelecidas pelas professoras entre as atividades trabalhadas do Emai com questões propostas na prova de matemática do 3º ano do Saresp do Ensino Fundamental, realizada no ano anterior a esta coleta de dados. A seguir, segue o roteiro utilizado nessa etapa da pesquisa.

Roteiro 3
Relação entre as atividades selecionadas do projeto Emai e questões do Saresp

Na sequência, gostaríamos de conversar com você sobre possíveis relações entre as atividades do Emai desenvolvidas por você com a sua classe e a última prova de matemática do Saresp do terceiro ano realizada no ano anterior.

1. Na sua avaliação, é possível estabelecer uma relação de aprendizagem entre as atividades do Emai desenvolvidas por você, juntamente com os seus alunos, com as questões apresentadas na última prova do terceiro ano do Saresp?
2. Especificamente, quais são as aprendizagens avaliadas na questão (numero da questão)?
3. E, em relação às outras questões da prova do Saresp do 3º ano que você não mencionou, você acredita que o trabalho com as demais sequências do Emai dá condições para que o seu aluno desenvolva as habilidades e competências necessárias exigidas pelas mesmas?

   Quais são as relações que você estabelece entre o Projeto Emai – currículo oficial de matemática para os anos iniciais do ensino Fundamental – e o Saresp – avaliação em larga escala da SEE/SP?
4. Na sua avaliação, o que é crítico (decisivo, muito importante) para que os alunos demonstrem aprendizagem em relação às habilidades e competências avaliadas pelas provas do Saresp? (Justificar, discutir, dar exemplos).

O objetivo da 4ª etapa foi estimular reflexões sobre as respostas discutidas e fornecidas nas etapas anteriores. Para tanto, foi elaborado um roteiro visando avaliar o caminhar trilhado pelas professoras nas etapas anteriores.

Roteiro 4
Avaliação das entrevistas realizadas a respeito da formação matemática, das atividades do projeto Emai e das relações deste com o Saresp

Finalmente, professora, gostaríamos de conversar com você sobre a sua avaliação a respeito das reflexões que fizemos em relação à sua formação matemática, às atividades do Emai e à relação existente entre a prova do Saresp de matemática e o Projeto Emai.

1. Na sua avaliação, os momentos de reflexão proporcionados por esta pesquisa foram importantes para a sua formação profissional? Que aprendizagens você destacaria para a sua formação profissional?
2. Sabemos que o Projeto Emai propõe uma formação matemática dos professores, por meio da realização de estudos e reflexões em grupos cooperativos, quinzenalmente, nas reuniões de ATPC. Enquanto professora dos anos iniciais do Ensino Fundamental, como você acredita que deveria ser a sua formação continuada em matemática? Quais são os aspectos de formação em matemática que você destacaria como extremamente necessários para desenvolver o currículo proposto pela SEE/SP (Emai)?
3. Como professora do Estado, se lhe fosse oferecida a oportunidade de apontar sugestões e/ou mudanças para o Emai, o que você sugeriria?

Apresentamos a seguir um quadro sintetizando as falas das professoras, Prof 1 e Prof 2, nas quatro etapas da pesquisa realizada.

Cumpre destacar que a proposição dos roteiros e a exposição das professoras aos mesmos objetivaram, em última instância, responder ao seguinte questionamento: quais seriam as possíveis relações existentes entre os saberes mobilizados e declarados pelas professoras, bem como as suas necessidades formativas relativas a esses saberes, com as demandas formativas prescritas na proposta de implantação do Projeto Emai – Educação Matemática para os Anos Iniciais – no contexto do sistema de avaliação em larga escala Saresp?

Quadro 1 – Síntese dos relatos emitidos pelas duas professoras nas interações planejadas e consecutivas com a pesquisadora

PROFESSORAS ETAPAS	PROF 1	PROF 2
ETAPA 1 Formação Matemática	Formação inicial e continuada em matemática precária. Apresenta execução automática de procedimentos sem a devida compreensão dos conteúdos. Algumas capacitações modificaram seus fazeres profissionais. Tempo ínfimo de capacitação em matemática realizada em ATPC[6].	Formação inicial e continuada em matemática precária. Algumas capacitações modificaram seus fazeres profissionais. Tempo ínfimo de capacitação em matemática realizada em ATPC.
ETAPA 2 Atividades do Emai	Dificuldades dos alunos na realização das atividades. Necessidade de atividades adicionais. Dificuldades em mobilizar saberes profissionais para adequar atividades do Emai.	A maioria dos alunos fizeram as três atividades sem dificuldades. Conseguiu mobilizar saberes profissionais a contento de modo a assegurar as aprendizagens pretendidas pelas atividades efetuadas.
ETAPA 3 Relação entre Emai e Saresp	Atividades do Emai são insuficientes para desenvolver as aprendizagens exigidas pelas questões do Saresp.	Atividades do Emai e questões do Saresp estão interligadas e seus alunos não terão dificuldades na realização das questões da prova do Saresp.

(continua)

6 ATPC – Aula de Trabalho Pedagógico Coletivo.

Quadro 1 – Síntese dos relatos emitidos pelas duas professoras nas interações planejadas e consecutivas com a pesquisadora

(continuação)

PROFESSORAS ETAPAS	PROF 1	PROF 2
ETAPA 4 Avaliação/ considerações	Presença de lacunas no currículo implantado pela SEE/SP por meio do Emai. SEE/SP não tem oferecido cursos de formação continuada em matemática. Somente as sequências didáticas do Emai, pela apresentação das diversas atividades, não atende às necessidades formativas dos professores. SEE/SP deve realizar a capacitação do projeto integral do Emai.	SEE/SP precisa planejar ações formativas paulatinas e organizadas. Estado de esquiva de sua responsabilidade enquanto formador de professores e culpa estes pelos baixos índices obtidos no Saresp. SEE/SP deve realizar a capacitação do projeto integral do Emai.

Fonte: Barros (2014).

As informações expressas, em relação à primeira etapa da pesquisa, sugerem convergências possivelmente vinculadas com as reflexões pontuadas em suas histórias de vida no decorrer das respectivas carreiras docentes, aos trabalhos realizados na área da matemática, às condições de aprendizagem nas quais seus alunos se encontravam no período da pesquisa (Prof 1 ainda possuía o desafio da alfabetização, enquanto a classe de Prof 2 já lia com fluência) e às diferentes situações de formação inicial e continuada em matemática pelas quais passaram ao longo de suas carreiras profissionais. Tanto Prof 1 quanto Prof 2, reconheceram em seus relatos que suas formações iniciais, em nível de Ensino Médio com habilitação para o Magistério e no curso de Pedagogia em nível superior, mostraram-se insuficientes para o ensino de matemática nas séries iniciais, assim como as formações continuadas oferecidas pelas últimas capacitações oferecidas pela SEE/SP.

Prof 1 e Prof 2 são professoras que contam com mais de duas décadas de trabalho efetivo junto aos alunos dos anos iniciais do Ensino Fundamental e, mesmo tendo participado de formações em serviço (ou contínuas) em matemática, oferecidas pela SEE/SP por meio da Diretoria de Ensino (DE), sinalizam uma formação que não atende às demandas de sala de aula. Porém, Prof1, diferentemente de Prof 2, salienta que em sua prática docente, algumas vezes, apresentou uma execução automática de alguns procedimentos sem a devida compreensão dos conteúdos por causa de equívocos em sua formação profissional.

De maneira convergente, as duas professoras reconheceram que algumas capacitações permearam e modificaram seus fazeres profissionais apesar do tempo ínfimo de formação proporcionada em horas de ATPC realizadas, semanalmente, na Unidade Escolar.

Especificamente, na segunda etapa da pesquisa, quando foi solicitado às professoras que apresentassem suas observações a respeito das atividades do Emai trabalhadas em sala de aula com seus alunos, as profissionais divergiram nitidamente em suas opiniões. Para a Prof 1, seus alunos apresentaram inúmeras dificuldades, demonstraram lacunas em saberes imprescindíveis e precisaram de atividades adicionais. A Prof 2, por sua vez, relatou que seus alunos fizeram as atividades propostas sem apresentar aparentes dificuldades. Quanto à declaração da Prof 1, quando esta menciona que seus alunos necessitaram de atividades adicionais, informamos que esta adequação necessária já é prevista pelo projeto Emai quando este estabelece que o professor é responsável pela reorganização das trajetórias hipotéticas de aprendizagem. Entretanto, nesta pesquisa, foi possível inferir que o professor tem dificuldades em promover esta readequação de atividades, levando em consideração os saberes apresentados pelos seus alunos e atribui esta função às atividades presentes no projeto em questão.

Em especial, a Prof 1 relata suas dificuldades em atender às necessidades individuais decorrentes da singularidade de cada aluno, por isso aponta a necessidade de fazer adequações das atividades para seus alunos, mas não reconhece que ela deveria desempenhar esse papel. Ao contrário da Prof 2, a Prof 1 atribui, a todo tempo, ao material do Emai esta tarefa.

Ainda em relação ao Projeto Emai, tais professoras criticaram veementemente a maneira como ocorreu sua implantação na rede, com apresentação fragmentada das sequências didáticas diversas, sem promover uma formação profissional adequada e integral do material que seria trabalhado a partir daquele ano letivo.

Em termos oficiais, quando da sua implantação, a formação continuada dos professores para a implantação do projeto Emai, ora em andamento na rede estadual, seria objeto de estudo quinzenal nas unidades escolares nos horários destinados aos ATPC. Entretanto, as duas professoras justificaram que um projeto deste porte demandaria uma formação mais direcionada e pontual, pois as muitas atividades propostas pelas sequências didáticas precisariam ser estudadas uma a uma, assim como os conteúdos apresentados pelas mesmas, as metodologias sugeridas, e também a necessária mobilização dos saberes docentes preconizados pelo Emai, além de outras relações pertinentes à prática pedagógica diária. Assim, apenas um estudo quinzenal não abrangeria, temporalmente falando, o estudo de todas essas implicações didáticas.

Quanto à terceira etapa da pesquisa, que priorizou, como tema, as relações estabelecidas pelas professoras entre a implantação do Projeto Emai e a prova do Saresp, as mesmas afirmaram existir uma estreita relação. Porém, a Prof 1 afirmou que aqueles alunos que apresentavam dificuldades quanto à aprendizagem do conteúdo matemático não conseguiriam obter sucesso nesta avaliação. Ao contrário, a Prof 2 acreditava que, se o professor conseguisse desenvolver todas as sequências do Emai a contento, os alunos provavelmente não teriam dificuldades quanto à realização da avaliação em questão. Possivelmente esta afirmação se deve às condições em que a sua turma de alunos se encontrava durante a realização da pesquisa – todos os alunos tinham fluência leitora e escritora. Mais uma vez, verificamos, pelas falas das professoras, que as atividades propostas pelo Projeto Emai, bem como as questões do Saresp, não levam em consideração os saberes individuais dos alunos, tampouco o percurso dos mesmos nos processos de ensino e de aprendizagem de matemática. Impõe-se, a qualquer custo, a execução de atividades didáticas preparatórias para a posterior produção de medidas que informariam sobre a qualidade do sistema de ensino.

Quanto à participação das professoras nesta pesquisa, estas relataram satisfação com as atividades realizadas, visto que lhes foi dada a oportunidade de expressar o que pensam a respeito de sua formação inicial e continuada em matemática, como também suas opiniões sobre o currículo oficial de matemática para os anos iniciais – Projeto Emai – e sobre as provas de avaliação em larga escala promovidas pela

SEE – Saresp. Finalizando, também puderam verbalizar que gostariam de ser ouvidas pela SEE a respeito de suas necessidades formativas em matemática e de como esta formação poderia ser proporcionada pelo Estado aos professores dos anos iniciais, fazendo com que a SEE/SP viesse a assumir a sua responsabilidade também diante deste quesito – formação de professores.

Nitidamente, os relatos das professoras participantes convergem em reconhecer a insuficiência de dimensões formativas na implantação de políticas públicas de avaliação em larga escala atreladas à atualização de matrizes curriculares no âmbito do componente de matemática para os anos iniciais.

A implantação do Projeto Emai exige, diariamente em sala de aula, por parte do professor, a mobilização coerente de distintas modalidades de saberes docentes para que as aprendizagens preconizadas para os alunos sejam concretizadas, como os saberes experienciais, disciplinares, curriculares, da tradição pedagógica e da ação pedagógica (GAUTHIER, BISSONNETTE, RICHARD, 2014; GAUTHIER et al., 2013; TARDIF, 2002; TARDIF, LESSARD, 2005).

Admite-se, de modo tácito e em franca dissonância com uma robusta literatura que evidencia restrições formativas, inicial e continuada, dos profissionais responsáveis pelo ensino de tais conteúdos (ALMEIDA, 2015; NACARATO, 2013; NACARATO, MENGALI, PASSOS, 2009; OLIVEIRA, PASSOS, 2013; PERALTA, 2012; PIRES, 2012; 2000), que o professor seria capaz de atuar efetiva e eficazmente as mediações necessárias para a consecução de tais aprendizagens diante das condições dispostas pela SEE/SP para promoção das interações entre os professores e o material correspondente ao projeto Emai.

No momento de realização desta pesquisa, a política de formação profissional em matemática, em relação ao Projeto Emai, pressupunha somente duas horas-aula de formação, quinzenalmente nas ATPC. Contudo, Barros (2014) desvela notórias evidências da insuficiência desta condição para tantas demandas de estudo impostas por ocasião da implantação do Emai.

Os discursos das professoras salientaram a necessidade de tempo e de espaço de interlocução fundamentada teoricamente para reflexões sobre a execução das rotinas previstas no projeto Emai. As situações de aprendizagem ocorridas em sala de aula deveriam ser objetos de estudo e de reflexão sobre as práticas do professor em que o aluno é convidado a aprender, testando as suas hipóteses mediante a proposição de atividades diversas e significativas que se desenvolvam, sobretudo, diante de condições concretas de comunicação ativa e da devida consideração das características e das condições de aprendizagem dos alunos.

Enquanto elemento relevante para a constituição de competências comunicativas mais autênticas, bem como para o fortalecimento de repertórios de ensino, advoga-se que o professor deveria ir muito além do cumprimento "protocolar" da proposição de uma atividade. Como profissional do ensino e não técnico da aprendizagem, ele deveria sustentar condições de refletir sobre as ações dos alunos, cotejando-as e analisando-as diante das suas práticas, comparando e trocando experiências com seus pares, enfim, demarcando características, salientando lacunas e compartilhando avanços e sentidos das práticas profissionais que definem a docência nos anos iniciais.

Em suma, o projeto Emai formalizou uma proposta de reorganização sequencial de conteúdos curriculares de matemática já integrados à rotina profissional dos professores. Contudo, o material disponível ao professor prescinde da exposição de alicerces teóricos que, de modo didático e minimamente proporcional à importância que os conteúdos assumem no projeto, viessem a embasar de maneira consistente a proposição de tais atividades.

Aliada à insuficiência da vinculação teórica, as sequências e as atividades propostas mostram-se diretamente relacionadas com o ensino de habilidades passíveis de avaliação pelo Saresp. Ou seja, necessidades formativas previamente relacionadas com o entendimento dos conceitos de habilidade e de competência (ALMEIDA, 2015; PERALTA, 2012) inseridas nas Matrizes de Referência do Saresp (SÃO PAULO, 2009) possivelmente foram cronificadas pela associação com o projeto Emai.

Ainda caberiam questionamentos: estamos diante de um programa cujas exigências de implementação mostravam-se compatíveis e consistentes com os saberes docentes demonstrados pelas professoras responsáveis pela execução do mesmo ou, diferentemente, teríamos evidências em favor da tese, segundo a qual, a efetiva implementação do programa Emai depende da aprendizagem profissional de saberes distintos daqueles presentes no repertório dos professores?

A proposta metodológica do estudo ora descrito, em especial as interações planejadas entre a pós-graduanda e as professoras, viabilizaram acessos e demarcações relevantes de insuficiências formativas, bem como salientaram interpretações distintas acerca do alcance das aprendizagens ou das habilidades desenvolvidas em relação a determinadas condições didáticas. Qual é a importância e qual é o significado de tais diferenças? As diferenças foram constatadas sob condições de consulta ao Emai e em contato com as questões do Saresp. Como tais diferenças seriam expressas em termos da proposição de sequências didáticas que objetivassem as aprendizagens previstas nas atividades do Emai e nas questões do Saresp? Como tais diferenças poderiam fundamentar propostas de ampliação do entendimento dos professores sobre as medidas comportamentais das habilidades estimadas como adequadas para os anos iniciais do Ensino Fundamental? São questões que, amparadas nos dados obtidos, cumprem a função de orientar a continuidade das investigações para a proposição de futuras investigações colaborativas fortalecedoras de vínculos entre a escola e a pós-graduação.

Ensino de Ciências e os sistemas de avaliação em larga escala na Educação Básica: Processos formativos e aprendizagens profissionais da docência

A incidência dos sistemas de avaliação em larga escala na rotina escolar e na prática profissional docente evidenciou a necessidade do planejamento e da implantação de programas e de estratégias formativas com a finalidade de favorecer o desenvolvimento de aprendizagens profissionais da docência relacionados às diferentes dimensões das avaliações em larga escala. Estima-se que tais aprendizagens se apresentem como condição necessária para a promoção de mudanças nas práticas profissionais dos professores, viabilizando diálogos competentes com as políticas avaliativas impostas às escolas, tanto quanto a necessária superação de uma convivência meramente instrumental com os dados oferecidos pelas avaliações externas, garantindo repertórios de ensino capazes de converter acervos complexos de informações sobre os desempenhos dos alunos em situações de fomento da melhoria da qualidade de ensino.

A investigação ora relatada (MENEZES, 2014) ilustra um exemplo adicional de parceira e de vinculação colaborativa entre professores da educação básica e a pós-graduação, com ênfase na caracterização de possíveis incidências dos sistemas de avaliação em larga escala, especificamente o Saresp, no contexto da atuação profissional de duas professoras que ministravam aulas de ciências e de matemática e na explicitação de possíveis propriedades ou funções formativas de tais incidências na trajetória profissional de docentes.

As seguintes questões orientaram a investigação ora relatada: qual é a caracterização das incidências do Saresp sobre a atuação de professoras que participaram de todas as edições de tal sistema a partir das análises de tais professoras de dimensões deste sistema de avaliação em larga escala? As análises das professoras indicam ou apontam reflexões vinculadas com o desenvolvimento de saberes profissionais ou sugerem que a convivência com tal sistema, bem como com ações da escola associadas com o mesmo, tenha favorecido o desenvolvimento de uma perspectiva do professor como pesquisador de sua própria prática?

Participaram desta pesquisa, as professoras Cida e Maria (nomes fictícios), lotadas em uma escola pública estadual de uma cidade do interior do estado de São Paulo. Cida é formada em ciências biológicas com habilitação em matemática, ministrando aulas do componente curricular matemática para alunos do ensino Fundamental Ciclo II e Ensino Médio, contando com um tempo de magistério de 27 anos à época da pesquisa. Maria, por sua vez, tem formação específica em ciências biológicas, ministrando aulas de ciências para o Ensino Fundamental Ciclo II e biologia para o Ensino Médio há 22 anos. Cumpre salientar que as duas professoras conviveram com todas as etapas da implantação dos sistemas de avaliação em larga escala e os efeitos decorrentes da consolidação desses sistemas na escola e na sua prática escolar.

A proposta metodológica da pesquisa compreendia três etapas, a saber: i) diagnóstico; ii) proposição e execução de estratégias para a reflexão sobre o desenvolvimento de saberes docentes/aprendizagens profissionais das professoras em interação com os sistemas de avaliação em larga escala; e iii) síntese e análise das interações efetuadas e das informações decorrentes das mesmas.

O diagnóstico consistiu na realização de uma entrevista semiestruturada entre o pesquisador e cada uma das professoras, individualmente. A entrevista teve como objetivo principal caracterizar, no relato dessas professoras, possíveis incidências dos sistemas de avaliação em larga escala sobre a rotina escolar e, mais especificamente, sobre a atuação profissional das professoras participantes.

Foi elaborado um roteiro de perguntas conforme apresentado a seguir, que serviu de orientação para as discussões ocorridas. Estima-se que a entrevista semiestruturada proporcione as mesmas condições de fala a todas as professoras, no entanto, a condução da entrevista não seguiu rigidamente a estrutura desse roteiro. Questões e comentários adicionais foram feitos em alguns momentos visando esclarecer algum ponto não bem compreendido ou explorar melhor alguma situação que entendemos como importante para a sequência da investigação.

Quadro 2 – Roteiro da entrevista inicial realizada com as professoras Cida e Maria

Roteiro da entrevista
1. Tempo de atuação como docente: ________________
2. Tempo de atuação como docente na rede pública: ____________
3. Componente curricular (e disciplinas) e anos/séries da Educação Básica para os(as) quais você já ministrou aulas:
4. Componente curricular e anos/séries para as(os) quais ministra aulas em 2013: ____________________
5. Quais são hoje os seus conhecimentos, as suas impressões e posições sobre os sistemas de avaliação em larga escala?
6. Quais são os sistemas que você conhece?
7. De que modo você entrou em contato com os mesmos?
8. O que você conhece de tais sistemas e, na sua avaliação, o que foi importante para a sua construção de tais conhecimentos sobre tais sistemas?
9. O que você apontaria como positivo e o que você apontaria como negativo em tais sistemas?
10. Na sua avaliação, o contato com tais sistemas gera consequências/efeitos na rotina da escola?

(continua)

Quadro 2 – Roteiro da entrevista inicial realizada com as professoras Cida e Maria

(continuação)

11. Se resposta positiva para a indagação anterior, informar: quais são essas consequências e efeitos? O que foi importante para você construir conhecimentos sobre tais consequências e efeitos? Como você avalia tais consequências e efeitos? São positivos? São negativos? Justifique. 12. Na sua avaliação, o contato com tais sistemas gera consequências/efeitos na sua rotina profissional, ou seja, na sua atuação como professor desta escola? 13. Supondo resposta positiva para a questão anterior: quais são as consequências e/ou efeitos de tais sistemas para a sua atuação profissional? 14. Na sua opinião, quais seriam as ações que poderiam tornar a convivência com os sistemas de avaliação em larga escala algo estimulante, desafiador e motivo de aprendizagens e de aprimoramentos profissionais para o professor da Educação Básica? Por quê?

Fonte: Menezes (2014).

Após a entrevista inicial, foram realizados três encontros do pesquisador com cada uma das professoras individualmente. Este momento compreendeu a 2ª Etapa desta pesquisa. Foi proposto um "protocolo de ações", adaptado e modificado durante as interações com as professoras, que consistiu de três conjuntos de atividades. Esse protocolo de ações objetivou favorecer uma discussão sobre as possíveis aprendizagens profissionais derivadas da exposição das professoras ao Saresp; propiciar a identificação dos descritores de habilidades propostos: i) nos conteúdos curriculares ministrados; ii) nas práticas de ensino; iii) nas avaliações elaboradas para as respectivas disciplinas; e subsidiar uma análise das correspondências entre os itens das provas e os conteúdos curriculares ministrados pelos professores.

Assim como no caso das entrevistas iniciais, este protocolo visava proporcionar as mesmas condições para que as professoras pudessem discutir os aspectos das suas respectivas práticas profissionais. O conjunto 1, o conjunto 3 e a primeira parte do conjunto 2 do protocolo de ações foram entregues às professoras antes da realização dos encontros, para que elas respondessem em casa e depois trouxessem as informações solicitadas para discussão nos encontros. Apenas a segunda parte do conjunto 2 foi realizada durante o encontro. Questões adicionais e comentários foram realizados sempre que necessários durante as interações.

O primeiro conjunto proposto solicitou a cada professora sua interpretação pessoal, ou seja, uma síntese dos seus conhecimentos acerca de dois descritores relacionados às matrizes de referência para a avaliação do Saresp na área de Ciências da Natureza e suas Tecnologias (SÃO PAULO, 2009) sobre as correspondências dos mesmos com as situações didáticas oferecidas pelo professor em sala de aula na interação com os alunos. As professoras deveriam se posicionar quanto ao grau de objetivação/clareza da redação dos descritores sobre as aprendizagens preconizadas no currículo e subsídios à elaboração das aulas sobre tais temas.

Quadro 3 – Protocolo de ações – Conjunto 1

Conjunto 1
Professora: escolha uma habilidade das matrizes de referência para a avaliação do Saresp. Professora, na sua avaliação, a redação ou a definição dos descritores/expectativas de aprendizagens: - dispostos nas matrizes de referência; - vinculados com exemplos de itens da prova. 1) correspondem/especificam as principais aprendizagens relacionadas com um determinado conteúdo curricular? (Mostram-se suficientes ou insuficientes para "objetivar" as principais aprendizagens vinculadas com determinados conteúdos curriculares?) 2) permitem a identificação intersubjetiva de suas ocorrências em situação de ensino (nas interações em sala de aula)? 3) admitem/exigem algum tipo de tradução para sustentar as condições de suficiência e de visibilidade? - Do que depende tal tradução? 4) sustentam valor ou função instrucional (são instrumentos) para a prática pedagógica e/ou para as ações profissionais do professor? - Quais valores/funções? - Como se expressam tais valores e/ou funções?

Fonte: Menezes (2014).

Após a discussão iniciada no encontro anterior, as professoras foram convidadas a propor uma simulação de sequência didática, a partir de aspectos presentes no Conjunto 2. Anteriormente ao encontro, as professoras formularam um esboço de tais sequências didáticas e, na reunião, elas foram apresentando e documentando as respectivas propostas em interações dialogadas com o pós-graduando.

Quadro 4 – Protocolo de ações

Conjunto 2 – Parte 1
Considerando as turmas atuais para as quais você ministra aulas neste ano letivo, gostaríamos que você selecionasse dois temas ou tópicos que, na sua avaliação, apresentam-se como desafiadores para o desenvolvimento de processos de ensino e de aprendizagem com os respectivos alunos. Tema 1: ____________________ ____________________ Justificativa de escolha: ____________________ ____________________ ____________________ Sobre as unidades de ensino ou as sequências didáticas relacionadas com o ensino e com a avaliação das aprendizagens sobre este tema, responda: A) Quais são os principais objetivos de cada unidade ou sequência? B) Quais são as principais características que tais unidades de ensino ou sequências didáticas deveriam apresentar?

Fonte: Menezes (2014).

O foco da discussão nesta etapa residiu na questão A do protocolo – Conjunto 2. Quando o professor cita os objetivos da sua sequência didática, ele menciona as aprendizagens que considera prioritárias? Ou, ao invés das aprendizagens, ele cita os descritores das matrizes como objetivos? Ou, diante da indagação sobre objetivos, reproduz nomes de conteúdos curriculares? Outro foco de análise foi saber se o professor vinculou as aprendizagens com as condições didáticas diante das quais as mesmas deveriam ocorrer.

Para o Tema escolhido, o professor deveria preencher a tabela constante no Conjunto 2 – Parte 2 relacionando as aprendizagens citadas anteriormente pelos professores com as condições de ensino da sequência didática proposta. A hipótese é de que, ao colocar o professor diante da tarefa de elaborar itens ou questões de autoria dos próprios professores, poderíamos tentar compreender os modos como eles entendem sobre o que é possível e como é possível avaliar acerca das aprendizagens previstas.

Quadro 5 – Protocolo de ações

Conjunto 2 – Parte 2

Para o tema 1 selecionado, preencher, de modo dialogado, em situação de entrevista, a Tabela 1:

Tabela 1 – (Tema 1)

Características da situação de interação (unidade de ensino ou sequência didática)	Professor(a) para a(s) unidade(s) de ensino ou sequência(s) didática(s) elaboradas para o Tema 1, gostaríamos que você discutisse sobre quais seriam as principais aprendizagens envolvidas.

Professora, nós gostaríamos que você apresentasse e discutisse como você avalia a ocorrência das aprendizagens que você mencionou acima para o Tema 1. De modo mais específico, gostaríamos que você apresentasse e discutisse:

A) Quais são os instrumentos (tipos de avaliação, materiais utilizados, exemplos de questões) que compõem a sua avaliação das aprendizagens mencionadas?

B) Diante das condições que você oferece, quais são as medidas de tais aprendizagens, ou seja, quais são as ações que os alunos emitem que são interpretadas por você como medidas da ocorrência das aprendizagens esperadas?

Fonte: Menezes (2014).

As duas questões objetivaram caracterizar como as aprendizagens indicadas na tabela foram investigadas em termos das avaliações realizadas pela professora. A segunda questão foi apresentada depois da discussão da primeira. Dessa forma, a construção de duas medidas foi priorizada nesse conjunto de ações: a primeira foi constituída pelas discussões sobre os instrumentos de avaliação antes da solicitação expressa na segunda questão. A segunda medida foi definida pelo relato emitido quando os professores reconsideraram as respostas fornecidas para a primeira questão, mas após o contato com as solicitações da segunda questão.

No terceiro encontro, que encerrou a segunda etapa desta pesquisa, as professoras foram convidadas a descrever as ações que atualmente definem o trabalho com os dados da avaliação diagnóstica, a partir do roteiro de ação definido no conjunto 3. As questões enunciadas neste protocolo foram o ponto de partida para estimular reflexões sobre ações com tais dados que priorizassem: i) a tabulação dos resultados obtidos em interação com os alunos; ii) a discussão desses resultados. Dessa forma, o Conjunto 3 propôs um paralelo entre as ações que o professor realizou no Conjunto 1 com aquelas que ele supostamente realiza ao analisar os resultados de avaliações diagnósticas.

Após o trabalho colaborativo de discussão e de reflexão sobre as incidências do Saresp na prática profissional das professoras, os resultados das interações com o pesquisador foram analisados na terceira fase da pesquisa, objetivando discutir se os modelos de protocolo e as próprias interações consistiram em condições favorecedoras de reflexões sobre o desenvolvimento de aprendizagens e de conhecimentos profissionais da docência, bem como sobre as medidas consistentes com tais ocorrências.

Em síntese, as análises revelaram que as duas professoras demonstraram conhecimentos sobre as dimensões do Saresp provenientes, em quase sua totalidade, da exposição aos materiais, aos cursos e orientações provenientes da SEE/SP. Reconheceram que a incidência do Saresp na escola provocou uma reorientação curricular e da prática pedagógica em sala de aula. Em consonância com resultados explicitados pela literatura, ambas relataram a convivência com uma redução curricular acompanhada de uma subordinação aos itens de prova, legitimada pela questionável tese de que a simples exposição aos exemplos de itens das provas seria suficiente para o ensino adequado dos conteúdos envolvidos. Reconheceram méritos do sistema de avaliação em larga escala na uniformização dos conteúdos, indicando aparentemente que o Saresp serviu como parâmetro ou proposta curricular, o que acentua a evidência de uma redução curricular dos conteúdos trabalhados pela escola.

Quadro 6 – Protocolo de ações – Conjunto 3

Conjunto 3
Quais são as principais atividades executadas na análise dos resultados da avaliação diagnóstica? O que os professores estimam que estão fazendo quando analisam resultados da avaliação diagnóstica? Tais ações podem ser consideradas aprendizagens profissionais da docência? Justificar. As aprendizagens expressam saberes ou conhecimentos profissionais? Quais são os saberes ou conhecimentos profissionais? O que os professores estimam ou consideram como os principais efeitos das ações executadas na análise dos resultados da avaliação diagnóstica?

Fonte: Menezes (2014).

Durante as discussões sobre a redação dos descritores, as professoras relataram que o entendimento do alcance e das implicações pedagógicas dos descritores de habilidades e de aprendizagens preconizados pelos Saresp prescinde de tradução dos enunciados de tais descritores, de modo que, para as duas professoras, mostravam-se claramente definidas e evidentes as aprendizagens preconizadas nas redações dos descritores que constavam nos documentos oficiais. No entanto, diante das discussões sobre as características das sequências didáticas delineadas, a necessidade de tradução mostrou-se evidente, em especial, em duas ocasiões complementares:

1. nas argumentações acerca da pertinência e da adequação das estratégias didáticas propostas para favorecer a aprendizagem dos conteúdos considerados;
2. na explicitação da não correspondência entre as aprendizagens preconizadas pelas professoras nas suas sequências didáticas e os descritores dispostos nas respectivas matrizes de referência.

Após praticamente mais de duas décadas de convivência com o Saresp, enquanto política pública de avaliação externa de uma complexa rede de ensino e sob as condições de interação colaborativa planejadas e efetuadas no estudo ora descrito (PIMENTA, 2005), as ações comunicativas das professoras salientaram uma preocupante faceta das incidências das avaliações em larga escala sobre a rotina profissional dos professores da educação básica. As restrições impostas ao alcance das práticas de ensino, no mecanismo designado como minimização curricular, definido pela vinculação direta entre os conteúdos curriculares aos conteúdos das provas, foram corroboradas nos e pelos discursos das professoras.

Contudo, de modo inexorável, a redução ou minimização curricular mostrou-se acompanhada de notórias lacunas e dificuldades no estabelecimento, pelas professoras, de correspondências entre as aprendizagens preconizadas pelos descritores de habilidades dispostos em documentação oficial e a interpretação, também pelas professoras, das medidas de aprendizagem observadas na interação dos alunos com condições de ensino por elas disponibilizadas.

Esta constatação acentua as restrições formativas que as avaliações externas passaram a assumir na realidade ocupacional dos professores. Mas, de modo concomitante, demarcaram temas para programas de pesquisa que tornam imperativas as parcerias entre os professores das escolas e a pós-graduação voltadas direta e intencionalmente para o desenvolvimento de conhecimentos que ampliem as condições de validação e de reconhecimento dos saberes da ação pedagógica (GAUTHIER, BISSONNETTE, RICHARD, 2014; GAUTHIER et al., 2013; TARDIF, 2002; TARDIF, LESSARD, 2005), assegurando bases estáveis e legítimas para a necessária e crescente profissionalização do ensino em tempos de hegemonia das avaliações externas e em larga escala na educação básica.

Referências bibliográficas

ALAVARSE, O. Desafios da avaliação educacional: Ensino e aprendizagem como objetos de avaliação para a igualdade de resultados. *Cadernos Cenpec*, v. 3, n. 1, 2013, p. 135-153.

ALMEIDA, A. *Aprendizagens profissionais da docência nos anos iniciais do ensino fundamental no contexto das avaliações em larga escala de Matemática.* Dissertação (Mestrado em Psicologia do Desenvolvimento e Aprendizagem). Faculdade de Ciências, Universidade Estadual Paulista, Bauru, 2015, 171 f.

BARROS, R. *A educação matemática nos anos iniciais:* Análise de necessidades de formação profissional de docentes no contexto do Saresp. Dissertação (Mestrado em Educação para a Ciência). Faculdade de Ciências, Universidade Estadual Paulista, Bauru, 2014, 171 f.

BIEMBENGUT, M. S.; HEIN, N. *Modelagem matemática no ensino.* 3 ed. São Paulo: Contexto, 2003.

BIESTA, G. Boa educação na era da mensuração. *Cadernos de Pesquisa*, v. 42, n. 147, 2012, p. 808-825.

BLACK, P.; WILLIAM, D. Lessons from around the world: How policies, politics and cultures constrain and afford assessment practices. *The Curriculum Journal*, v. 16, n. 2, 2005, p. 249-261.

GAUTHIER, C.; BISSONNETTE, S.; RICHARD, M. *Ensino explícito e desempenho dos alunos:* A gestão dos aprendizados. Petrópolis: Editora Vozes, 2014.

GAUTHIER, C.; MARTINEAU, S.; DESBIENS, J. F.; MALO, A.; SIMARD, D. *Por uma teoria da pedagogia:* Pesquisas contemporâneas sobre o saber docente. 3 ed. Ijuí: Editora Unijuí, 2013.

MACHADO, C. Impactos da avaliação externa nas políticas de gestão educativa. *Revista iberoamericana sobre calidad, eficacia y cambio en educación*, v. 11, n. 1, 2013, p. 41-55.

MENEZES, M. V. M. *Ensino de Ciências e os sistemas de avaliação em larga escala na educação básica:* processos formativos e aprendizagens profissionais da docência. Dissertação (Mestrado em Educação para Ciência). Faculdade de Ciências, Universidade Estadual Paulista, Bauru, 2014, 178 f.

NACARATO, A. A sala de aula de matemática dos anos iniciais como objeto de investigação de professoras pesquisadoras. *Educação Matemática Pesquisa*, v. 15, número especial, 2013, p. 837-855.

NACARATO, A.; MENGALI, B.; PASSOS, C. *A matemática dos anos iniciais do ensino fundamental – tecendo fios do ensinar e do aprender*. Belo Horizonte: Autêntica Editora, 2009.

OLIVEIRA, S.; PASSOS, C. Resolução de problemas na formação continuada e em aulas de Matemática nos anos iniciais: saberes e aprendizagens docentes. *Educação Matemática Pesquisa*, v. 15, número especial, 2013, p. 873-893.

PERALTA, D. *Formação continuada de professores de matemática em contexto de reforma curricular:* contribuições da Teoria da Ação Comunicativa. Tese (Doutorado em Educação para Ciência). Faculdade de Ciências, Universidade Estadual Paulista, Bauru, 2012, 208 f.

PIMENTA, S. Pesquisa-ação crítico-colaborativa: construindo seu significado a partir de experiências com a formação docente. *Educação e pesquisa*, v. 31, n. 3, 2005, p. 521-539.

PIRES, C. M. C. *Currículos de matemática:* Da organização linear à ideia de rede. São Paulo: FTD, 2000.

______. *Educação matemática*: Conversas com professores dos anos iniciais. São Paulo: Zé-Zapt Editora, 2012.

SÃO PAULO (Estado). *Projeto educação matemática nos anos iniciais do Ensino Fundamental - Emai*. São Paulo: FDE, 2013.

SÃO PAULO, Secretaria da Educação. *Matrizes de referência para avaliação:* Documento básico – Saresp. São Paulo: SEE/Coordenação Geral: Maria Inês Fini, 2009.

SOUSA, S. Concepções de qualidade da Educação Básica forjadas por meio das avaliações em larga escala. *Avaliação*, v. 19, n. 2, 2014, p. 407-420.

TARDIF, M. *Saberes docentes e formação profissional.* 2 ed. Petrópolis: Vozes, 2002. 325 p.

TARDIF, M., LESSARD, C. *O trabalho docente:* elementos para uma teoria da docência como profissão de interações humanas. Petrópolis: Vozes, 2005.

YOUNG, M. O futuro da educação em uma sociedade do conhecimento: O argumento radical em defesa de um currículo centrado em disciplinas. *Revista brasileira de educação*, v. 16, n. 48, 2011, p. 609-623.

Impresso em São Paulo, SP, em dezembro de 2016,
em papel off-set 75 g/m², nas oficinas da Mundial Gráfica.
Composto em Minion Pro, corpo 12.

Não encontrando esta obra nas livrarias,
solicite-a diretamente à editora.

Escrituras Editora e Distribuidora de Livros Ltda.
Rua Maestro Callia, 123
Vila Mariana – São Paulo, SP – 04012-100
Tel.: (11) 5904-4499 – Fax: (11) 5904-4495
escrituras@escrituras.com.br
vendas@escrituras.com.br
www.escrituras.com.br